Published by Sophene 2023

The *History of the Armenians* by Kirakos Gandzakets'i
was originally written in the 13th century and first translated to English
by Robert Bedrosian in 1986.

This edition is Volume II of II.

A searchable, digital copy of the English translation can be accessed at:
https://archive.org/details/KirakosGanjaketsisHistoryOfTheArmenians

www.sophenebooks.com
www.sophenearmenianlibrary.com

ISBN-13: 978-1-925937-68-8

ԿԻՐԱԿՈՍԻ ԳԱՆՁԱԿԵՑԻՈՅ

ՊԱՏՄՈՒԹԻՒՆ ՀԱՅՈՑ

ՀԱՏՈՐ Բ.

ՏՊԱՐԱՆ
ԾՈՓՔ
Լոս Անճելըս

KIRAKOS GANDZAKETS'I

HISTORY
OF THE
ARMENIANS

IN TWO VOLUMES OF CLASSICAL ARMENIAN
WITH AN ENGLISH TRANSLATION BY
ROBERT BEDROSIAN

VOLUME II

SOPHENE BOOKS
LOS ANGELES

TRANSLATOR'S PREFACE

Kirakos Gandzaketsi's *History of the Armenians* is a primary source for the study of the Armenian highlands in the 13th century. This lengthy work, which has survived in 65 chapters, is divided thematically into several sections. Part 1 is a summary of Armenian church and political history from the 4th through the 12th centuries. This section, which describes the lives and times of the heads of the Armenian Church (Catholicoi), is based on earlier Armenian sources, many of which have survived. The second section describes political and military events in the 12th century both in Eastern (or Caucasian) Armenia and in the Armenian kingdom of Cilicia on the Mediterranean. The next section (Chapter 10), resembling the first, contains a biographical list of the Catholicoi of Caucasian Aghuania (modern Azerbaijan). Volume I contains sections one to three. In Chapter 11 and subsequent chapters, Kirakos described the events of his own day: the period of the Zak'arids, the Mongol invasions and domination, and their impact on the Armenians and other peoples of the Middle East. As the author himself was aware, this was by far the most important part of his *History*, and he devoted much of the work to it.

Biographical information about Kirakos Gandzakets'i is not plentiful. In Chapter 33 of his work, after a description of the activities of the influential Syrian cleric Raban, the author wrote: "This episode was written down in the year 1241 (690 of the Armenian Era)… when I was more or less forty years old." Consequently, the historian was born in the early part of the 13th century, probably between 1200 and 1210.

Kirakos received his early education at the monastery of Getik, at that time under the direction of Martiros, a student of the great teacher and writer Mxit'ar Gosh (d. 1213). However, it was with another of Mxit'ar's students, the historian Yovhannes Vanakan (d. 1251), that Kirakos studied for a prolonged period. This education commenced at Xoranashat monastery near Tawush fortress, northwest of Gandzak. When the Khwarazmian sultan Jalal al-Din ravaged Xoranashat in 1225, Vanakan fled with his students to a nearby cave, near the village of Lorut, south of Tawush. He continued teaching there until 1236 when a Mongol army under Molar-*noyin* occupied Tawush. Both Vanakan and Kirakos were taken captive by the Mongols and kept as secretaries for several months. Eventually, Vanakan was ransomed by the Christians of Gag for eighty *dahekan*s, and Kirakos escaped secretly the same night, fleeing to Getik.

Almost nothing is known about the remaining years of the historian's life. That he participated in a movement to crush a rebellion in the Church in 1251 is clear from Chapter 48 of his work. Around 1255 he interviewed the Cilician Armenian king Het'um I (1224-68) at the village of Vardenis near Mt. Aragats upon the latter's return from a visit to Batu-Khan.

Kirakos' name is mentioned in 1265 by his classmate and fellow-historian, Vardan Arewelts'i, from whom the author requested and received a commentary on the Song of Songs. According to another late 13th century historian, Grigor Aknerts'i, Kirakos died in 1271/72.

Kirakos was eminently qualified to write about 13th century Armenia. An intelligent man trained by an intellectual of Vanakan's caliber, the author was familiar with Church organization and problems, with prominent contemporary churchmen and their historical writings. He was acquainted with important Armenian *naxarars* (lords) such as prince Prhosh Xaghbakean, who participated in the Mongol conquest of Baghdad in 1258/59 and narrated to Kirakos what he had seen and heard, and prince Grigor Mamikonean, who informed Kirakos what he had heard from a Mongol noble about Chingiz-Khan. His detailed information about members of the Zak'arid family derives in part from Prhosh, himself a Zak'arid relation. As mentioned above, King Het'um I served as one informant. Furthermore, during his months of captivity by the Mongols, Kirakos served as a secretary writing and reading letters, and he learned Mongolian. In Chapter 32 of his *History* Kirakos Gandzakets'i has left us a priceless treasure, a lexicon of some 55 Mongolian terms with their Armenian equivalents, one of the earliest monuments of the Mongolian language. Consequently, such an individual knew well not only the workings of his own society, but clearly understood aspects of the society of Armenia's conquerors and new masters.

It is not known when Kirakos began his work. Father Oskean, citing the aforementioned statement in Chapter 33, "This was written down in the year 690 A.E...." thinks the year 1240 a likely time. The *History* ends abruptly with an unfinished description of the war between the Khans Abaqa and Berke (1266/67). The cause of this sudden termination is unknown.

The critical edition of Gandzakets'i's *History of the Armenians* was published by the late K.A. Melik'- Ohanjanyan in 1961. That text was based on more than thirty manuscripts housed at the Matenadaran in Erevan, Armenia, collated with three earlier editions. Translations have been made into French,[1] Russian,[2] and modern Armenian[3]. The present English translation, which was completed in 1975, was made from the Melik'-Ohanjanyan edition,[4] but omits several lengthy sections which are of doctrinal or theological, rather than historical, importance. For a detailed study of the Turco-Mongol invasions see volume five of the *Cambridge History of Iran;*[5] for Armenia in particular, see Bedrosian.[6] Additional bibliography is available in Toumanoff.[7] The transliteration system employed in this translation is a modification of the Library of Congress system.

Robert Bedrosian
New York, 1986

BIBLIOGRAPHY

1. Brosset, M. (1870). *Deux Historiens Arméniens Kiracos De Gantzac, XIII S., Histoire D'Arménie; Oukhtanes D'Ourha, X S., Histoire en Troies Parties.* St. Petersburg.

2. Khanlarian, L. A. (1976). *Kirakos Gandzaketsi, Istoriia Armenii.* Moscow.

3. Arhak'elyan, V. (1982). *Hayots' patmut'yun: Kirakos Gandzaketsi.* Erevan.

4. Melik-Ohanjanyan, K. A. (1971). *Kirakos Gandzaketsi's Patmut'iwn Hayots'.* Erevan.

5. Boyle, J. A. (1968). *The Cambridge History of Iran, Vol. 5*: The Saljuq and Mongol Periods. Cambridge University Press.

6. Bedrosian, R. (1979). *The Turco-Mongol invasions and the lords of Armenia in the 13-14th centuries.* Columbia University, New York, NY.

7. Toumanoff, C. (1966). Armenia and Georgia. In J. M. Hussey (Ed.) *The Cambridge Medieval History, Volume IV* (pp. 593-637). Cambridge University Press.

KIRAKOS GANDZAKETS'I'S

HISTORY OF THE ARMENIANS

VOLUME II

ԺԱ

Վասն ելանելոյ Թաթար զօրուն եւ փախստական առնելոյ զթագաւորն Վրաց:

Ի ՈԿԹ թուականին, մինչդեռ հպարտացեալ էին վիրք յաղթութեամբն, զոր յաղթեցին տաճկաց՝ յինքեանս կորզելով զթագում զաւառս Հայոց ի նոցանէ, յանկարծակի յեղակարծում ժամու յոլով զունդս զօրու ծանու, ամենայն կազմութեամբ, եղեալ ընդ դուռն Դարբանդայ ուժգին դիմեցմամբ, եւ եկեալ յաշխարհն Աղուանից՝ զալ անցանել յաշխարհս Հայոց եւ Վրաց, եւ զոր ինչ գտանէին ի ճանապարհին՝ զամենեսեան սրոյ ճարակ տային՝ զմարդ եւ զանասուն, մինչեւ ի շունս անգամ. եւ մեծագին հանդերձից եւ այլ ընչից փոյթ ինչ ոչ առնէին, բայց ի ձիոյ: Եւ փոյթ ընդ փոյթ չոգան մինչեւ ի քաղաքն Տփխիս եւ դարձեալ եկին իշխն յաշխարհն Աղուանից, ի սահմանս Շամքոր քաղաքի: Եւ համբաւ ստութեան զայր զնցանէ, թէ մոգք են եւ քրիստոնեայք հաւատով, եւ նշանագործք, եւ եկեալ են ի վրէժխնդրութիւն քրիստոնէից, որ ի բռնութենէն տաճկաց: Եւ ասէին, թէ ունին եկեղեցի վրանեայ եւ խաչ սքանչելագործ. եւ բերեալ կապիճ մի զարի՝ արկանէն առաջի խաչին, եւ ամենայն զօրքն առեալ ի նմանէ՝ տանին տան երիվարաց իւրեանց, եւ ոչ պակասի. այլ իբրեւ սպառին ամենեքեան ի տանելոյ, նոյնչափ կապիճն անդէն մնայ. նոյնպէս եւ զկերակուրս մարդկան: Եւ այսպիսի համբաւ ստութեան լցաւ յաշխարհս: Վասն այտորիկ ոչ ամրացան բնակիչք աշխարհին, մինչեւ երեց մի աշխարհականա՝ առեալ զժողովուրդ իւր, եւ խաչիւք վառելովք ընթացաւ ընդ առաջ նոցա: Եւ նոցա սուր ի վերայ եդեալ՝ կոտորեցի զնոսա առ հասարակ: Եւ այսպէս անհոգս գտեալ զբազումս՝ կոտորեցին եւ աւերեցին զյոլով տեղիս: Եւ ինքեանք ամրացուցին զաղխս իւրեանց ի մօր եւ ի տղմուտ տեղիս, որ կայ ի մէջ երկուց քաղաքացն՝ Պարտաւայ եւ Բելուկանայ յամրացոյն տեղիս, զոր Բեղամէջն կոչեն, եւ ինքեանք յանդուգն յարձակմամբ աւերէին զբազում զաւառս:

XI

CONCERNING THE COMING OF THE T'AT'AR ARMY AND THE PUTTING TO FLIGHT OF THE KING OF THE GEORGIANS.

In 669 A.E. [1220], while the Georgians were feeling proud of their conquests—for they had triumphed over the Tachiks and wrested from them many districts of Armenia—suddenly, unexpectedly, many detachments of well-organized soldiers burst through the Darband Gate, came to the land of the Aghuanians, and then passed to the lands of the Armenians and the Georgians. Whatever they found on their way they put to the sword—man, beast, even down to the dogs. They were not at all concerned with taking expensive clothing or anything else, except horses. They quickly came to the city of Tiflis, once more descended into the land of the Aghuanians to the borders of the city of Shamk'or. False information arrived concerning [the Mongols], to the effect that they were mages or of the Christian faith, wonder-workers, and that they had come to avenge the Christians from the tyranny of the Tachiks. And it was said that they had with them a portable tent-church, as well as a miracle-working cross, and that they would bring an ephah of barley and put it before this cross and all the troops would take from it and give it to their horses, yet the supply would not be exhausted, for when all of them had finished taking, the original amount remained. The same was true for their own food. Such were the false rumors that filled the land. Therefore, the inhabitants of the land did not fortify themselves in, to the point that one lay priest took his people and even went before them with hooded crosses. The enemy put them to the sword, one and all. Thus, finding many people unconcerned, [the Mongols] destroyed and ruined numerous places. Then they secured their bags and baggage in the marshy, muddy place which lies between the cities of Partaw and Belukan, a very safe place which they call Beghamej; and they destroyed many districts with brazen attacks.

Ապա զօրաժողով լեալ թագաւորն վրաց՝ Լաշայն եւ մեծ հազարապետն Իւանէ՝ կալ ընդդէմ նոցա մարտիւ պատերազմի. եւ իջեալ ի դաշտավայր տեղիս, զոր Խունանն անուանեն, քանզի անդ պատահէր գունդ թշնամեացն, եւ մարտուցեալք ընդ միմեանս, զառաջինն՝ ի փախուստ դարձուցին զթշնամիսն. բայց քանզի դարան գործեալ էր թշնամեաց, յարեան յետուստ կողմանէ եւ սկսան կոտորել զզօրսն վրաց. դարձան ընդդէմ եւ փախուցեալքն, եւ աստի եւ անտի ի մէջ առեալ՝ մեծ հարուածս հասուցին ի վերայ զօրուն քրիստոնէից։ Եւ փախեաւ թագաւորն եւ իշխանքն ամենայն։ Եւ ժողովեալ թշնամեացն զաւար զօրուն՝ տարան ի բանակս իւրեանց:

Դարձեալ միւս անգամ զօր ժողովեալ թագաւորին վրաց եւս բազում քան զառաջինն, կամեցեալ տալ մարտ պատերազմի ընդ թշնամիսն: Իսկ նոցա առեալ զկին եւ զորդիս եւ զամենայն աղխն, կամեցան անցանել ընդ դուռն Դարբանդայ յաշխարհն իւրեանց: Իսկ զօրն տաճկաց, որ ի Դարբանդ՝ ոչ եւտուն նոցա մուտ անցից: Եւ նոցա հատեալ զլեառն Կաւկաս՝ ընդ անանց տեղիս ի վիհսն լնլով զփայտ եւ զքար, եւ զաղխս իւրեանց, եւ զերիվարս, եւ զկազմած պատերազմական, անցին զնացին յաշխարհն իւրեանց:

Էր անուն զլխաւորին Սաբադա Բահատուր:

Then Lasha, king of the Georgians, and the great *hazara-pet* Iwane mustered troops to go to war against [the Mongols]. They descended to the plain called Xunan, for the enemy force was located there; and they fought one another, the former putting the enemy to flight. However, because the enemy had made an ambush, they fell upon the Georgian troops from behind and began to destroy them. Those [Mongols] who were fleeing likewise turned on them, and trapping them in the middle, they dealt great blows to the Christian troops. The king and all the princes fled. The enemy gathered booty from the troops and took it to their camp.

Once again, the king of the Georgians mustered his troops, this time more than before, and wanted to battle with the enemy. But [the Mongols] collected their wives, children, and all their bags and baggage, and wanted to pass through the Darband Gate to their own land. But the Tachik troops who were in Darband did not allow them to enter. So [the Mongols] crossed the Caucasus mountains at an impassable spot, filling the abyss with wood, stones, their goods, horses, and military equipment, and thus crossed over and went to their own land.

The name of their leader was Sabada Bahatur.

ԺԲ

Վասն որ ի սահմանս Գանձակայ անկումն եղեւ զօրացն:

Չկնի այսորիկ՝ իբրեւ ժամանակք ինչ անցին ի վերայ, այլ զօր ել ի հինաց, զոր խբջախն անուանեն, եւ եկեալ ընդ աշխարհին Վրաց առ թագաւորն Լաշայ եւ առ հազարապետն Իւանէ, զի տացեն նոցա տեղի բնակութեան, եւ նոքա ձառայեցցեն նոցա միամտութեամբ: Իսկ նոքա ոչ առին յանձն` լինել նոցա ասպնջական:

Եւ նոքա դէմ եղեալ զնացին առ բնակիչսն Գանձակ քաղաքի: Եւ նոքա յոժարութեամբ ընկալան, քանզի էին ի մեծ նեղութեան ի զօրացն վրաց, որք աւերէին զաշխարհս նոցա եւ զերէին զմարդ եւ զանասուն: Եւ տուն նոցա տեղի բնակութեան ի սահմանս քաղաքին, օգնէին եւ այլ կերակրոք եւ ումպելեոք, զի նոքոք կայցեն ընդդէմ թագաւրութեանն Վրաց: Իսկ զօրքն հինաց դադարեալ անդ եւ զետեղեալ:

Չորաժողով եղեւ ապա Իւանէ եւ դիմեաց ի վերայ նոցա հպարտութեամբ. մեծամեծս փքայր բնաչինչ առնել զնոսա եւ զքաղաքն, ի բազմութիւն զօրացն յուսացեալ` եւ ոչ յԱստուած, որ տայ զյաղթութիւնն ում եւ կամի:

Իբրեւ հարան ընդ միմեանս, ելին խումբն հանգստեամբ յորջից իւրեանց եւ զվաստակեալ եւ զլքեալ զօրսն վրաց ի բերան սրոյ արկեալ, եւ զբազումս ձերբակալ արարեալ, եւ զմնացորդսն փախուցեալ:

XII

THE DEFEAT OF THE TROOPS IN THE BORDERS OF GANDZAK.

Subsequently, after some time had passed, another force of Huns, called Qipchaqs came through the land of the Georgians to King Lasha and to the *hazarapet* Iwane. [The Qipchaqs wanted Lasha and Iwane] to give them a place to live and [in return] they would serve [the Georgians] loyally. However, [the Georgians] did not agree to accept them.

So [the Qipchaqs] arose and went to the residents of the city of Gandzak where they were received joyfully, since the people there had been placed into great straits by the Georgian army which ruined their lands and enslaved man and beast. [The people of Gandzak] gave [the Qipchaqs] a place to dwell within the confines of the city and aided them with food and drink so that with their help they might resist the kingdom of the Georgians. The Hun troops halted there and settled in.

Then Iwane mustered troops and arrogantly went against them. He greatly boasted that he would exterminate them and the city as well, placing his trust in the multitude of his troops and not in God Who gives the victory to whomever He pleases.

When the two groups clashed, the barbarians calmly emerged from their lairs and put to the sword the wearied and [God-]forsaken Georgian army. They arrested many and put the remainder to flight.

Եւ մեծ բեկումն եղեւ յաւուր յայնմիկ զօրուն քրիստոնէից, եւ այնքան թողան ի ձեռանէ Աստուծոյ, մինչ զի մի վատ այր զբազում քաջ արս եւ անուանիս եղեալս ի պատերազ-մունս բերէր իբրեւ հովիւ զխոտ առաջի անցուցեալ, զի ե-բարձ տէր զօգնութիւն ի սրոյ նոցա եւ ոչ ընկալաւ զնոսա ի պատերազմի: Բերէին զարս պատուականս եւ վաճառէ-ին ընդ դոյզն հանդերձից կամ ընդ կերակրոց. եւ պար-սիցն զնեալ զնոսա՝ անհնարին նեղութեամբ կեղէին զկե-անս նոցա. եւ այնքան պահանջէին ի նոցանէ կշիռս ոսկ-լոյ եւ արծաթոյ, մինչեւ անհնարին լինել հատուցանել. եւ բազումք մեռան ի բանտի անդ:

Անդ ըմբռնեցան ընդ այլսն եւ Գրիգոր որդի Հաղբա-կայ, եղբայր քաջին Վասակայ, եւ Պապակն նորուն եղբօ-րորդի, զի երեք որդիք էին Վասակայ՝ Պապակ, Մկդէմ, Հասան, զոր Պոոշն կոչէին, արք քաջք եւ անուանիք, որ յաճէ նոցա դողայր ամենայն զօրն տաճկաց. զՊապակն սպանին ի պատերազմին. իսկ զԳրիգոր ձերբակալ ա= րարեալ, նեղեցին բազում խոշտանգանօք, զի ուրասցի զՔրիստոս, եւ նա ոչ առ յանձն, այլ առաւել եւս անարգէր զմոլար օրէնսդիրն նոցա զՄահմետ եւ զգարշելի օրէնս նոցա: Եւ նոցա բարկացեալ՝ քարշեցին զնա մերկ ի վե-րայ երկրի, եւ փշով քանցեցին զամենայն մարմինս նո-րա, եւ այնքան տանջեցին զնա, մինչեւ ի զանելն աւանդ-եաց զհոգին, եւ ընկալաւ ի Քրիստոսէ զվկայական պսակն: Սոքա զաառաւ խաչենեցիք էին, յերեւելի ազգէ, հաւատով քրիստոնեայք, ուղղափառք եւ ազգաւ հայ:

There was a great destruction of the Christian troops on that day. So many were abandoned by the protection of God that one bad man[1] was able to capture many brave and experienced warriors like a shepherd leading his flock before him. For God had removed His aid from their swords and did not assist them in battle. [The Qipchaqs] brought the honorable men [of the captives] and sold them for some clothing or food. Iranians bought them and tormented them with unbearable tortures, demanding such quantities of gold and silver that it was impossible to pay. And many of them died in prison.

[The Qipchaqs] seized, among others, Grigor (son of Haghbak, brother of brave Vasak) and his brother's son Papak'; for Vasak had three sons: Papak', Mkdem, and Hasan (called Prhosh), brave and distinguished men who had caused all the Tachik troops to quake with fear. They killed Papak' in battle. As for Grigor, they arrested him and tormented him with numerous tortures to make him deny Christ, but he did not do so. On the contrary, he insulted their deceiving law-giver Mahmet and their loathsome faith even more. [Grigor's captors] grew angry and dragged him naked over the earth and lacerated his entire body with thorns and so tortured him that he gave up the ghost because of the beatings, receiving a martyr's crown from Christ. These men were from Xach'en district of a prominent family, Christians, orthodox, and of Armenian nationality.

---

1 i.e., a poor fighter.

Եւ զայլ բազումս ի զերելոցն անօրէն պարսիկքն զանազան տանջանօք նեղէին, քաղցիւ եւ ծարաւով եւ մերկութեամբ։ Իսկ քրիստոնեայքն, որ էին ի քաղաքին Գանձակ, բազում բարեգործութիւնս ցուցին առ զերեալսն, զրմանս զնելով եւ ազատելով, եւ զկէսս կերակրելով, եւ կիսոցն հանդերձս զգեցուցանելով, եւ զվախճանեալսն թաղելով, եւ այսպէս յամենայն կողմանց զբարեգործութիւնս ցուցանելով։

Բայց յետ աւուրց ինչ անցանելոյ, դարձեալ զոր ժողովեաց մեծ հազարապետն Իւանէ՝ երթալ առնուլ զվրէժս յայնցանէ, որք կոտորեցին զզօրս նորա։ Եւ դիմեալ ի վերայ նոցա յեղակարծում ժամու՝ եհար սատակեաց զխուժադուժն բերանով սրոյ, եւ զաւար նոցա եւ զմանկունս զերի վարեալ՝ ած յաշխարհն իւր։

The impious Iranians oppressed many other captives with various tortures, keeping them hungry, thirsty, and naked. Now the Christians in the city of Gandzak displayed much benevolence toward the captives, buying back some and freeing them, feeding and clothing some, burying the dead and performing similar good deeds.

But after some days had passed, the great *hazarapet* Iwane once again mustered troops and went to wreak vengeance on those who had destroyed his troops. He attacked them at an unexpected moment and put the barbarians to the sword. He captured their booty and enslaved their children, taking both to his land.

ԺԳ

Վասն վարդապետին Մխիթարայ, թէ ուստի էր եւ կամ որպիսի որք:

Հոգականորն այն եւ մեծիմաստն գիտութեամբ՝ էր ի քաղաքէն Գանձակայ, քրիստոնեայ ծնողաց զաւակ, որք ետուն զնա յուսումն գրոց սրբոց. եւ իբրեւ եհաս նա արբունս հասակի, ձեռնադրեցին զնա քահանայ կուսակրօն: Եւ պաշտեալ զքահանայութիւնն յոլով ամս՝ ցանկացաւ նա հմուտ լինել մտաց գրոց սրբոց եւ առակաց խորոց, որ կան ի նոսա: Եւ հանդիպեցաւ նմա Յովհաննէս վարդապետն՝ Տաւուշեցի անուանեալ, որ ի ժամանակին յայնմիկ երեւելի էր գիտութեամբ. զառաջինն յաշխարհակեաց կեանս կացեալ սակաւ ինչ, եւ մնացեալ յամուսնոյն, կրօնաւորութեան հետեւեալ. եւ հասու եղեալ Աստուածային գրոց՝ զվարդապետական պատիւ ժառանգեալ: Առ սմա կացեալ Մխիթար ամս յոլովս, ուսման գրոց պարապեալ:

Եւ էր վարդապետն Յովհաննէս շրջագայ՝ տեղւոջէ ի տեղի շրջելոյ, քարոզելով զբանն Աստուծոյ եւ ուսուցանելով զբարի վարս մարդկան: Սա բազում իրս կարգաւորեաց կարգաց եւ կրօնից քրիստոնէից, զի դեռ ցայն ժամանակն ի տեղիս տեղիս լուծանէին զշաբաթ եւ զկիրակէ սուրբ քառասնորդաց աղուհացից: Սա եդ օրէնս պահօք վճարել, որպէս զայլ աւուրս շաբաթուն. բայց միայն զի տօնեսցեն ի շաբաթու՝ վկայից Աստուծոյ եւ ի կիրակէի՝ խորհրդոյ յարութեանն Քրիստոսի եւ մատուսցեն զպատարագ: Եւ այսպէս հաստատութիւն կալաւ յամենայն տեղիս՝ զլխաներեակն պահօք վճարել, զոր յառաջն կէսք պահէին, եւ կէսք ոչ:

XIII

VARDAPET MXIT'AR, WHERE HE WAS FROM AND WHAT SORT OF MAN HE WAS.

This renowned and very learned man was from the city of Gandzak, the son of Christian parents who had given him an education in Scripture. When he reached puberty, he was ordained a celibate priest. Having served many years as a priest, he wished to become learned in the deeper meaning of Scripture and the profound proverbs contained therein. Mxit'ar met *vardapet* Yovhannes (called Tawushets'i) who at that time was renowned for his learning. At first, for a while, he lived a lay life, then, separating from his wife, he pursued a religious calling, and being very knowledgeable in Scripture, he earned the title of vardapet. Mxit'ar stayed [with Yovhannes] for many years, studying.

Vardapet Yovhannes was peripatetic, traveling from place to place preaching the Word of God and exhorting good conduct for mankind. He regularized many features in the ritual and religion of the Christians, for even at that time in various places, people were breaking fast on Saturdays and Sundays of the holy Forty Days of Lent. Yovhannes ruled that the fast should be held as on the other days of the week but that they celebrate on Saturday the martyrs of God and on Sunday the mystery of the Resurrection of Christ and offer mass. In this way every place established the fifty day fast, whereas before some maintained it while others did not.

Կացեալ առ ամա Մխիթարայ եւ առ այլս ումանս, էառ նա զանուն վարդապետական։ Եւ այնու ո՛չ շատացաւ, այլ չոգաւ նա յարեւմուտս կոյս յաշխարհն, որ կոչի Սեաւ լեառն, առ վարդապետսն, որք էին անդ ուսուցիչք, եւ զայն ինչ ի վեր ոչ հանեալ, թէ իցէ նորա առեալ զայն պատդիւ, այլ բազում ինչ օգտեալ ի նցցանէ, եկն նա ի Կարնոյ քաղաք։ Եւ անդ գտանէ նա զբարեպաշտ իշխանն՝ զանուանեալն Քուրդ, եւ հաւատովն քրիստոնեայ, որ ընդ այն ժամանակս անդ լինէր՝ սարտուցեալ ի թագաւորէն վրաց։ Եւ եղեալ նորա ծանօթ, սիրեցաւ ի նմանէ իբրեւ զհայր։ Եւ յետ այսորիկ դարձաւ նա յաշխարհի իւր։

Եւ էլ համբաւ իմաստութեան նորա ընդ ամենայն աշխարհս. եւ բազումք աշակերտէին նմա յուսումն վարդապետութեան։ Եւ ապա նեղեալ ի տաճկաց՝ ի սադրելոյ կաթողիկոսին Աղուանից Ստեփաննոսի, եւ եկեալ նորա յաշխարհն Խաչենոյ առ Վախթանկ, իշխանն Հաթերքոյ, եւ առ եղբարս նորա, որք բազում պատուով պատուեցին զնա, եւ անդ դադարեալ ամս ինչ։

Ապա դարձ եղեւ իշխանին Քրդին ի հայրենիսն իւր զալ յաշխարհն Կայենոյ եւ Մահկանաբերդոյ։ Եւ բազում մեծարանս եդ նմա թագուհին Վրաց, որ Թամարն կոչէր, դարձուցանելով ի նա զհայրենի տեղիսն եւ այլս յոլովս։ Սա է հայր Սադունին եւ Դաւթի, պապ Շէրբարոքին, հօրն Սադունին։

Իսկ իբրեւ լուաւ վարդապետն Մխիթար, թէ դարձաւ իշխանն ի հայրենիս իւր, եկն նա առ նա վասն առաջին սիրոյն եւ միաբանութեանն, որ առ միմեանս։ Եւ բնակեցաւ նա ի վանքն, որ կոչիւր Գետիկ, ի զաւադին Կայենոյ, ի վերայ գետոյն մեծագունի, զոր անուանեն Աղստեւոյ գետ, յաջմէ կողմանէ գետոյն։

Mxit'ar, after remaining and studying with this man and others had earned the title of *vardapet*. But still not satisfied, he went to a place in the West [in Cilicia] called *Seaw*[2] mountain to the vardapets who were teachers there. He did not disclose to them that he too was a vardapet, but instead profited a great deal from their knowledge. He then went to the city of Karin. There he met the pious Christian prince named K'urd, who was estranged from the king of the Georgians. He became acquainted with him and loved by him like a father. After this Mxit'ar returned to his own land.

The renown of his learning spread throughout all the lands and many pupils studied doctrine with him. Harassed by the Tachiks (at the instigation of Step'annos, Catholicos of the Aghuanians), Mxit'ar went to the land of Xach'en to Vaxt'ank, the prince of Hat'erk' and his brothers who greatly honored him. He stayed there a few years.

Then prince K'urd returned to his patrimony, coming to the land of Kayean and Mahkanaberd. The queen of the Georgians named T'amar gave him many honors, returning to him his patrimonial holdings, and many others besides. [K'urd] was the father of Sadun and Dawit', grandfather of Sherbarak', Sadun's son.

Now upon learning that the prince had returned to his patrimony, Mxit'ar went to him on account of the earlier unity and friendship they had toward one another. And Mxit'ar dwelled in the monastery called Getik in the Kayean district, situated on the right bank of the great river named Aghstev.

---

2 *Seaw:* "Black"

Եւ էր առաջնորդ վանիցն վարդապետն՝ որ Սարկաւագ անուանիւր, աշակերտ նորին, որ բազում ուրախութեամբ ընկալաւ զնա, եւ ինքն սպասաւորէր նմա. եւ անդ դադարեալ յոլով ժամանակս:

Ապա եղեւ շարժ սաստիկ, որ զբազում տեղիս կործանեաց եւ տապալեաց զբարձրաբերձ շինուածս, ընդ որս խախտեցաւ եւ եկեղեցին Գետկայ սաստիկ յոյժ, մինչ զի ոչ լինէր ճնար վերստին նորոգել: Ապա երկմտեալ բնակչացն՝ կամէին գրուել այսր եւ անդր, ո՛չ միայն վասն խախտելոյ եկեղեցւոյ, այլ զի նեղեալ էին ի մերձակայիցն, քանզի մի ոմն յիշխանացն, Սարգիս անուն, փոխեաց զգիւղ իւր ի տեղւոյն իւրմէ եւ բերեալ շինեաց մերձ ի վանս այլ գիւղ: Եւ այնուհետեւ բազում գժտութեամբ կային ընդ միմեանս, քանզի պարսաւադէտք էին հանապազոր:

Իսկ վարդապետն սուրբ արգել զնոսա ի խորհրդոյն յայնմանէ, ոչ թողուլ զմիմեանս եւ գրուիլ, այլ ի միասին կեալ, եւ խնդրել իրեանց տեղի բնակութեան: Ապա չոգան միաբան առ մեծ իշխանն Իւանէ, եղբայր գօրավարին Վրրաց Զաքարէի, որդիք քեռ բարեպաշտ իշխանին Քրդին, որ ընդ այն ժամանակս իշխէր բերդին Կայենոյ եւ զաւանին, եւ ցուցին նմա զխնդիրս իրեանց, զի տացէ նոցա տեղի, ուր փոխեսցեն զվանս իրեանց: Եւ նա հրամայեաց նոցա տեսանել, թէ որ տեղի պատշաճ իցէ: Եւ նոքա շրջեալ գտին տեղի մի բարեվայելուչ եւ զողաձեւ առ ստորոտս երկուց լերանցն, որ կայ ի գլխոյ նորա, զոր անուանէին զտեղին Տանձուտայ ձոր: Եւ էր ի նմա գիւղ, եւ ձորակ մի փոքրագոյն անցանէր ընդ մէջ նորա, եւ միւս եւս յորդագոյն յաջմէ կողմանէ, տեղի փայտաւէտ եւ ջրաւէտ: Անդ համարեցան, թէ պատշաճ իցէ զեւտեղիլ:

The director of the monastery was a vardapet named Sarkawag, his own pupil, who received [Mxit'ar] with joy and attended him himself. [Mxit'ar] remained there a long while.

Then a severe earthquake occurred which ruined many places, overturning the tall structures. Among the casualties was the church of Getik, which was so devastated that it was impossible to restore it. The residents were in a quandary about what to do and wanted to disperse, not only because of the collapse of the church, but because they were being harassed by their neighbors. For a certain prince named Sargis had transferred his village from its [original] location and built another village near the monastery. Thereafter there were numerous disagreements between the two groups and constant accusations.

But the blessed vardapet prevented the group [members] from thinking about separating from each other. Instead he wanted the congregation to remain together, and to request a new abode. So they went united to the great prince Iwane, brother of Zak'are, general of the Georgians, sons of the sister of pious prince K'urd, who at that time ruled the fortress of Kayean and the district. They acquainted him with their problem so that he give them a place where they could transfer their monastery. Iwane commanded them to see where a suitable site existed; and, travelling about, they found a charming spot, a hollow by the foot of two mountains which stands at its head. They named the place Tandzut valley. In this valley there was a village with a small brook crossing through it [a brook] which flowed more copiously on the right side in a wooded glen, with plenty of water. They decided that this spot was suitable.

Վասն շինութեան վանիցն նորն Գետկայ։

Սկսաւ այնուհետեւ վարդապետն սքանչելի հանդերձ միաբանօք իւրովք ձեռն ի գործ արկանել շինութեան վանիցն եւ եկեղեցւոյ ի վերասացեալ ձորն Տանձուտայ՝ հրամանաւ մեծ իշխանին Իւանէի։ Եւ շինեցին եկեղեցի մի գեղեցկաշէն փայտակերտ, եւ օծեալ կնքեցաւ յանուն սուրբ Լուսաւորչին Գրիգորի։

Էր ի տօնախմբութեան եկեղեցւոյն եւ սուրբ վարդապետն Խաչատուր Տարօնացի, առաջնորդ սուրբ ուխտին, որ կոչի Հաղարծին, այր սուրբ եւ առաքինի եւ գիտութեամբ հոյակեալ՝ մանաւանդ երաժշտական արուեստիւ։ Սա պայծառացոյց զսուրբ ուխտն, յորում առաջնորդ էր ինքն, որ յառաջ քան զգալն նորա՝ ամայի էր եւ խամրացեալ։ Զսա պատուէր մեծապէս թագաւորն Վրաց Գիորգի, հայր Թամարին։ Եւ ետ եկեղեցւոյն ձեռնագրովն իւրով զերկու գիւղն՝ զԱբասաձոր եւ զՏանձուտն, եւ այգի մի ի Միջնաշինին, եւ ետ նգովս ամենայն սրբովք, զի մի՛ ոք իշխեսցէ հանել զնոսա ի վանիցն։ Սա եթեր զխազն ի կողմանս արեւելից, զանմարմին եղանական ի մարմին աձել, զարարեալն իմաստնոց, որ ցայն ժամանակս չեւ էր սփռեալ ընդ աշխարհս։ Սա եկեալ գրեաց եւ ուսոյց բազմաց. եւ բազում հանգիստ եղեւ ի ձանր աշխատութեանցն, եւ ինքն անդ հանգեաւ ի Քրիստոս եւ կայ թաղեալ յարեւմտից կուսէ եկեղեցւոյն։

Շինեցին ի Նորն Գետիկ եւս փոքրագոյն եկեղեցի մի յանուն սուրբ Կարապետին Յովհաննու ի ծնունդս կանանց մեծի եւ Քրիստոսի ձեռնադրողի, ի գլուխ վանիցն։ Եւ ապա սկսան հիմն արկանել մեծափառ եկեղեցւոյն կոփածոյ վիմօք եւ գեղեցկաշէն արուեստիւ զմբեթարդ երկնանմման, սպրալի տեսողաց, սկսեալ ի Ռ̃խ թուականին հայոց, զկնի չորս ամաց առնլոյ զԵրուսաղէմ Սալահադնին, եւ կատարի յամս հինգ ի խանգար զատկին յունաց։

XIV

CONCERNING THE BUILDING OF NOR GETIK.[3]

The marvelous *vardapet* and his monks then began work on the construction of a monastery and church in the above-mentioned Tandzut valley, by order of the great prince Iwane. They built a beautiful wooden church which was consecrated in the name of saint Gregory.

Present at the consecration of the church was the blessed vardapet Xach'atur Taronats'i, director of the holy congregation of Haghartsin, a holy, virtuous man renowned for his learning, especially for his musical knowledge. He made the holy congregation which he directed sparkle though prior to his coming it was desolate and withered. The king of the Georgians, Giorgi, T'amar's father, especially esteemed Xach'atur. And he gave to the church, under his own signature, two villages, Abasadzor and Tandzut, and a vineyard in Mijnashen. And by all the saints he placed a curse on anyone who dared to shear these properties from the monastery. [Xach'atur] brought to the East the *xaz*[4] which was not yet spread throughout the lands, and he thereby gave form to the formless melodies, making them rational. He came and wrote and instructed many, then took rest from difficult labors. [Xach'atur] passed to Christ and is buried on the western side of the church.

At Nor Getik, at the head of the monastery, they also built a smaller church in the name of Saint John the Baptist, the ordainer of Christ, the greatest fruit of womankind. Then they began on the foundation of the glorious church built with dressed stones and [crowned] with a heavenly dome, a marvel to the beholder. [Construction] was begun in 640 A.E. [1191], four years after Salahadin took Jerusalem, and it was completed in five years, during the disturbance of Greek Easter.

---

3 *Nor Getik:* "New Getik".
4 *xaz:* musical notation system.

Վասն այսր զատկի բազում հակառակութիւն եւ վէճ էր ամենայն ազգաց ընդ հայոց, եւս առաւել վրաց ազգին, զի լրբեալ ասէին զթիւրն ուղիղ. զոր եղծ եւ ապականեաց Իրոն անիծեալ, որ ի դրան ամբարիշտին Յուստինիանոսի, որ վասն ոչ կոչելոյ զնա ի ժողովն, որ եղեւ յԱղեքսանդրիա, վասն լրմանցն զատկաց եւ այլ տօնից։ Յետ վճարելոյ երկերիւրեկին Անդրէասի՝ զինն ամ խանգար եկաց տօնքն ամենայն, զի ոչ կարացին ուղղապէս վարել զարուեստն նորա յետ վճարելոյն։ Ապա իմաստասէր ոմն, Էաս անուն, ձայն արկեալ առ ինքն կոչել յամենայն ազգաց զիմաստունս՝ զՓենեհէզ հրեայ, զԳիգան յԱսորւոց, զԱդդէ ի Գամրաց, զԵլդզս ի Յունաց, եւ զայլս յոլովս։ Եւ սկսեալ ներբուստ ի վեր թուել զամսն եւ զտեալ հաստատութեամբ՝ կարգեցին զհինգ հարիւրեակ բոլորն՝ անտարակուսելի օրինակ յաւիտեան. զոր տարեալ առ Յուստինիանոս կայսրն, նա հրամայեալ Իրոնի. եւ նա նախանձաբեկ եղեալ վասն արուեստին մեծանձնութեան եւ իւրն ոչ կոչեցելոյ, կամեցաւ եղծումն ինչ առնել իրացն. փոխեաց զապրիլի հնգետասան ի վեշտասան, եւ զվեց ի հինգ, բաղայս յօդեալ, թէ այլն ամենայն ճշմարիտ է, բայց յայսմանէ. այն վեշտասան ոչ ինչ սխալ է, իսկ այն հինգն յիննսունեւհինգ ամի հանապազ սխալէ զնոսա՝ ընդ հրեայսն առնելով զզատիկն ի ներբոյ լրմանն. քանզի շաբաթ աճէ նոցա հինգն, իսկ վեցն մեզ կիրակէ, որպէս դիպեցաւ եւ աստ։

Եւ վասն այսպիսի վիճմանն հայոց եւ վրաց առաքէ թագուհին Թամար եւ սպարապետն Զաքարիայ, զմի ոմն ի մեծ իշխանացն վրաց, նմանապէս եւ ի հայոց յԵրուսաղէմ, յառաջ քան զզատիկն, տեսանել զճշմարիտն. եւ այսցիկ դատավճիռ լուցումն կանթեղին, որ ի սուրբ գերեզմանին Քրիստոսի, զոր ասեն խնդրուածովք սրբոյն Գրիգորի հայոց լուսաւորչի՝ առանց ձեռաց մարդոյ եւ զգալի հրոյ՝ լուցանիլ հրամանաւ Աստուածոյ յամենայն զատկի, որ լինի մինչեւ ցայսօր ժամանակի։

Now regarding Easter there was much dispute and argument with the Armenians among all peoples, especially the Georgians, for they brazenly said that the false [date] was the correct one. The accursed Iron had corrupted [the date] at the court of the impious Justinian because he was not invited to the council held in Alexandria regarding the designation of [the date of the celebration of] Easter and other feasts. Following the completion of the two hundred year [calendar] of Andreas, [the celebration of] all feasts was confused for a period of nine years because they were unable to correctly maintain his [calendrical] system. However, a certain wise man named Eas protested and called to himself learned men from all peoples: Phineas the Jew, Gigan the Syrian, Adde the Cappadocian, Elogs the Greek, and many others. They began counting the years from the bottom up. Finding a stable system, they created a five-hundred-year cycle which was perpetually accurate. They took this to emperor Justinian who ordered Iron [to examine it]. Iron was jealous of the skill of the talented people involved [in creating] the calendrical system and because he was not invited, and so he wanted to spoil things somehow. He changed April fifteenth to the sixteenth, and the sixth to the fifth, deceitfully claiming that everything was right except for that. The sixteenth was not incorrect, but as for the fifth, for ninety-five years continuously it caused them to err, taking Easter along with the Jews earlier than was correct, since for them [Easter] was the fifth [Sunday], while for us it was the sixth, as happened [on this occasion].

Now because of this argument between Armenians and Georgians, Queen T'amar and *sparapet* Zak'are sent some one of the great Georgian princes and likewise one of the Armenians to Jerusalem prior to Easter, to learn the truth. The verdict was to be given by the radiant lamp on the Holy Sepulcher of Christ which, they say, at the request of Gregory Illuminator of the Armenians (with no assist from human hands or tangible fire), is lit up by the command of God each Easter. It happens to this day.

Բայց զվերակացութիւն քաղաքին տաճիկք ունէին, հարցին ցքրիստոնեայսն, թէ՝ «Ե՞րբ իցէ զատիկն ձեր»:

Պատասխանեցին, որ ի յունաց եւ յայլոց ազգաց, թէ՝ «Յայսմ կիրակէի»:

Իսկ որ ի հայոց էին, ասացին. «Ոչ յայսմ կիրակէի, այլ ի միւս կիրակէի»:

Իսկ որ տաճիկ վերակացուն էր քաղաքին՝ այր իմաստուն էր, հրամայեաց շիջուցանել զամենայն լոյսս, որ էին ի տաճարի անդ, եւ փակեալ զդուրսն, կնքեալ մատանեաւ իւրով, եւ ոչ ումեք հրամայեաց մտանել ի ներքս, տեսանել, թէ որ ազգն իցէ ճշմարիտ:

Եւ իբրեւ անց օրն այն եւ եղեւ երեկոյ, եւ սպասին լուցման կանթեղին, եւ իբրեւ ոչ լուցաւ, հրամայեաց իշխանն անարգանօք հանել զամենեսեան եւ զանիւ մեծաւ, իբրեւ զոզէտս եւ զուտս, բայց ի հայոց: Եւ իբրեւ անց շաբաթն, եւ եկն միւս կիրակէն, զոր ասէին հայք զատիկ, մինչդեռ ի պաշտամանն եւ յաղօթս էին ի տասներորդ ժամուն՝ ազդումն եղեւ ամենեցուն, եւ վաղվաղակի լուցաւ կանթեղն առանց ձեռաց: Եւ եղեւ ուրախութիւն մեծ հայոց: Եւ առաւել զան հարին այլոց ազգաց եւ զովէին ամենեքեան զիմաստութիւն եւ զհաւատն հայոց եւս առաւել ազգն տաճկաց, եւ անարգէին ձաղէին զլոյնս յամենայն քաղաքս, որ ընդ իշխանութեամբ տաճկաց: Տեսին զայն եւ արքն առաքեալք եւ թագաւորէն Վրաց եւ ի զօրավարէն, եւ եկեալ պատմեցին, զոր տեսին: Եւ խնդաց մեծ զօրավարն Զաքարէ, եւ ամենայն հայեարն, որ էին ի զօրուն, եւ առաւել եւս հաստատէին յուղիղ հաւատն հայոց:

Յայսմ ամի եղեւ ալարտ հոչակաւոր եւ խնդատես եկեղեցւոյն Գետկայ, զոր շինեաց վարդապետն Մխիթար իւր միաբանօքն՝ ձեռնտուութեամբ Վախթանկայ Խաչենգլոյ՝ տեառն Հաթերքոյ, եւ եղբարց իւրոց՝ Գրիգորոյ, եւ Գրիգորիսի, եւ Խոյդանայ, եւ Վասակայ, եւ այլոց իշխանաց բարեպաշտաց, որդւոց Քրդին՝ Դալթի եւ Սադունին, նաեւ քոյր սոցա, որում անուն էր Արզու խաթուն, կին Վախթանկայ Հաթերքեցւոյ:

However, the overseers of the city, who were Tachiks, asked the Christians: "When is your Easter?"

Those who were Greek and other denominations replied: "This Sunday."

But the Armenians said: "Not this Sunday, next Sunday."

Now the Tachik overseer was a wise man and so ordered all the lights in that temple extinguished, the doors closed and sealed with his ring, and he forbade anyone to enter, in order to determine which group was right.

Now when the day arrived and had passed into evening, they awaited the illumination of the lamp. When it did not light up, the prince ordered all except the Armenians to be insultingly removed and severely beaten as ignorant and false people. When a week passed and the next Sunday (which the Armenians had said was Easter) arrived, while they were praying at the tenth hour, [divine] inspiration came upon them and at once the lamp lit up without human hands touching it. The Armenians were jubilant. Once more the Tachiks beat the others, and everyone praised the wisdom and faith of the Armenians while they derided and jeered at the Greeks in all the cities under Tachik rule. The men who had been sent by the Georgian monarch and by the general observed this, returned and related what they had seen. The great general Zak'are rejoiced as did all the Armenians in the [Georgian] army. And the true faith of the Armenians was strengthened further.

In this year the renowned and joyous church of Getik was completed. It was built by vardapet Mxit'ar with his religious community with the aid of Vaxt'ang Xach'enats'i, lord of Hat'erk' and his brothers Grigor, Grigoris, Xoydan, and Vasak and other pious princes, Dawit' and Sadun (the sons of K'urd) as well as their sister named Arzu xat'un (Vaxt'ang Hat'erk'ets'i's wife).

Սա բազում ինչ օժանդակ եղեւ, արար եւ վարագոյր գեղեցիկ՝ դստերօք իւրովք՝ ծածկոյթ սուրբ խորանին, զարմանալի տեսողաց, ի մազոյ այծից կակղազունաց՝ ներկեալ պէսպէս եւ զանազան, գործ քանդակակերպ եւ նկարեալ պատկերօք, ճշգրտագոյն հանուածովք՝ տնօրինականօք վրկչին եւ այլ սրբոց, որ հիացուցանէր զտեսողսն։ Եւ որք տեսանէին, օրհնութիւն տային Աստուծոյ, որ ետ կանանց իմաստութիւն ուտայնանկութեան եւ հանճար նկարակերտութեան, որպէս առ Յորէն ասացաւ, որ ոչինչ ընդհատ էր ի կազմուածոյ խորանին, զոր արարին Բեսելիէլ եւ Եղիաբ, թէ ոչ յանդգնութիւն է ասելս, զի նոյն հոգի էր, որ շարժէր զնոսա եւ զսոսա։ Եւ ոչ միայն այս եկեղեցւոյ արար ծածկոյթ, այլ եւ այլոց եկեղեցեաց՝ Հաղբատայ եւ Սանահնայ վանից եւ Դադի վանից, քանզի յոյժ սիրող էր եկեղեցեաց բարեպաշտ կինն։

Եւ արարին նաւակատիս եկեղեցւոյն մեծապէս խրմբիւք։ Անդ էր եւ եպիսկոպոսն Հաղբատայ՝ Յովհաննէս, առաքինի եւ սուրբ այր, եւ այլ բազմութիւն քահանայից եւ պաշտօնէից։ Եւ օծեալ կնքեցաւ եկեղեցին յանուն սրբոյ Աստուածածնին։

Շինեցաւ եւ զաւիթ եկեղեցւոյն գեղազարդ եւ կոփածոյ վիմօք։ Յոլով ձեռնտու եղեն մեծ զօրավարն Զաքարէ եւ եղբայրն իւր Իւանէ. քանզի նոքա ունէին զիշխանութիւն զաւադին, եւ յոյժ սիրէին զսուրբ վարդապետն, քանզի Զաքարէ խոստովանութեամբ որդի էր նորա հոգեւոր։ Եւ ընդայեցին եկեղեցւոյն սահման ջրադարձիւք՝ լեռնէ ի լեառն, եւ բով մի յԱբասաձոր եւ զՁորձոր ի նահանգին Բրձնոյ, եւ զԱշատա ի գլուխս վանիցն։

This woman did much to help. She and her daughters made a beautiful curtain of the softest goats' hair as a covering for the holy altar, a marvel to behold. It was dyed with variegated colors like a piece of carving with pictures accurately drawn on it showing the Incarnation of the Savior and other saints. It astonished those who saw it. Beholders would bless God for giving women the knowledge of tapestry-making and the genius of embroidery, as is said in Job, for it was no less than the altar ornaments Beseliel and Eghiab fashioned[5]. Nor is it bold to make this statement, for the same spirit moved them both. Not only did the woman make a curtain for this church at Getik, but for other churches as well—Haghbat, Makaravank', and Dadivank'; for she was a great lover of the Church, and very pious.

The pre-consecration festival at Getik was conducted with great throngs of people attending. Among those present was Yovhannes, the bishop of Haghbat, a virtuous and blessed man as well as a multitude of priests and servitors. And they consecrated the church in the name of the blessed Mother of God.

They also constructed a beautiful parvis of dressed stones for the church. The great general Zak'are and his brother Iwane provided much support, for they held the princeship of the district and they so loved the holy vardapet (for in confession, Zak'are was his spiritual son). They gave the church [extensive] land bounded by streams [extending] from mountain to mountain, as well as a mine in Abasadzor, and Zoradzor in the district of Bjni, and Ashawan above the monastery.

---

5 Exodus 36:1.

Շինեցին եւ ինքեանք զիւղ մի մերձ ի ծովակն փոքրագոյն անհնարին խորութեամբ եւ անուանեցին զգիւղն յանուն ծովակին Տզրկածով, քանզի բազումք կային ի նմա մօրասէր եւ տղմասէր սողունք, եւ այլ մ-ս եւս փոքրագոյն զիւղ՝ ներքոյ վանիցն, զոր Ունելանջ անուանեցին: Շինե-ցին եւ այլ մատրունս յանուն սրբոց առաքելոցն եւ սրբոյն Հռիփսիմեայ:

Եւ ինքն քանզի սիրէր զանապատ եւ զմայրութիւն, ա-րար իւր տուն բնակութեան բացագոյն ի վանիցն: Շինեաց եւ անդ փոքրագոյն եկեղեցի մի փայտակերտ՝ յանուն սուրբ հոգւոյն: Եւ ի ժամանակի ծերութեան, ի գլուխ վանիցն յաջ-մէ կողմանէ շինեաց եկեղեցի մի շիրիմ գերեզմանի իւրոյ, կրով եւ վիմօք մածուցեալ սրբագործ, յանուն Համբարձ-մանն Քրիստոսի:

They themselves also built a village close to a small lake of immense depth, naming the village after the lake Tzrkatsov (for in it swam many marsh-loving, mud-loving reptiles), as well as another smaller village below the monastery which they named Urhelanj. They also built many other chapels in the name of blessed Apostles and the holy Hr'ip'sime.

Because Mxit'ar loved deserts and uninhabited places, he made his home distant from the monastery. There he built a small wooden church in the name of the Holy Spirit. In his old age he built a church as a mausoleum for himself above the monastery on the right. It was made with dressed stones and lime and named for the Resurrection of Christ.

ԺԵ

Թէ ոյք էին, որք երեւելիք էին յաշակերտան նորա:

Բազումք էին, որք աշակերտեցան ի նմանէ վարդապետական բանին, քանզի համբաւ իմաստութեան նորա հնչակեցաւ ընդ ամենայն տեղիս: Եւ զային առ նա յամենայն կողմանց, քանզի՝ ըստ անուանն իւրոյ՝ միխթարէր զամենեսեան. քանզի էր նա միխթարական, որպէս զԲառնաբաս, եւ նշանաւոր ի մէջ ժողովրդոց, որպէս զԱնտոն. եւ բանք նորա արդիւնականք լի շնորհօք. եւ ամենայն ոք փափագէր տեսանել զնա եւ լսել ի նմանէ: Վասն այսպիսի համբաւոյ բազումք, որ էին ի կարգի վարդապետաց, ծածկէին զինքեանս եւ զային, ի կարգի աշակերտաց կալով՝ ուսանէին ի նմանէ եւ առնուին վերստին հրաման: Եւ բազումք յաշակերտաց նորա հասին ի պատիւ վարդապետական: Բայց երկուք ոմանք ի նոցանէ իմաստնագոյնք էին քան զայլսն, որք կարող էին եւ զայլս օգտեցուցանել. առաջնոյն՝ Թորոս անուն, ի սահմանացն Մելիտինոյ Հայոց, հայր նորա հայկազն եւ մայր նորա ասորի, այր հեզ եւ խոնարհ, առաքինի եւ աղքատասէր յոյժ, ասպնջական օտարաց եւ առատ ի տուրս, որ զժամանակս կենաց իւրոց բարւոքապէս վարեալ՝ ի ծերութիւն պարարտութեան յաւելեալ առ հարս իւր եւ կայ թաղեալ ի հնչականունն վանքն Հառբատ, ի գլուխ վանիցն, ի գերեզմանս եպիսկոպոսացն եւ վարդապետացն, որոյ յիշատակն օրհնութեամբ եղիցի, եւ աղօթք սորա պարիսպ հաւատացելոյ:

XV

CONCERNING THOSE OF [MXIT'AR'S] STUDENTS WHO WERE PROMINENT.

There were many people who studied doctrine with him since the renown of his learning had reached everywhere. They came to him from all areas since, true to his name,[6] he comforted everyone. He was a consoler resembling Barnabus and noted among the people like Anton. His words, full of grace were efficacious and everyone wanted to see and hear him. For this reason, many who held the title of vardapet concealed their identities and came as students and received the command again. Many of Mxit'ar's students attained the title of vardapet. But two of them were more learned than the others and able to assist others in turn. First was T'oros, from Armenian Melitene, whose father was Armenian and whose mother was Syrian. He was a meek and humble man, virtuous, very fond of the poor, a host to strangers, and generous with gifts. Having lived such a benevolent life, he was gathered to his fathers in ripe old age. He is buried above the renowned monastery of Haghbat, in the cemetery of bishops and vardapets. May his memory be blessed and his prayers, a buttress for the faithful.

---

6 *Mxit'ar (Mxit'arich'):* "comforter".

Եւ երկրորդին՝ Վանական անուն, այր սուրբ եւ պարկեշտ եւ յամենայն գործս բարիս յառաջադէմ, ողջախոհ եւ զգաստ յամենայնի եւ վարդապետական բանիւ քան զամենեսին, որ ի ժամանակին էին, զերազանցեալ, ծանդական մտոք եւ յարմար բանիւք։ Վասն որոյ բազումք դեգերէին առ նա ուսման ողագաւ ո՛չ միայն վարդապետական բանի, այլ ամենայն կեանք նորա եւ շարժումն անգիր օրէնք էին տեսողացն։ Եւ զայս ո՛չ թէ ականջալուր միայն ասեմ, այլ եւ ականատես, զի բազում ժամանակս կացաք մեք առ նմա ի վարժս կրթութեան ի սահմանս Տաւուշ բերդոյ, յանապատի անդ, զոր ստացաւ իւր բնակութիւն եւ աղբիւրաբար արբուցանէր ամենեցուն զբանն վարդապետական։

The second [noteworthy student] was named Vanakan. He was a holy, modest man, foremost in all good works, rational and sensitive to all and more competent in doctrine than all the others of his time. He was an excellent, creative thinker who could speak appropriately. For these reasons many people came to him, not only to study doctrine, but indeed his entire life and activity were unwritten laws for the observers. I say this not merely as someone who heard it from others, but as an eyewitness, for we spent much time with him getting an education in the borders of Tawush fortress in the retreat where he had his abode. Like a fountain [of wisdom] he gave us the words of doctrine to drink.

ԺԲ

Վասն վախճանի մեծ վարդապետին, որ Գոշն կոչի:

Սա երանելիս, զոր վերագոյն ասացաք, զրնթացան կատարեալ եւ զհաւատս պահեալ, եհաս ի խորին ծերութիւն: Եւ իբրեւ ետես նա, եթէ տկարացաւ ի զօրութենէ
մարմնոյ եւ հանդերձեալ է այնուհետեւ յաւելուլ առ հարսն իւր, կոչեաց նա զշնակիցս ուխտի վանիցն Նորն Գետկայ, որ ընդ նմա ժուժկալեալ էին յամենայն աշխատութիւնս վանիցն եւ եկեղեցւոյն, եւ օրհնեաց զնոսա եւ զաշակերտս իւր յանուն տեառն. եւ զմի ոմն ի նոցանէ ընտրեալ՝ Մարտիրոս անուն նորա, որ աշակերտեալ էր նմա
եւ ընտանի էր նմա, կացոյց զնա առաջնորդ նոցա. մանուկ տիոք, բայց կատարեալ իմաստութեամբ, այր քաղցրախառն յերգս պաշտամանն, եւ առատամիտ ընթերցող,
եւ երագ ի գրչութիւն. նմա հրամայեաց իշխել նոցա: Եւ
գրեաց կտակ առ մեծ հազարապետն Իւանէ, եղբայրն
Զաքարէի, եւ յանձնեաց ի նա զվանսն եւ զառաջնորդն. եւ
ինքն փոխեցաւ յաստեացս առ Քրիստոս՝ ալեւորեալ եւ լի
աւուրբք:

Եւ վերակացու վանիցն Մարտիրոս հանդերձ միաբանօքն զեղեցկապէս յարդարեաց զպատշաճս թաղմանն նորա հոգեկան եւ մարմնական պիտոյիւք, եւ տարեալ հանգուցին զնա առաջին դրան եկեղեցւոյն փոքրագունի, որ
կայ ի գլուխ վանիցն յարեւմտից կողմանէ: Եւ մինչեւ ցայսօր զերեզման նորա օծէ ցաւագնելոյց, որք հաւատով ապաւինին յաղօթս նորա, եւ զհող տեղւոյն հաւապազ տանին ի պէտս հիւանդաց մարդոյ եւ անասնոյ, զի Աստուած
զխարատորիչս իւր փառաւորէ կենդանութեամբ եւ մահուամբ:

XVI

THE DEATH OF THE GREAT VARDAPET CALLED GOSH.

This venerable man of whom we spoke above, reached great old age, having kept his faith. But when he saw that his bodily strength was failing and that he was close to joining his fathers, he called the residents of the congregation of Nor Getik who had shared with him in all the labors of the church and monastery, and he blessed them and his students in the name of the Lord. Selecting one of them, named Martiros, who had studied with him and was his intimate, Mxit'ar appointed him as their director. Martiros was a youth but perfected in learning, a man mellifluous in the songs of worship, a great reader, and a speedy writer. Mxit'ar commanded him to direct them. And he wrote a will to the great hazarapet Iwane, Zak'are's brother, and entrusted to him the monastery and its director. Then he himself, white-haired and ripe in years, passed from this world to Christ.

The director of the monastery, Martiros, together with the congregation handsomely saw to the proper requirements for the spiritual and physical burial of Mxit'ar. They laid him to rest before the door of the smaller church which stands above the monastery on the west side. And to this day Mxit'ar's grave aids those in pain who take refuge in his prayers, in faith; and people always take soil from that place to cure sick people and animals, for God glorifies those that glorify Him, in life and in death.

Դէպ եղեւ երբեմն, զի պաշտօնեայք նորա զային գըրասաուք՝ բարձեալ զինի ի պետս վանիցն: Վրացի ումն, Բասիլա անուն, եկեալ՝ բռնութեամբ կամէր առնուլ ի նոցանէ ի զինոյ անտի, զի գործակալ էր նա Իւանէի ի վերայ մայրոյն, որ պահէր զտեղի իջաւանի նորա: Եւ պաշտօնեայքն ասեն ցնա. «Մի՛ ներեր զմեզ, քանզի Գոշին եմք»: Չի այսպէս կոչէին զնա մականուամբ, քանզի հեղգագոյն եկին ալիք նորա: Իսկ թշուառականն անարգեաց զնոսա եւ զԳոշն հայհոյութեամբ: Եւ իբրեւ եկն յայն տեղի, որ լիշէր զանուն նորա ծաղանօք, անդէն վաղվաղակի համբացաւ, եւ կապեցաւ լեզու նորա, եւ թիւրեցան շրթունք նորա, եւ այնպէս եկաց զբազում աւուրս, մինչեւ հառաչանօք խնդրեաց թողութիւն: Եւ ամենայն ոք, որ տեսանէր զայրն, գովէին զԱստուածն Աստուծոյ:

Եւ երող նա յիշատակ եւ արձան զերեզմանի զիրս իմաստախոհս յոզուտ ուսումնասիրաց՝ Համառօտ մարգարէութեանն Երեմիայի՝ գեղեցկադիր կարգօք, եւ սուղ ինչ կանոնս վասն սպասաւորելոյ մարմնոյ եւ արեան տեառն, թէ որպէս պատշաճ իցէ, կամ որպիսի կարգօք, եւ դիրք մի՛ Ողբք ի վերայ բնութեանս՝ ի դիմաց Ադամայ առ որդիս նորա, եւ ի դիմաց Եւայի առ դատերս նորա. եւ զիրք մի՛ Յայտարարութիւն ուղղափառութեան հաւատոյ ընդդէմ ամենայն հերձուածողաց, ի խնդրոյ մեծ զօրավարին Զաքարէի եւ եղբօր իւրոյ, եւ այլ թուղթս խրատականս: Եւ եղեւ վախճան նորա ի ՌԿԲ թուականին:

Once it happened that his servitors came up bringing wine on asses, for the monastery's needs. A certain Georgian named Basila came and wanted to take some of that wine from them, for he was Iwane's official in charge of the grove which guarded his lodging. But the attendants said to him: "Do not bother us for we are Gosh's people." (That is the nickname they gave him since he had little hair). But this wretched man insulted them and Gosh with curses. Now as soon as he ridiculed Gosh's name, he immediately became dumb, his tongue froze, his lips became twisted, and thus he remained for many days until, sighing, he requested forgiveness. And everyone who saw the man praised [Gosh] the servant of God.

As a memorial [Gosh] left [his writings,] books filled with profound words, beneficial for students: an abbreviated version of the prophecy of Jeremiah, beautifully executed, and a few canons concerning attendance on the Body and Blood of the Lord—what is proper, and in what order. He also left a book Lamentations on Nature, opposing Adam to his sons and Eve to her daughters; and another book, Declaration of the Orthodox Faith against All Heretics, at the request of the great general Zak'are and his brother, and other letters giving counsel. [Gosh's] death occurred in 662 A.E. [1213].

Վասն որք յետ նորա կալան
զառաջնորդութիւն վանիցն:

Փառատրեցաւ վանքն եւ հռչակաւոր եղեւ անուամբ սուրբ վարդապետին եւ իմաստութեամբ Մարտիրոսի առաջնորդի, քանզի այր շինարար էր: Շինեաց եւ այլ ժամատուն անտաշ վիմօք՝ մածուցեալ կրով, հաստահեղոյս որմօք, փայտակերտ վերնայարկօք, որ յետ ժամանակաց փլաւ վերնայարկն. Շինեաց եւ գրատուն մի գեղեցկաշէն յարկօք՝ արուեստաւոր ունելով զհիւսն Մխիթար, որ ի բազում իրս աշխատ եղեւ եկեղեցեացն եւ վանիցն:

Եւ բազում երբարք ժողովեցան վասն հռչականուն տեղւոյն, եւ բազմաց եղեւ տեղի աննդեան եւ ուսման. որ եւ մեք իսկ սնեալ եւ ուսեալ եղաք ի նոյն վանս:

Սկսան շինել եւ այլ եկեղեցի մի հինգ խորանօք, կոփածոյ եւ տաշած վիմօք, զմբեթաւոր եւ գեղեցիկ շինուածով. եւ իբրեւ ընդմիջեցաւ եկեղեցին՝ խափանումն եղեւ յոլով ժամանակս, քանզի եկն սուլտանն Խորասանայ, Ջալալադինն կոչեցեալ, եւ եհար զզօրս հայոց եւ վրաց, եւ աւերեաց զբազում զաւառս: Վասն այսր պատճառի եւ այլ յոլովից մնաց անաւարտ: Յետոյ այր ոմն, Գրիգոր անուն Կապալեցի, որ յառաջն արդիւնաւորեալ էր ի շինումն եկեղեցւոյն, վերստին ի ձեռն առեալ՝ աւարտեաց զնա ի ՈՂ թուականին:

Վախճանեցաւ եւ Իւանէ, եղբայր Զաքարէի, եւ թաղեցաւ ի Պղնձահանքն, ի դուռն եկեղեցւոյն, զոր շինեաց ինքն, առեալ ի հայոց՝ վրացի վանս հաստատեաց: Եւ մինչ մեռանէր նա, յանձնեաց զորդի իւր եւ զտուն յիշխան ոմն իւր սնուցած եւ փառատրած Գրիգոր անուն, զոր Տղայն կոչէին:

XVII

CONCERNING WHO HELD THE DIRECTORSHIP OF THE MONASTERY AFTER HIM.

The monastery became glorified and renowned through the name and wisdom of the holy vardapet Martiros the director, for he was a builder. He built yet another parsonage-house of undressed stones joined with lime, with well-secured walls and a wooden garret. This garret subsequently collapsed. He also built a lovely storied library artistically inspired by Mxit'ar, who had aided the church and the monastery in many ways.

Many monks assembled there because of the renown of the place and it became for many a place of nourishment and learning. In fact, we ourselves were nourished and educated in this very monastery.

They also started to build a church with five altars of polished, dressed stones, a beautiful design with a dome. But when the church was half completed, a delay occurred which lasted a long while, since the sultan of Khurasan, Jalal al-Din [the Khwarazmshah], came and struck the forces of the Armenians and Georgians, and ruined numerous districts. For this and many other reasons, the church remained unfinished. Later a man named Grigor Kapalets'i, who previously had been instrumental in building the church, once again took the matter in hand and completed it in 690 A.E. [1241].

Iwane, Zak'are's brother, also died [that year] and was buried at Pghndzahank' near the church which he himself had built, taking it from the Armenians and making it into a Georgian monastery. Before dying, Iwane entrusted his son and home to a certain prince Grigor whom he had nourished and elevated, and who was called Tgha.

Սա խնդրեաց յԱւագէն, յորդւոյն Իւանէի, զվանքն Գետիկ՝ իւր տեղի գերեզմանի։ Եւ վասն յոյժ սիրելոյ զնա՝ ետ նմա։ Գնեաց գիւղ մի ի նմանէ, Վաշխէ անուն, մերձ յԱղստեւ, ետ զայն ի վանքն, եւ այլ բազում արդիւնս, եւ գրբեանս, եւ խաչս, եւ անասունս։ Շինեաց եւ հրաշագան եկեղեցի մի՝ երեքխորանի, մերձ ի զալիքս եկեղեցւոյն, շինուած զարմանակերտ, եւ անուանեցաւ եկեղեցին յանուն սրբոյն Գրիգորի։ Նա եւ այլ յոլով շինուածք եղեն ի նմա. եւ բազմացան քահանայք եւ պաշտօնեայք եւ մանկունք ուսումնականք. եւ կալեալ Մարտիրոս զառաջնորդութիւնն ամս բազան՝ եթող կամաւրաբար։ Եւ կալաւ յետ նորա Մխիթար որմն, եւ այլ սա, եւ նա, Յովասափն, եւ այլք սակաւորեայ, եւ Աբրահամ վարդապետն։ Եւ ապա տէր Յովհաննէս Արմանեցին, որ եւ Հաղարծնին էր առաջնորդ, եւ ձեռնադրեցաւ եպիսկոպոս յեօթնհարիւր հինգ թուականին։ Սա շինեաց ի Հաղարծինն զեղանատունն երեւելի՝ սրբատաշ վիմօք, եւ ապա զնաց ի մեծ աթոռն ի Հաղբատ. եւ յեօթնհարիւր երեք թուին Խաչատուր վարդապետն եւ եղբայր իւր Բարսեղն շինեցին եկեղեցի մի երեքխորանի, հանդէպ վանիցն, զրմբեթաւոր, յանուն սրբոյն Գէորգեայ։

This Grigor requested from Iwane's son Awag the monastery of Getik for his grave site; and because [Awag] greatly loved him, he gave it to him. [Grigor] also purchased from him a village named Vashxe close by the Aghstev river and gave it to the monastery along with much wealth, books, crosses, and animals. He also built a wondrous church, an amazing structure, with three altars close to the portico of the church, and named the church in honor of Saint Gregory. There were many other structures within it. The number of priests, attendants and young students increased. Martiros held the directorship for twenty years, resigning voluntarily. After him, [the directorship was held by] a certain Mxit'ar, by Yovasap', and others who ruled briefly, and by vardapet Abraham. [They were followed by] lord Yovhannes Armanets'i who was simultaneously director of Haghartsin and had been ordained bishop in 705 A.E. [1256]. At Haghartsin [Yovhannes] built a noteworthy refectory of brightly polished stone, and then went to the great throne at Haghbat. In 703 A.E. [1254] vardapet Xach'atur and his brother Barsegh built a domed church with three altars opposite the monastery, in honor of Saint Georg.

Վասն սուլտանին Ջալալադնին եւ կոտորելոյն զզօրսն Վրաց ի վեց հարիւր եօթանասուն եւ չորս թուին:

Յառաջ ասացեալ ազգն հիւսիսոյ արեւելից, որ թաթարն անուանէր, ի նեղ էարկ զսուլտանն Խորասանայ զՋալալադինն, եւ եհար զզօրս նորա, եւ տապալեաց զաշխարհս նորա: Եւ հանին զնա փախստական ընդ աշխարհն Աղուանից. եւ եկն նա ի քաղաքն Գանձակ եւ առ զնա: Եւ կուտեաց իւր զօրս անթիւս ի պարսից եւ ի տաճկաց եւ ի թուրքաց եւ եկն յաշխարհս Հայոց:

Զայն տեսեալ Իւանէի, ազդ առնէ թագաւորին Վրաց եւ ժողովէ զօրս բազումս՝ կալ ընդդէմ սուլտանին: Եւ հպարտութեամբ մեծամեծս փքանային, եւ դաշինս եդեալ էին, եթէ յաղթեսցեն նմա, զամենայն հայ մարդ ի կրօնս վրաց դարձուսցեն, որք ընդ իշխանութեամբ նոցա, եւ զրնդդիմացեալսն՝ սրով բարձցեն: Զայս խորհուրդ խորհեցան ոչ Աստուծով, եւ դաշինս կռեցին, եւ ոչ նորա հոգւով զայս խորհեցան, եւ զոտէր ոչ հարցին, որ տուիչն է յաղթութեան ում եւ կամի:

Եկն ապա սուլտանն ի զաւատն Կոտայից: Գնաց եւ Իւանէ զօրօքն վրաց եւ կայր հանդէպ նոցա ի վերոյ. եւ տեսեալ զնոսա՝ զանգիտեաց, զետեղեալ ի տեղւոջն: Իսկ սուլտանն՝ յառաջ վարեալ զզօրս իւր, զայր հանդէպ նոցա: Եւ իբրեւ զայն եւտես իշխան մի յաւազացն վրաց, Շալնէ անուն նորա, եւ եղբայր իւր Իւանէ, արք քաջք եւ անուանիք, եւ յաղթողք ի պատերազմի, ասեն ցայլ զօրսն. «Դուք կացէք մնացէք վայր մի, եւ մեք երթեալ խառնեսցուք ի նոսա. եթէ դարձուսցուք զոմանս ի նոցանէ յետս, մե՛ր է յաղթութիւն, եկայք եւ դուք. ապա թէ նորա մեզ յաղթիցեն, փախերուք դուք եւ ապրեցուցէք զանձինս ձեր»:

XVIII

CONCERNING SULTAN JALAL AL-DIN AND THE DESTRUCTION OF THE GEORGIAN ARMY IN 674 A.E. [1225].

Previously we spoke of the people from the northeast called T'at'ars. These T'at'ars harassed the sultan of Khurasan, Jalal al-Din, striking his army and destroying his lands. They caused him to flee through the land of Aghuania and he came and captured the city of Gandzak. He then assembled his countless troops from among the Iranians, Tachiks and Turks, and came to Armenia.

When Iwane learned of this circumstance, he informed the king of Georgia and massed troops to resist the sultan. Pridefully, he boasted most arrogantly and the king and Iwane made an agreement that if Iwane defeated Jalal al-Din, all the Armenians under their sway would convert to the Georgians' faith, while they would kill those resisting. This scheme, and the vow they made, took no account of God nor of His concern, nor did they ask the Lord Who grants victory to whomever He pleases.

Now the sultan had come to the Kotayk' district. Iwane went with the Georgian army and came opposite them but on higher ground. Seeing them, [Iwane] was frightened and encamped there. But the sultan moved his troops forward, coming against them. Now as soon as this was observed by one of the senior Georgian princes, Shalue, and by his brother Iwane, men brave and renowned and triumphant in battle, they said to the other troops: "You stay here and wait while we go and engage them. If we put some of them to flight in our pursuit, the victory is ours. [If that happens] come forth. But if they defeat us, then flee and save your lives."

Եւ իբրեւ խառնեցան նոքա, սկսան կոտորել զզօրս սուլտանին։ Իսկ զօրն վրաց այնմ ուշ ոչ եդին, այլ փախեան ի տեղւոջէ անտի, մինչեւ այր զրնկեր ի փախուստ ո՛չ գիտէր։ Եւ երթեալք առանց ուրուք հալածելոյ ամենեքեան ի վախից ի վայր մղեալք՝ ի ձոր անդր լնուին ի գլուխս քաղաքագեղն Գառնւոյ։ Եւ իբրեւ տեսին զայն զօրքն սուլ֊ տանին, զհետ մտեալ՝ զբազումս կոտորեցին եւ զայլս գա֊ հավէժ արարին։

Եւ եկեալ սուլտանին ի գլուխն ձորոյն՝ եւտես զայն ո֊ դորմ տեսին, զի իբրեւ զդերբուկս քարանց կուտեալ կային անդ բազմութիւն մարդկան եւ երիվարաց, շարժեաց զգզ֊ լուխս իւր եւ ասէ. «Այս գործ ոչ մարդոյ է, այլ Աստուծոյ մի֊ այն, որ կարողն է ամենայնի»։ Եւ դարձաւ դիակապուտ առնել զանկեալսն, եւ աւերեալ զբազում տեղիս՝ գնաց ի քաղաքն Տփխիս. եւ ձեռնտու եղեն պարսիկքն, որ ի նմա, եւ առ զքաղաքն եւ զբազումս կոտորեաց, եւ զե՛ւս բազումս բռնադատէր թողուլ զքրիստոնէութիւն եւ հաւանիլ խա֊ բեբայ եւ մոլար ուսմանն տաճկաց։ Բազումք այնուհետեւ յերկիւղէ մահուանն զանգիտեալ՝ փոխանակէին զճշմար֊ տութիւնն ընդ ստութեանն, եւ այլք յանձն առեալ զմահ քաջութեամբ, քան զկեանս խղճիւ, զվկայական անունն ժա֊ ռանգեալ՝ ելին յաշխարհէս բարի անուամբ։

Եւ ապա հրաման ետ, որք հաւանին եւ որք ոչ, ո՛չ հար֊ ցաքննութիւն առնել, այլ բռնութեամբ զամենեսին թլխա֊ տել։ Եւ այսպէս բռնաբար երկուց ոմանց կալեալ զձեռանէ մարդկան ի հրապարակի անդ եւ միւս ոմն առեալ սուր՝ հատանէր զմաշկ առնացի անդամոյն. եւ ընդ կանայսն խառնակէին զազրալից պղծութեամբ։ Եւ ընդ ամենայս տե֊ ղիս, ուր եւ գտանէին խաչ կամ եկեղեցի՝ կործանէին եւ քակէին։ Զայս ոչ միայն ի Տփխիս, այլ եւ ի Գանձակ, եւ ի Նախճաւան, եւ յայլ տեղիս գործէին։

As soon as they engaged them, they began to destroy the sultan's army. But the Georgian soldiers paid no attention and instead fled the place, such that a man did not recognize his comrade in flight. And all of them, out of fright, left without anyone pursuing them. They pressed down into the valley above the town of Garhni, and filled it up. When the sultan's forces observed this, they pursued them, killed many, and hurled others over the cliffs.

The sultan came to the head of the valley and witnessed a pitiful spectacle. For a multitude of men and horses lay there piled up like a heap of rocks. He shook his head and said: "This is not the work of man, but of God for Whom all is possible." He then turned to rob the corpses of the fallen, and, having devastated many places, went off to the city of Tiflis. The Iranians residing there aided him and he captured the city killing many people and forcing many others to abandon Christianity and accept the deceptive and fanatical teaching of the Tachiks. Many, terrified by the fear of death, exchanged Truth for falsehood; but others bravely preferred death to a life of guilt, and so inherited the title of martyr, departing the world with a good name.

Then [Jalal al-Din] commanded that those who consented and those who did not be forcibly circumcised, without inquiry. Thus, two men would brutally seize someone there in the square while another man would take a sword and cut the foreskin off his male member. They commingled with the women in loathsome obscenity. Wherever they found a cross or a church, they pulled it down and destroyed it. This occurred not only in Tiflis, but in Gandzak, Naxichewan, and elsewhere.

Մի ոմն յառագացն, որ եւ մայր սուլտանին կին էր նորա, Օրդան անուն, սա բազում չարչարանոք նեղէր զբրնակիցս քաղաքին Գանձակայ՝ ո՛չ միայն զքրիստոնէայն, այլ եւ զպարսիկն՝ հարկապահանջութեամբ բազմաւ։ Եւ սպանաւ ինքն ի նմին քաղաքի ի մուլիեդաց, որք սովոր են նենգութեամբ սպանանել զմարդիկ։ Մատեան առ նա ոմանք՝ մինչդեռ գայր ընդ փողոց քաղաքին, իբր թէ գրկանս կրեալ իցէ նոցա յումեքէ, եւ առ նա մատեան տալ իրաւունս։ Ցուցին նմա թուղթ ի ձեռին ունելով՝ աղաղակեցին եւ ասեն. «Դա՛տ, դա՛տ»։ Եւ իբրեւ զտեղի առ նա եւ կամէր հարցանել, թէ ո՞յր իցէ նեղեալ զնոսա, նոքա աստի եւ անտի յարեան ի վերայ նորա, եւ սրով, զոր ունէին ի ծածուկ, խոցոտեալ սպանին զնա։ Եւ այսպէս բարձաւ չարն չարեաւ ի միջոյ։ Եւ զսպանողսն նորա հաջիւ կարացին սպանանել նետիւք, զի զբազումս խոցոտեալ փախեան ընդ մէջ քաղաքին. զի այսպէս սովոր են առնել ազգն այն, որ բնակեալ են յամուր տեղիս, զոր Թուն եւ Թանջան կոչեն, այլ եւ ի մայրին Լիբանանու. առնուն զգինս արեան իւրեանց յիշխանէն իւրեանց, զոր պաշտեն փոխանակ Աստուծոյ, եւ տան յորդիս եւ ի կանայս իւրեանց. եւ ինքեանք երթեալ, ուր եւ առաքէ իշխան նոցա, բազում ժամանակս դեգերին ի կերպս կերպս եդեալ, մինչեւ պատեհ ժամանակ գտցեն սպանման, եւ ապա սպանանեն, զոր եւ կամին։ Վասն այնորիկ երկնչին ի նոցանէ ամենայն իշխանք եւ թագաւորք եւ տան հարկս նոցա։ Եւ սատիկ կատարողք են հրամանաց իշխանին իւրեանց, զոր ինչ եւ ասէ՝ մինչ ի մահ անձանց իւրեանց ոչ խնայեն։ Եւ այսպէս զբազում մեծամեծս սպանանեն նորա, որք ոչ հարկին նոցա, որպէս եւ զայս ամբարիշտս։

Now there was a certain nobleman named Orghan whose wife was the sultan's mother. He oppressed the residents of the city of Gandzak with manifold torments—not merely the Christians, but the Iranians too—by demanding numerous taxes. This man was killed in Gandzak by the Mulhed [Assassins], whose custom it is to kill people treacherously. While he was going about the city streets, some people approached him, feigning that they had been wronged by someone and that they were approaching him to set things right. They showed [Orghan] a piece of paper which they had in hand, saying beseechingly: "Trial, trial!" As soon as he stopped and wanted to inquire about who had molested them, from one side and the other, they pounced on him and with a sword they had concealed on their persons, they stabbed and slew him. And so the wicked one was wickedly done away with. They were hardly able to slay [Orghan's] murderers with arrows, for [the Assassins] killed many people and fled through the city. Such is the custom of this group which had seized the secure places called T'un and T'anjak [in northern Iran] as well as the forests of Lebanon, taking the price of their blood from the prince whom they worshipped instead of God, and giving [the money] to their sons and women. They went wherever their prince sent them where they would masquerade in various garbs until they found the appropriate moment to strike, then they would kill whomever they pleased. Therefore, all the princes and kings feared them and paid taxes to them. And they were extremely faithful in carrying out the commands of their prince, doing whatever he said, even to the point of killing themselves. Thus, they killed many grandees who did not pay them taxes, just as they killed this impious man.

ԺԹ

Վասն կորստեան սուլտանին Ջալալադնի եւ
բառնալոյ նորա յերկրէ:

Յետ գործելոյ նորա զայս չարիս՝ գնաց նա ի քաղաքն Խը-
լաթ, որ է յաշխարհին Բզնունեաց: Եւ էր նա ընդ իշխանու-
թեամբ Աշրափի սուլտանին, եւ էտ պատերազմ ընդ նմա,
եւ առ զնա: Էր անդ եւ կին սուլտանին, դուստր Իւանէի,
Թամթա անուն, զոր վերագոյն յիշեցաք, առ զնա իւր ի կը-
նութիւն, չոգաւ եւ աւերեաց զբազում զաւառս յիշխանութե-
նէն սուլտանին հոռոմց, զոր Ալադինն կոչէին: Ասպա միա-
բանեալք սուլտանքն Աշրափն եւ Քէմլն, եղբայր իւր, որ իշ-
խէր կողմանցն Եգիպտոսի, եւ Ալադինն. կոչեցին իւրեանց
օգնական եւ ի զօրացն հայոց, որ յաշխարհին Կիլիկեցւոց,
եւ ի ֆռանկացն ծովեզերեայց, եւ եկին տալ պատերազմ
ընդ խորազմեցւոյն Ջալալադնի: Եւ իբրեւ եկին մօտ առ
միմեանս, զանգիտեցին երկոքին կողմանքն եւ ոչ իշխէին
խառնիլ ընդ իրեարս: Ապա քրիստոնեայքն, որ ի հայոց
եւ ֆռանկաց, խրախուսեալք յԱստուած, դիմեցին ի վերայ
նոցա: Եւ էին թուով սակաւք, պակաս քան զհազար մի, եւ
զօրութեամբն Քրիստոսի հարին զզօրսն եւ ի փախուստ
դարձուցին: Եւ զայն տեսեալ զօրացն տաճկաց՝ յարձա-
կեցան եւ նոքա. եւ հարին կոտորեցին զբազումս մինչ ի
մուտս արեւուն:

Ապա հրաման ետուն սուլտանքն ոչ պնդել զհետ փա-
խստէիցն, իբր այն թէ հալատակիցք նոցա իցեն: Եւ դա-
դարեցին ի պնդելոյ զհետ նոցա: Իսկ սուլտանքն, զի արք
բարեպաշտք էին, ոչ ապերախտք լինէին առ զօրն քրիս-
տոնէից, զի զիտացին, թէ ի ձեռն նոցա ետ տէր զյաղթու-
թիւն:

46

XIX

CONCERNING THE DESTRUCTION OF SULTAN JALAL AL-DIN, AND HIS REMOVAL FROM THE WORLD.

After [Jalal al-Din] had done these evil deeds, he went to the city of Xlat' which is in the land of Bznunik'. This area was under the authority of Sultan Ashraf who fought with him, but [Jalal al-Din] triumphed. Residing there was the wife of the sultan, the daughter of Iwane, named T'amt'a whom we mentioned above. Jalal al-Din took her as his wife and went on to ruin many districts under the sway of the Sultan of Rum, named 'Ala al-Din. Then Sultan Ashraf and his brother Kamal who ruled Egypt and 'Ala al-Din called to their aid the Armenian forces from the land of Cilicia as well as the coastal Franks, and they came and did battle with the Khwarazmian Jalal al-Din. As soon as the two sides neared each other, they became frightened and did not dare to fight. But, calling upon God, the Armenian and Frankish Christians attacked them. They were few in number, less than a thousand. But with the power of Christ, they struck the enemy and put them to flight. When the Tachiks saw that, they too attacked and destroyed many until sunset.

Then the sultans commanded their men not to pursue the fugitives, since they were coreligionists; and they ceased the pursuit. Now the sultans, because they were pious men, were not ungrateful toward the Christian soldiers, since they knew that the Lord had caused their triumph through them.

Ապա դարձան մեծաւ ուրախութեամբ յաշխարհն իւր-
եանց. եւ ընդ որ անցանէին ընդ քաղաքս եւ ընդ գաւառս,
ելանէին ընդ առաջ նոցա պարուք եւ ծնծղայիք եւ գովա-
սացութեամբ ընդունէին:

Իսկ Ալադինն իբրեւ եկն ի Կեսարիա Կապադովկաց-
ւոց, ամենայն բազմութիւն քաղաքին՝ հանդերձ քրիստոնէ-
իւքն եւ քահանայիք իւրեանց, խաչիք եւ ժամահարոք,
իբրեւ աւուր միոյ ճանապարհ ելին ընդ առաջ նորա: Իբրեւ
մօտ եղեւ սուլտանն, բազմութիւն տաճկաց ոչ տային թոյլ
քրիստոնէից խառն ընթեանց հայլ յերկրպագութիւնն
սուլտանին, այլ յետս կոյս մղեցին զնոսա: Եւ նոքա ելին ի
բլուր մի հանդէպ բանակին: Իբրեւ եհարց սուլտանն, թէ
ոյք են նոքա, եւ գիտաց, թէ քրիստոնեայք են, ինքնին իսկ
մեկնեցաւ ի գորէն միայն, եւ գնաց ի մէջ նոցա, եւ հրամայ-
եաց հարկանել զժամահարն, եւ պաշտել բարձրաձայն:
Եւ այնպէս եմուտ նոքօք ի քաղաքն, եւ ետ նոցա պարգեւս,
եւ արձակեաց յիւրաքանչիւր տեղիս:

Իսկ Ջալալադին սուլտանն դարձաւ մեծաւ ամօթով
յաշխարհն Աղուանից՝ ի բերրի եւ յարգաւանդ դաշտն, որ
կոչի Մուղան, եւ անդ զետեղեալ՝ կամէր զօր ժողովել:
Ապա թաթարն, որ եհան զնա փախստական յերկրէ իւրմէ,
զհետ մտեալ նորա՝ տարաւ վարեաց զնա մինչեւ յԱմիթ. եւ
անդ եհար զզօրս նորա սաստկապէս: Կորեաւ եւ անօրէն
իշխանն ի նմին պատերազմի. եւ թէ որպէս ումանք ասեն՝
երթայր հետիոտս փախստական. դիպեալ նմա առն մի-
ոջ եւ գիտացեալ, թէ նա է, սպան զնա փոխանակ արեան
մերձաւորի իւրոյ, զոր սպանեալ էր նա յայլում աւուր: Եւ
այսպէս բարձաւ չարն չարեաւ:

Then they returned to their lands in great joy and as they passed through cities and districts, [people] came before them, receiving them with praise, dancing and clashing cymbals.

Now when 'Ala al-Din reached Caesarea of Cappadocia, the entire multitude of the city, including the Christians with their priests with crosses and bell-ringers, came a good day's journey out on the road before him. When the sultan approached, the Tachik multitude did not allow the Christians to go near to mingle in their adoration of him. Instead, they shoved them to the rear. But the Christians went up onto a hill opposite the army. When the sultan asked who those people were, and learned that they were Christians, he himself left his troops and went up among them alone, ordering them to worship aloud sounding their bells. And thus he entered the city with them, gave them gifts, and dispatched each to his place.

Now Sultan Jalal al-Din returned to the land of Aghbania, to the fruitful and fertile Mughan plain, in great disgrace. He encamped there and wanted to assemble an army. However, the T'at'ars who had expelled him from his country as a fugitive pursued him and chased him as far as Amida where they ferociously struck his forces. The impious prince died in that very battle. But some say he went on foot as a fugitive and that a man chanced upon him and recognized him as the one who had earlier slain one of his relations and so killed him to avenge his relative's blood. Thus the wicked one died wickedly.

Ի

Թէ ո՛րպէս եւ Թաթարն ապականել զաշխարհս
ամենայն:

Ամենայն բանք պատմութեանս մերոյ եւ նախաշաւիղ, որ
մինչեւ ցայս վայր էր, վասն ազգիս այսորիկ էր, զոր շնոր-
հօքն Աստուծոյ հանդերձեալ եմք ճառել. կարծեմ թէ եւ յո-
լովք եւս զնոյնս պատմեսցեն, եւ ամէնեքեան նուազեալ
գտանին յարժանաւորութենէն. զի յաճախ են քան զպատ-
մութիւնս` չարիքս, որ եկին կալան զաշխարհս ամենայն. զի
ժամանակս ի վերջ հասեալ է, եւ կարապետք նեռինն գու-
շակեն զգալուստ որդւոյն կորստեան: Երկեցուցանեն եւ
զմեզ յայտնութիւնք սրբոց արանց եւ Աստուածազգեստից,
զոր հոգին սուրբ եցոյց նոցա ի զգուշութիւն ապագայիցն,
եւ մանաւանդ անսուտ հրաման փրկչին մերոյ եւ Աստու-
ծոյ, որ ասէ` «Յարիցէ ազգ յազգի վերայ, եւ թագաւորու-
թիւն ի թագաւորութեան վերայ, եւ այն, ասէ, սկիզբն է եր-
կանց»: Այլ եւ սրբոյն Ներսիսի հայրապետին մերոյ, զոր
մարգարէաբար ազգեաց վասն կործանման աշխարհիս
Հայոց յազգէն նետողաց, զոր աչօք մերովք տեսաք զաւեր
եւ զտառապանս, զոր անցուցին ընդ աշխարհս ամենայն:
Եւ եղեւ պատճառ ելից նոցա այսպէս.

Քանզի յաշխարհին հեռաւոր հիւսիսոյ յարեւելից, զոր
կոչեն ի խժական լեզուն Ղարադրում, ի սահմանս Ղատիայ,
բարբարոս ազգացն բազմութիւն որ անդ են` անգիտելիք եւ
անթուելիք բազմաց, գլուխս թագաւորացն ունելով ազգն, որ
կոչի թաթար, որում անուն էր Չանգզ դան:

XX

HOW THE T'AT'ARS AROSE TO POLLUTE THE ENTIRE WORLD.

Our entire history and introductory section to this point leads up to [a description of] this people [the Mongols], about whom we shall now relate. It seems to me that even if many other [authors] narrate the same events, they will nonetheless all be found lacking, for the evils which afflicted all lands are more than can be related. For this is the end of time; and precursors have spoken about the Antichrist and the arrival of the sons of destruction. We too are frightened by the revelations of blessed men borne up by God, aided by the Holy Spirit in predicting the future, and especially the true command of our Savior and God which states: "I shall lift up nation against nation and kingdom against kingdom and this will be the beginning of their sufferings."[7] Moreover, our patriarch, Saint Nerses prophetically spoke about the destruction of Armenia by the Nation of Archers, destruction and ruin encompassing all lands, which we have witnessed with our own eyes. The circumstances of their rise are as follows:

In a distant land to the northeast (called in their barbarous language Qara-Qorum by the borders of Qara-Khitai[8] there dwelled a barbarian multitude, an ignorant, countless horde called T'at'ars, who had for their king someone named Chingiz-Khan.

---

7 Matthew 24:7-8.
8 Possibly, Cathay.

Դէպ եղեւ մեռանիլ նմա, եւ յառաջ քան զվախճանն՝ կոչ-
եաց զզօրսն ամենայն եւ զերիս որդիս իւր, զոր ունէր, եւ
ասէ զզօրսն. «Ես աւասիկ մեռանիմ. զմի յորդւոց ասդի ի-
մոց՝ զոր կամիք, ընտրեցէք ձեզ թագաւոր, փոխանակ իմ»:
Եւ նոքա ետուն պատասխանի. «Զոր միանգամ կամք քո
ընտրեսցեն, նա լիցի մեր թագաւոր, եւ նմա ծառայեսցուք
միամտութեամբ»: Յայնժամ ասէ ցնոսա. «Ես ասեմ ձեզ
զբարս եւ զգործս որդւոց իմոց երեցունց: Այս անդրանիկ
որդիս իմ Չաղատայ. սա այր պատերազմող է եւ զօրասէր,
բայց հպարտ է բնութեամբ եւ մեծ քան զպատահեալ
բախտն: Իսկ երկրորդ որդիս իմ, նմանապէս յաղթող է ի
պատերազմունս, բայց ոիշտ է բնութեամբ: Իսկ կրտսեր
որդիս իմ, շնորհաւոր է ի մանկութենէ իւրմէ, եւ առատ
բարոյիւք, եւ մեծատուր ի ձիրս, եւ յորմէ հետեւ ծնաւ սա
ինձ, որ ըստ օրէ յաւելաւ փառք իմ եւ մեծութիւն: Արդ ահա
ասացի ձեզ զամենայն ստուգութեամբ, ում եւ կամիք, պա-
գէք երկիր յերեցունց ասդի»:

Եւ նոքա մատուցեալ երկրպագեցին կրտսերոյն, որում
անուն էր Հոքքա խաղան, եւ հայրն եդ զթագն ի գլուխ նո-
րա եւ մեռաւ:

Իսկ նա իբրեւ առ զիշխանութիւն թագաւորութեան,
զոր գումարեաց անթիւ բազմութեամբ, իբրեւ զաւազ ծո-
վու անհամար ի բազմութենէ, զիւր սեպհական ազգն, զոր
մուղալ թաթարն անուանեն, եւ զխազրաց, եւ զհոնաց, եւ
զղատիացիս, եւ զանկիտանս, եւ զայլ բազում ազգս բար-
բարոսաց, աղխիք եւ բանակօք, կանամբք եւ որդւովք իւր-
եանց եւ խորանօք, եւ բաժանեաց զնոսա յերիս առաջս.

It happened before his death, while he was dying that [Chingiz-Khan] summoned all his troops and the three sons he had and said to the soldiers: "Behold, I am dying. Choose whichever one of my sons here that you please and elect him as your king in my stead. They replied: "Whomever you select we shall take as our king and serve loyally." Thereupon [Chingiz-Khan] said: "I shall tell you about the virtues and deeds of my three sons. My first-born son is Chaghatai. He is a martial man who loves war. But he is proud by nature, more than he should be. Now my second son is also triumphant in battle, but stingy. As for my youngest son, he has been gracious from his childhood, full of virtue, generous in gift-giving and, from the time of his birth, my glory and greatness has increased daily. Behold, I have told you the entire truth. Prostrate yourselves in front of whichever of the three you choose."

They approached the youngest, whose name was Ogedei-Khan and bowed to the ground before him. His father placed the crown on his head and then died.

Now as soon as Ogedei assumed the royal authority, he mustered a force as countless as the sands of the sea, comprised of his own people called Mughal T'at'ars, Khazars, Huns, Ghatiats'ik'[9], Ankitans and many other barbarian peoples with their goods and armies, women, sons, and tents. He divided them into three detachments:

---

9 Possibly, Qara-Khitai.

Ջմինն ընդ կողմն հարաւոյ առաքեաց, զլխաւոր վերա֊
կացու կարգեաց յիւրոց հաւատարմաց եւ ի սիրելեաց. եւ
զմիւսն ընդ արեւմուտս, եւ զորդի իւր ընդ նոսա, եւ ի կող֊
մանս հիւսիսոյ. եւ զերրորդն ընդ արեւելս հիւսիսի, եւ վե֊
րակացու կարգեալ յաւագացն զայր մի, որում անուն էր
Ջարմադուն, այր խորագէտ եւ իմաստուն, եւ յաջողած ի
գործս պատերազմի, պատուէր տուեալ նոցա, աւերել քան֊
դել զամենայն աշխարհս եւ զթագաւորութիւնս տիեզերաց,
եւ ոչ եւս դառնալ առ նա՝ մինչեւ բովանդակեսցեն զամե֊
նայն աշխարհս նուաճել ընդ տերութեամբ նոցա: Եւ ինքն
անդէն զետեղեալ յաշխարհին, ուտելոյ եւ ըմպելոյ, զրոսա֊
նաց եւ շինութեան պարապեալ՝ անհոգ յամենայն կողմանց:

Իսկ զօրացն նորա երթեալք ընդ կողմանս կողմանս
աշխարհին՝ աւերէին զաշխարհս եւ զգաւառս, բառնային
զիշխանութիւնս ազգաց, առնուին զինչս եւ զատացուածս՝
զկանայս նորահասակս եւ զմանկունս զերի առեալ ի ծա֊
ռայութիւն ստրկութեան. է՛ր՝ զոր առաքէին անդէն ի հեռա֊
ւոր յումարութիւն յաշխարհն իւրեանց առ խաղանն թա֊
գաւոր իւրեանց, եւ է՛ր՝ զոր առ իւրեանս կալեալ ի պէտս
ծառայութեան աղխից իւրեանց:

Իսկ այս զօր, որ եւ ընդ արեւելս, որոց զլխաւոր էր
Ջարմադուն նոյնն, չոգաւ սա ի վերայ Ջալալադին սուլ֊
տանին, որ իշխէր Խորասանայ եւ զաւառացն՝ որ շուրջ
զնովաւ, եհար վանեաց զնա եւ զզօրս նորա. եւ արար զնա
փախստական, որպէս ցուցաք վերագոյն: Եւ ինքեանք
կարգ առեալ՝ աւերեցին զամենայն աշխարհս Պարսից եւ
զԱտրպատականու եւ զԴիլմաց. կարգաւ սրբեցին զամե֊
նայն, որպէս զի մի ինչ մնասցէ խոչընդորտ զայթակղու֊
թիւն նոցա. առին եւ զմեծամեծ քաղաքն եւ զհոյակապ,
ամենայնիւ լցեալ զՌէ եւ զԱսպահան, եւ յիրեանց անուն
վերստին շինեցին: Այսպէս առնէին ամենայն երկրի, ընդ
որ անցանէին:

One group he sent to the south, appointing as its chief director one of those men faithful and loyal to him; another detachment he sent to the west and north, his son with them; while the third front was sent to the northeast under the leadership of a nobleman named Chormaghun, a wise and learned man, successful in warfare. Ogedei commanded them to ruin and devastate all the lands and kingdoms in the world, and not to return to him until they had encompassed all lands and subdued them under his dominion. As for Ogedei, he stayed there in that land eating and drinking and disporting himself with diversions and building without a care.

His forces went to various parts of the world, destroying lands and districts, terminating the rule of nations, taking the goods and properties and enslaving the young women and children. There were those [captives] they sent far away, to their own land to their king, the Khan, and there were those they seized to serve the needs of their own families.

As for the army sent via the east (whose chief was Chormaghun-*noyin*), it went against Sultan Jalal al-Din who ruled Khurasan and the districts around it, and expelled him and his forces, making him a fugitive as we explained earlier. Then, in succession, they ravaged all the lands of Iran, Atrpatakan and Daylam, totally pillaging one after the other so that nothing would remain as an obstacle for them. They also captured large and beautiful cities such as Ray and Isfahan which were filled with good things, then rebuilt them in their name. Thus, they took all the lands through which they passed.

Եւ ապա եկին հասին յաշխարհն Աղուանից ամենայն աղխիւք բազմութեամբ իրեանց, եւ ի բերրի եւ յարգաւանդ դաշտին, որ կոչի Մուղան, լի ամենայն բարութեամբ՝ ջրով, փայտիւ, մրգով եւ որսով, անդ զետեղ առեալ՝ հարին զխորանս իրեանց: Այսպէս առնէին զամենայն աւուրս ձմերայնոյն, եւ ի ժամանակս գարնանայինս սփռին ընդ կողմանս կողմանս ասպատակաւ եւ աւերմամբ, եւ դարձեալ դառնային, անդրէն բանակէին:

And then, with the whole mass of their families and goods, they arrived in the land of Aghuania, in the fruitful and fertile plain called Mughan, a place full of all kinds of important things: water, wood, fruit and prey. Pitching their tents, they encamped there, remaining the entire winter. In springtime they spread out in various directions, looting and destroying, and again returned [to Mughan] and settled.

ԻԱ

Վասն աւերման քաղաքին Գանձակայ:

Այս քաղաքս բազմամբոխ լցեալ պարսկօք, այլ սակաւ եւ
քրիստոնէիք. յոյժ թշնամի էր սա Քրիստոսի եւ երկրպա-
գուաց նորա, անարգիչ եւ հայհոյիչ խաչի եւ եկեղեցւոյ, այ-
պանիչ եւ նախատիչ քահանայից եւ պաշտօնէից: Վասն ո-
րոյ իբրեւ լցաւ չափ մեղաց նոցա, ել ապաւակ չարութեան
նոցա առ տէր. երեւեցան յառաջագոյն նշանք աւերման
նորա, որպէս ի վերայ Երուսաղէմի յառաջ քան զաւեր նո-
րա, նոյնպէս եւ յայսմ քաղաքի. քանզի յանկարծ պատառ-
եալ երկրի՝ արտաքս ելեալ ջուր սեաւ. եւ ծառ մի սոսի, զոր
ճանդարին կոչին, մեծ յոյժ՝ հուպ առ քաղաքն, տեսին զնա՝
յանկարծակի շրջեալ իւրովի. եւ ի տեսիլ նորա դղրդեցաւ
ամենայն քաղաքն. եւ դարձեալ տեսին զնա՝ կանգնեալ, որ-
պէս յառաջն: Այս եղեալ երկիցս եւ երիցս եւ ապա անկաւ
եւ այլ ոչ կանգնեցաւ: Եւ սկսան իմաստունքն նոցա քննել
վասն նշանին, թէ զինչ իցէ: Եւ իմացեալ, թէ պատճառ ա-
ւերման քաղաքին իցէ, սկսան այնուհետեւ զխաչան, որ բե-
ւեռեալ էին ի վերայ ներքին սեմոց դրանց քաղաքին, հանել
յանարգանացն, քանզի վասն այպանելոյ կացուցեալ էին,
զի կոխեսցեն ամենայն անցաւորքն:

Եւ յանկարծակի հասին զօրքն թաթար, եւ պատեցին
զքաղաքն յամենայն կողմանց, եւ մարտ եղեալ՝ մարտն-
չէին ընդ նմա բազում մեքենայիւք. եւ հարին զայզեստանն,
որ շուրջ զքաղաքաւն էին: Ապա փլուցին եւ զպարիսպ քա-
ղաքին փիլիկուանօք յամենայն կողմանց. եւ ոչ ոք եմուտ
ի քաղաքն ի թշնամեացն, այլ վառեալք զինու՝ պահեցին
զքաղաքն շաբաթ մի:

XXI

CONCERNING THE DESTRUCTION OF THE CITY OF GANDZAK.

This city was densely populated with Iranians and a small number of Christians. It was extremely inimical to Christ and His worship, insulting and cursing the Cross and the Church, scorning and deriding the priests and attendants. Therefore, when their limit of sin had filled up, the protest against their wickedness rose to the Lord. Earlier a sign of their [impending] destruction appeared, just as had happened above Jerusalem, before its destruction. For suddenly the ground tore asunder and black water gushed forth. An extremely large poplar tree (which they call *chandari*) which was close to the city was observed to turn around. At this apparition the entire city trembled. But then they saw that the tree was positioned as before. This happened two or three times; thereafter the tree fell over and stood no more. Then the wise men [of Gandzak] commenced examining the sign to learn what it meant. And when they learned that it was a foreshadowing of the city's destruction, they stopped abusing the crosses which they had placed under the threshold of the city's gates. They had put them there for abuse so that all passersby would step on them.

Suddenly the T'at'ar army arrived and besieged Gandzak on all sides, battling it with numerous war machines. They struck the orchard which surrounded the city. They then demolished the city wall, using catapults on all sides. However, none of the enemy entered the city. They simply remained there fully armed for a week, guarding it.

Իսկ բնակիչք քաղաքին իբրեւ տեսին, թէ առաւ քաղաքն ի թշնամեացն, մտեալ իւրաքանչիւր ոք ի տուն իւր՝
այրեաց ի վերայ իւր զշինուածն, զի մի՛ անկցի ի ձեռս
թշնամեացն. եւ այլք այրեցին զամենայն, որ ինչ ծախիր
ի հրոյ, եւ ինքեանք միայն մնացին: Եւ զայն տեսեալ թշնամեացն՝ առաւել եւս ի ցասումն բարկութեան բրդեցան
եւ սուր ի գործ արկեալ, զամենեսեան ճարակ սրոյ եttnu՝
զարս եւ զկանայս եւ զմանկունս: Եւ ոչ ոք զերծաւ ի նոցանէ, բայց սակաւ գունդ մի զօրու՝ վառեալբ զինու եւ ամենայն պատրաստութեամբ, պատառեցին զմի կողմ պարսպին ի գիշերի, եւ գնացին փախստական. եւ այլ սակաւ
ինչ սինլքորք, զորս պահեցին եւ խոշտանգեցին՝ ցուցանել զգանձս ուր պահեալ իցեն: Ապա զմանս սպանին, եւ
զկէսն զերի վարեցին. եւ ինքեանք բրեցին զայրեալ տունսն
եւ հանին զորս գտին թաքուցեալ: Եւ զայս արարեալ զաւուրս բազումս՝ ի բաց գնացին:

Ապա յամենայն զաւառաց շրջեցան ի վերայ նորա առ
ի բրել եւ որոնել զինչսն եւ զանօթսն. եւ գտանէին բազում
ինչս ի նմա ոսկւոյ եւ արծաթոյ, պղնձոյ եւ երկաթոյ եւ այլ
պէսպէս հանդերձից, որ թաքուցեալ էին ի դարանս եւ ի
տունս գետնափորս:

Եւ այսպէս ամայի եկաց քաղաքն զչորս ամս, եւ ապա
հրաման եttnu շինութեան քաղաքին: Եւ եկին ժողովեցան
առ սակաւ սակաւ եւ սկսան շինել զնա՝ բայց ի պարսպէն:

Now once the inhabitants saw that the enemy had taken the city, some went inside their homes and burned the structures above them, so that nothing would fall into the enemies' hands. Others burned everything that fire could burn, but excepted themselves. When the enemy observed this, they became furious and put everyone to the sword: man, woman, and child. And no one escaped them but for a small armed and fully prepared brigade which broke through one part of the wall at night and fled. Some few dregs were also spared and tortured to reveal where the treasures were kept. Then they killed some of them and took the rest captive. They then dug through the charred homes and removed whatever they found concealed there. They were occupied with this for many days. Then they departed.

Next the T'at'ars circulated through all the districts around the city to dig up and hunt for goods and wares. They discovered many articles made of gold, silver, copper and iron, as well as various garments which had been hidden in cellars and subterranean chambers.

Thus the city [of Gandzak] remained desolate for four years. [The Mongols] then commanded that it be rebuilt, and a few people slowly assembled there and rebuilt it, except for the wall.

ԻԲ

Վասն աւերածոյ աշխարհիս Հայոց եւ Վրաց ի նոյն զօրացն:

Չկնի ամաց ինչ անցանելոյ աւերման քաղաքին Գանձակայ, այս զօր մոլեկան եւ խորամանկ իբրեւ վիճակաւ բաժանեալ զամենայն աշխարհիս Հայոց, Վրաց եւ Աղուանից, իւրաքանչիւր գլխաւորի ըստ մեծութեան եւ փոքրութեան՝ զքաղաքս եւ զգաւառս, զաշխարհս եւ զբերդս, առնուլ, քանդել, աւերել. եւ չոգան իւրաքանչիւր մասն բաժնի կանամբք եւ որդւովք եւ ամենայն աղխիւ բանակին իւրեանց. եւ նստեալ անհոգութեամբ՝ յապականել եւ յուտել զամենայն բոյսս դալարոյ ուղտոք եւ անասնոք իւրեանց:

Ընդ այն ժամանակս թագաւորութիւնն վրաց նուազեալ էր, զի էր ընդ ձեռամբ կնոջ, որում անուն էր Ռուզուդան, դուստր Թամարին, քոյր Լաշային, թոռն Գիորգեայ, վատաշ եւ կաթոտ, որպէս զՇամիրամն, որ անհաւան եղեալ արանցն, զոր ածէին նմա, ընդ բազմօք անկեալ եւ այրի մնացեալ, վարէր զիշխանութիւն թագաւորութեանն ի ձեռն զօրագլխացն Իւանէի, եւ որդւոյ իւրոյ Աւագին, եւ Շահնշահի՝ որդւոյ Զաքարէի, եւ Վահրամայ եւ այլոցն: Եւ զի յառաջ քան զսակաւ ժամանակս մեռեալ էր Իւանէ, տարան թաղեցին զնա ի Պղնձահանքն, զոր իւր շինեալ էր վասն վրաց, առեալ ի հայոց: Եւ զիշխանութիւն նորա վարէր որդի նորա: Եւ ոչ էին կարող զդէմ ունել անհնարին բքոյն եկելոյ, վասն այսորիկ անձնապահ եղեն ամենեքեան՝ զայթակղեալք յամրոցս, ուր եւ կարացին:

XXII

CONCERNING THE DESTRUCTION OF THE LANDS OF ARMENIA AND GEORGIA BY THAT SAME ARMY.

A few years after the destruction of Gandzak, this fanatical and wily army divided up by lot all the lands of Armenia, Georgia, and Aghuania, each chief according to his importance receiving cities, districts, lands and fortresses in order to take, demolish, and ruin them. Each [chief] went to his allotted area with his wives, sons and military equipment where they remained without a care, polluting and eating all the vegetation with their camels and livestock.

At this time the Georgian kingdom was greatly weakened, for it was in the hands of a woman named Rusudan, daughter of T'amar, sister of Lasha, grandchild of Giorg, a lewd and lascivious woman, like Shamiram, headstrong toward all the men sent to her, sleeping with many but remaining barren. Rusudan excercised authority through the commanders Iwane and his son Awag, Shahnshah (son of Zak'are), Vahram and others. Because Iwane had died shortly before, they took and buried him in Pghndzahank' (which he had made into a Georgian monastery, taking it from the Armenians). Iwane's son exercised his father's authority. And since they were unable to withstand that great blizzard [of Mongols] which had come, they all betook themselves to fortresses, wherever they were able.

Եւ նոքա սրռեալք առ հասարակ ընդ երեսս դաշտաց, լերանց եւ ձորոց, իբրեւ զմարախ բազմութեամբ, կամ իբրեւ զաւնձրեւ յորդութեամբ տեղեայ ի վերայ երկրի։ Եւ անդ էր տեսանել այնուհետեւ աղէտս տրտմագինս եւ աշխար արժանի ողբոց, զի ո՛չ երկիր թաքուցանէր զմտեալսն, ո՛չ վէմք եւ ո՛չ անտառք պահէին զապաստանեալսն, ո՛չ ամրագոյն շինուածք բերդից եւ ո՛չ խոխոմք ձորոց, այլ ամենեքեան արտաքս վարէին զղողեալս։ Լքանէր անձն արի արանց, եւ լուծանէին ձեռք կորովի աղեղնաւորաց, թաքուցանէին զսուրսն, որք ունէին զնոսա, զի մի՛ տեսեալ թշնամեացն, անողորմ սատակեսցեն։ Ձայնք թշնամեացն հալէին զնոսա եւ դոփիւնք կապարճաց նոցա ահաբեկ առնէին զամենեսեան, աչք իւրաքանչիւր զորհասն իւր տեսանէր եկեալ, եւ սիրտք իւրեանց մեռանէին ի ներքուստ. մանկունք խուսափէին առ ծնողս յահէ սրոյն, եւ ծնողքն հանդերձ նոքօք անկանէին ի վախից, նախ քան զընկենուլ թշնամեացն։

Անդ էր տեսանել զսուրս յանխնայ կոտորել զարս եւ զկանայս, զերիտասարդս եւ զմանկունս, զծերս եւ զապառաւունս, զեպիսկոպոսունս եւ զերիցունս, զաշրկաւագունս եւ զդպիրս։ Մանկունք ստնդիայք զքարի հարեալք, եւ կուսանք զեղեցիկք խայտառակեալք եւ զերեալք։

Ահագին էր տեսիլ կերպարանաց նորա, եւ անգութ ադիք յորովայնի նոցա. մի եւ միոյ մօր արտասուաց ո՛չ ողորմէին, եւ յալիս երբէք ո՛չ գթային, ի սպանութիւնս խրախութեամբ ընթանային, իբր ի հարսանիս, կամ ի զինարբունս։

Լցաւ երկիրն ամենայն դիակամբք մեռելոց, եւ ո՛չ ոք էր, որ թաղէր զնոսա. հատեալ էր արտօսր յաչաց սիրելեաց, եւ ո՛չ ոք էր, որ իշխէր լալ զանկեալսն յահէ անօրինացն։

[The Mongols] spread throughout the plains, mountains and valleys like a multitude of locusts or like torrential rains pouring down on the land. The land presented the picture of the most pitiful disasters and of mourning worthy of lamentation. For the land did not conceal those who tried to hide, nor did the rocks or forests conceal those who sought refuge in them, nor the most sturdily constructed fortresses, nor the ravines of the valleys. Instead, all who were hiding were ferreted out. Men's bravery deserted them, and the strong hands of the bowmen weakened. They hid their weapons, those who had them, so that the enemy would not see them and mercilessly kill them. The voices of the enemy paralyzed them and the rustle of their quivers filled everyone with terror. Each man saw the hour of his death come before him and their hearts died within them. Children fled to their parents from fear of the sword, and their parents with them fell from fright before falling to the enemy.

One could see swords mercilessly cutting down men and women, youths and children, old men and old women, bishops, priests, deacons, and clerks. Suckling children were hurled against the rocks, beautiful virgins were raped and enslaved.

It was frightful to behold their appearance and their cruel lack of compassion; [the Mongols] pitied not a single mother's tears nor a single grey head, but went on punishing and killing as if enjoying themselves at a wedding or a drinking-bout.

The whole country filled up with the corpses of the dead yet there was no one to bury them. Tears appeared in the eyes of lovers but no one dared to weep, out of fear of the impious ones.

Սուզ զգեցաւ եկեղեցի, եւ բարձաւ պայծառութիւն գեղեցկութեան նորա. խափանեցան պաշտամունք նորա, եւ
բարձան պատարագք ի սեղանոյ նորա. լռեցին պաշտամունք նորա եւ ոչ եւս լսիւր ի նմա ձայն երգոց. իբրեւ խալարաւ մածեալ էր ամենայն աշխարհ, եւ սիրելին մարդիկ
զգիշեր առաւել քան զտիւ. երկիր թափուր մնաց ի բնակցաց
իւրոց, եւ շրջէին ի նմա որդիք օտարաց:

Յափշտակեցան ինչք եւ ստացուածք, եւ ժլատութիւն
բարոյց նոցա ոչ երբէք յազեցաւ. խուզեցան տունք եւ սենեակք ամենայն, եւ ոչ ինչ մնաց, զոր ոչ առին. շրջէին այսր
անդր արագութեամբ, իբրեւ զայծեմունս, եւ կեղեքէին, պատառէին իբրեւ զգայլս. երիվարք նոցա ոչ վաստակէին
յընթացս, եւ ոչ նոքա ձանձրանային ի ժողովել զաւարս:

Եւ այսպէս առ հասարակ դառնութիւն հասուցին բագում ազգաց եւ լեզուաց, զի բաժակ բարկութեան տեառն
էր հեղեալ ի վերայ երկրի ի վրէժխնդրութիւն գործոց մերոց չարաց, զոր մեղաք առաջի նորա եւ զարդար ցասումն
նորա շարժեցաք. վասն այնորիկ եղեւ դիւրաւ մուտ նոցա
յաշխարհս ամենայն: Եւ իբրեւ առին զաշխարհս ամենայն,
ժողովեցին զանասունս ամենայն, որ ի գաղթի եւ որ ոչ, եւ
զինչս եւ զստացուածս եւ զգերիս բազմութեամբ՝ որ յարձակ
վայրս:

Սակայն այսուհետեւ մարտնչել ընդ ամրոցս ամենայն
եւ ընդ քաղաքս բազումս, կանգնեալ մեքենայս բազումս
եւ ազգի ազգիս, զի յոյժ խորամանկ եւ հնարաւորք էին:
Եւ առին, քանդեցին զբազում ամրոցս եւ զբերդս: Եւ զի
աւուրքն ամառնային էր եւ խորշակ յոյժ, եւ ամբարք ոչ
հաւաքեալք, զի յեղակարծում ժամու եկին ի վերայ. վասն
այնորիկ պաստեալ ի ծարաւոյ մարդ եւ անասուն, կամաւ
եւ ակամայ անկանէին ի ձեռս թշնամեացն առ վտանգի նեղութեանն, եւ նոքա է՛ր, զոր սպանանէին, եւ է՛ր, զոր պահէին ի պէտս իրեանց ստրկութեամբ ծառայութեան:
Զնոյն անցս անցուցանէին եւ ընդ քաղաքս բազմամարդս,
շուրջ նստեալ պատեալ՝ պաշարէին զնոսա:

The country was draped in mourning and its magnificent beauty was destroyed. Its worship was blocked and mass ceased to be offered at its altars, the singing of songs was no longer heard. The whole land was plunged into darkness and people preferred the night to the day. The country was drained of its inhabitants and foreigners moved about in it.

Goods and property were ravished, though their greedy nature could never be satisfied. Houses and rooms were searched and there was nothing left that they did not take. They moved about here and there like swift mountain goats and wrecked and tore things apart like wolves. Their horses did not tire at the pace, nor did [the Mongols] tire of amassing booty.

Thus, severity was visited upon many peoples and tongues for the cup of the Lord's wrath poured down over the country in vengeance for our wicked deeds and for sinning before Him; and His just rage was kindled. Therefore, the entrance [of the Mongols] into every land was made easy. As soon as they had captured all lands, they gathered up all the animals (those which had fled and those which had not), the goods and property and multitude of slaves, which were out in open areas.

Thereafter they battled with all the fortresses and with many cities, erecting diverse types of [siege] machinery, for they were very clever and capable. They took and tore down many fortresses and keeps. It was summertime and extremely hot, and provisions had not been gathered in, for [the Mongols] came upon them unexpectedly. Therefore, men and beasts suffered from thirst and, willingly or unwillingly, fell into the hands of the enemy because of the danger facing them. And there were those they killed, and those they kept as slaves for their needs. They treated similarly the densely populated cities, encamping about them and besieging them.

Ի Գ

Վասն առման քաղաքին Շամքորոյ:

Մի ոմն յաւազակն, որում անուն էր Մոլար-նուին, որոյ հասեալ էր բաժին կողմանքն այնոքիկ, մինչդեռ շարժէին ի տեղւոջէ իւրեանց, ուր բնակեալ էին ի դաշտին, որ կոչի Մուղան, առաքեաց սակաւ գօր, իբրեւ արս հարիւրս, որք եկեալ՝ նստան առ դրունս քաղաքին Շամքորոյ եւ արգելին զելողս եւ զմտողս ի նա:

Իսկ քաղաքն յայնժամ էր ընդ իշխանութեամբ Վահրամայ եւ որդւոյ իւրոյ Աղբուղային, զոր առեալ էին յառաջագոյն ի պարսկաց: Եւ առաքեցին բնակիչք քաղաքին Շամքորոյ առ Վահրամ եւ որդի նորա, զի օգնեսցեն նոցա, եւ ասացին, թէ՝ «Սակաւք են»: Իսկ նա ոչ օգնեաց. այլ եւ զորդին, որ կամեցաւ երթալ, ոչ եթող, այլ խափանեաց, բանս ի բերանս դնելով եկելոցն, ասել, թէ՝ «Բազումք են»: Այլ եւ ոչ քաղաքացեացն հրամայեաց մարտնչել ընդ նոսա:

Իսկ զօրք այլազգեացն որ ըստ օրէ առաւելուին ի թիւն, մինչեւ եկն գլխաւորն իւրեանց, զոր Մոլարն կոչէին, եւ ետ պատերազմ ընդ քաղաքին. եւ զփոսն, որ շուրջ զպարսպով քաղաքին էր, ելից փայտիւ եւ ցօղունով, զի դիւրաւ ելցեն ի պարիսպն: Եւ նոքա ի ներքուստ ընկեցեալ հուր՝ ի գիշերի այրեցին զնա: Իսկ ի վաղիւն իբրեւ ետես զայն Մոլար-նուինն, հրամայեաց զօրացն բառնալ բեռն մի հող իւրաքանչիւր ումեք եւ արկանեալ ի փոսն. եւ իբրեւ արկին՝ լցաւ հաւասար պարսպին:

XXIII

THE CAPTURE OF THE CITY OF SHAMK'OR.

One of the nobles, named Molar-*noyin*, whose lot had fallen over those regions (while they moved from their abode in the Mughan plain) sent a small force of about a hundred men who came and encamped by the gates of the city of Shamk'or and blocked entrance to and exit from it.

Now at the time, this city was under the authority of Vahram and his son Aghbugha, who had previously taken it from the Iranians. The residents of Shamk'or sent to Vahram and his son for them to come and aid them, saying: "They are few." But Vahram did not aid them nor did he let his son go who wanted to, telling the emissaries: "They are numerous." Moreover, he ordered the citizens not to fight them.

The foreigners' army increased daily until their commander, Molar, arrived and fought against the city. He filled the trench which surrounded the city walls with wood and stalks so that they might easily climb onto the walls. But the people hurled down fire at night and burned the filler. Now in the morning when Molar-*noyin* saw that, he ordered each of his soldiers to bring a load of soil and to throw it into the trench. When this was done, the area became level with the wall.

Եւ դիմեաց զօրն իւրաքանչիւր հանդէպ երեսաց իւրոց ի քաղաքն, եւ առին զնա, եւ կոտորեցին զամենեսին բերանով սրոյ, եւ այրեցին զշինուածն, որ ի նմա, եւ առին, զոր ինչ գտան ի նմա։ Եւ ապա յարձակեցան ի վերայ այլ բերդիցն՝ որ ընդ իշխանութեամբն Վահրամայ, ի Տէրունականն, եւ ի յերզեւանքն, եւ ի Մածնաբերդ, զոր ունէր Կիւրիկէ Բագրատունի, որդի Աղսարթանայ. եւ ի Գարդման, եւ յայլ կողմանս, ի Չարեքն եւ ի Գետաբակս այլ ոմն գլխաւոր չոգաւ՝ որում անուն էր Ղատաղան-նուին։ Իսկ Վահրամ, որ էր յայնժամ ի Գարդման, զաղտագնաց եղեալ ի գիշերի՝ փախեաւ ուր եւ կարաց զերծանել։ Իսկ զօրքն այլազգեաց մարտ եղեալ ընդ բերդիցն. որք ի ներքս էին, յակամայ եստուն զձի եւ զանասուն եւ զայլ զինչ եւ խնդրեցին։ Եւ հարկ եղեալ ի վերայ նոցա՝ թողին զնասա իւրեանց անուն։

Բայց այնքիկ, որ առին զՇամքոր, եկին ամենայն աղխիւն իւրեանց ի Տաւուշ, ի Կածարէթ, եւ ի Նոր բերդն, եւ ի Գագ, եւ որ շուրջ զնոքօք, եւ ի ներ արկեալ պաշարեցին զնասա։

Then each soldier applied himself to that part of the city directly in front of him. And they took it, killed all the inhabitants, burned the buildings and took whatever they found there. They then fell upon other fortresses under Vahram's sway: Terunakan, Ergevank', Matsnaberd (which belonged to Kiwrike Bagratuni, Aghsart'an's son), Gardman, and other regions, Ch'arenk'; while another chief, named Ghataghan-*noyin*, went to Getabak. Now Vahram who was then in Gardman secretly fled at night to wherever he was able. Meanwhile the army of foreigners battled with the fortresses. Those inside unwillingly provided the Mongols with horses, livestock, and whatever else they demanded. [The Mongols] placed taxes over them and left them in their name.

But those who took Shamk'or had come with all their bags and baggage to Tawush, Katsaret', Norberd, Gag and the surrounding areas. Placing these regions in great straits, they besieged them.

ԻԴ

Վասն զերութեան վարդապետին Վանականայ
եւ որոց ընդ նմա:

Ընդ ժամանակս ընդ այնոսիկ մեծ վարդապետն, որ կոչէր Վանական, իւրովք աշխատութեամբք փորեալ էր իւր քարայրս ի կատարս բարձրագոյն քարի միոջ, որ կայ հանդէպ գեղջն, որ Լորուտն կոչի, ի հարաւոյ կողմանէ Տաւուշ բերդի: Եւ շինեալ էր յայրի անդ եկեղեցի մի փոքրիկ, եւ անդ դադարէր զաղտութեամբ, իբրեւ աւերեցաւ առաջին վանք նորա, որ կայ հանդէպ բերդին Երգեւանից, ի Ջալալադին սուլտանին հինից: Եւ անդ կայր զետեղեալ՝ ժողովեալ բազում գրեանս, զի յոյժ ուսումնասէր էր այրն, մանաւանդ թէ աստուածասէր: Եւ բազումք գային առ նա, եւ ուսանէին զբանն վարդապետական ի նմանէ: Եւ իբրեւ շատացան մարդիկն, հարկ եղեւ նմա իջանել յայրէ անտի, եւ առ ստորուստ քարին շինեաց եկեղեցի եւ սենեակս, եւ անդ դադարեալ էր:

Իբրեւ եղեւ այս կործանումն աշխարհի ի թաթարէն, եւ եկն Մոլար-նուինն յայն սահմանս, բնակիչք գեղջիցն այնոսիկ յայր անդր դիմեցին. եւ լցաւ արամբք եւ կանամբք եւ մանկտոջ: Եւ եկեալ թաթարն պաշարեաց զնոսա յայրի անդր. եւ նոքա ո՛չ համբարս ունէին եւ ո՛չ ջուր: Եւ էր եղանակն ամառնային, եւ է՛ր տոթ յոյժ. եւ սկսան տապիլ յարգելանի անդ՝ իբր ի բանտի. եւ մանկունքն պապակէին ի ծարաւոյ եւ մերձ էին ի մեռանել: Եւ թշնամիքն ձայնէին արտաքուստ, թէ՝ «Ընդէ՛ր մեռանիք, ելէք առ մեզ, եւ տացուք ձեզ վերակացու եւ թողցուք զձեզ ի տեղւոջս ձերում»: Եւ կրկնէին եւ երեքկնէին երդմամբ: Ապա որք էին յայրի անդ, անկանէին առ ոտս վարդապետին, աղաչէին եւ ասէին. «Գնեա՛ զարիւն մեր ամենեցուն, եւ է՛ջ առ նոսա, եւ արա՛ սէր ընդ նոսա»: Իսկ նա ասէ ցնոսա. «Ես զանձն իմ ո՛չ խնայեցից վասն ձեր, թէ գոյ հնար փրկութեան, զի եւ Քրիստոս զանձն իւր ի մահ ետ վասն մեր եւ փրկեաց զմեզ ի բռնութենէ սատանայի, ապա պարտիմք եւ մեք ի վերայ եղբարց մերոց սէր ցուցանել»:

72

XIV

CONCERNING THE CAPTURE OF VARDAPET VANAKAN AND THOSE WITH HIM.

At that time the great vardapet called Vanakan was dwelling in a cave he himself had hollowed out, near the top of a very high rock which stood opposite the village called Lorut, south of Tawush fortress. He had built a small church in that grotto and stayed there secretly once his first monastery (opposite Ergevank' fortress) had been ruined by the raiding of Sultan Jalal al-Din. Here he had gathered many books, for he was an extremely studious man and especially God-loving. Many people came to him and studied doctrine with him. When the people multiplied, he was obliged to descend from the cave, and he built a church and rooms at the base of the rock, remaining there.

As soon as the land was destroyed by the T'at'ars and Molar-noyin had come to their borders, the inhabitants of that village applied to Vanakan's cave. It became filled with men, women, and children. Then the T'at'ars came and besieged them in the cave, while those folk inside had neither provisions nor water. It was summertime and extremely hot and they were scorched by the sun, as if in a prison. The children were parched with thirst and close to death. From outside the enemies shouted. "Why do you want to die?" Come out to us, we shall give you overseers and leave you in your places." They repeated this a second and third time with pledges. Those who were in the cave fell before the vardapet's feet, entreating: "Go and save all of our lives descend to them and make friends with them." Now [Vanakan] replied: "For your sakes I will not preserve my own life if there is any possibility of [your] salvation. For Christ gave Himself up to death for us to save us from satan's tyranny. Thus, we are obliged to show the same concern for our brothers."

Ապա առեալ վարդապետին երկու քահանայս ի մէնջ, անուն միոյն Մարկոս, եւ երկրորդին՝ Սոսթենէս, որք ապա յետ այնորիկ առին զպատիւ վարդապետական ի նմանէ, զի անդ էաք մեք ի վարժս կրթութեան զըրոց սրբոց ընդ ալուրսն ընդ այնոսիկ, եւ էջ առ նոսա:

Եւ գլխատրն կայր հանդէպ այրին ի վերայ բլրակի միոջ, եւ հովանի ունէին ի վերայ գլխոյ նորա վասն տօթոյն, զի ի տօնի վարդավառին արզելին զմեզ: Իբրեւ մօտ եղեն ի զօրագլուխն, որք տանէին զնոսա՝ երիցս անգամ հրամայեցին երկիր պազանել նոցա ի վերայ ծնկաց իւրեանց, իբրեւ ուղտոց ի ժամ գճելոյն, զի այնպէս էր սովորութիւն նոցա: Եւ իբրեւ եկին առաջի նորա, հրամայեաց յարեւելս կոյս երկիր պազանել խաղանին՝ արքային իւրեանց: Եւ ապա մեղադիր եղեւ, թէ՝ «Իմ լուեալ է զքէն, թէ այր իմաստուն եւ երեւելի ես, եւ կերպարանք քո յայտ իսկ առնեն զքեզ»: Զի այր բարի էր տեսլեամբ, հանդարտ օրինակաւ, փառաւոր մօրուոք, ծաղկեալ ալեօք: «Դու իբրեւ լուար զհամբաւ զալոյ մերոյ ի սահմանս ձեր, ընդէ՞ր ոչ եկիր ընդ առաջ մեր սիրով խաղաղութեամբ, եւ ես հրամայեալ էի պահել զամենայն, որ ինչ քոյ էր, անվնաս՝ ի մեծէ մինչեւ ի փոքր»:

Պատասխանի ետ վարդապետն եւ ասէ. «Մեք զքա֊ րեմնոտթիւն ձեր ոչ զիտէաք, այլ երկիւղի եւ դողմամբ պաշարեալ էաք յահէ ձերմէ, եւ լեզուիդ անտեղեակ, եւ ի ձէնջ ոչ ոք եկն առ մեզ կոչել զմեզ առ ձեզ, վասն այս էր դանդաղումն մեր: Արդ իբրեւ կոչեցիք, եկաք առաջի ձեր. մեք ոչ զինուոր եմք եւ ոչ ընչից տեարք, այլ արք պան֊ դուխտք եւ օտարականք, ժողովեալք յայլ եւ այլ աշխար֊ հաց վասն ուսման ինչ մերոյ պաշտամանս, Արդ աւասիկ առաջի ձեր եմք, զոր ինչ կամ է ձեր, արարէ՛ք ընդ մեզ թէ՝ կենօք եւ թէ՛ մահուամբ»:

So vardapet Vanakan selected two priests from among them, one named Markos and the other Sost'enes, who later were ordained vardapets by him. We too were present there studying Scripture in those days. [Vanakan] descended to them.

Molar-*noyin* stood across from the cave on a hill, with a parasol over his head because of the heat. They had blocked us off during the feast of the Transfiguration. As soon as they came near the commander, those leading them commanded them to bow to the ground three times (like camels when they sit), for such is their custom. When they came before him, he ordered them to bow to the east, to their Khan, their king. Molar-noyin then upbraided Vanakan, saying; "I have heard that you are a learned and venerable man, and your appearance reveals you as such," for he was a fine-looking composed man with a glorious beard and white hair. "When you heard the news of our coming to your borders, why did you not come before us in peaceful friendship, so that I could command that all that is yours be left unharmed, great and small?"

The vardapet replied: "We knew not of your good intentions, but out of dread of you we were seized with fear and trepidation. We did not know your languages, and no one came from you to summon us. Now when you called, we came before you. We are neither soldiers nor lords of goods, but exiles and foreigners assembled from many lands for studying our religion. Behold we stand now before you. Do with us what you will, granting either life or death."

Յայնժամ ասէ ցնա իշխանն. «Մի՛ երկնչիր»: Եւ հրամայեաց նոցա նստել առաջի իւր. եւ բազում ինչ հարցեալ զնա վասն բերդիցն եւ իշխանին Վահրամայ, թէ ուր իցէ. զի կարծէր զնա, թէ մարմնական ինչ իշխան իցէ ի վերայ երկրին: Իբրեւ ասաց, զոր ինչ գիտէրն, եւ զայն եւս՝ թէ գործակալ ոչինչ իցէ նա մարմնական, ապա հրամայեաց նմա, զի իջուցէ զմարդիկն յամրոցէ անտի աներկիւղս, եւ խոստացաւ իւրաքանչիւր յիւրում տեղւոջ կեալ իրովք վերակացուոք, եւ յանուն նորա շինել զգիւղսն եւ զագարակսն:

Ապա ձայնեցին առ մեզ երիցունքն, որք զնետ վարդապետին, թէ՝ «Իջէ՛ք վաղվաղակի, եւ զոր ինչ ձեր է, բերէ՛ք ընդ ձեզ»: Եւ մեր իջեալ դողութեամբ առ նոսա, որպէս գառինս ի մէջ գայլոց, երկուցեալք եւ զարհուրեալք, ակն ունելով մահու՝ իւրաքանչիւր ոք ի մտի իւրում ասելով զհաւատս խոստովանութեան, որ ի սուրբ երրորդութիւնն, զի յառաջ քան զիջանելն մեր յայրէ անտի հաղորդեալ էաք պատուական մարմնոյ եւ արեան որդւոյն Աստուծոյ:

Եւ տարան զմեզ ի փոքրագոյն աղբիւր մի, որ կայր ի մէջ վանիցն, եւ ետուն մեզ ջուր, զի յոյժ ծարաւի էաք զալուրս երիս: Եւ ապա տարան արկին զմեզ ի տեղի ինչ արգելանի եւ զաշխարհականսն ի գաւիթս եկեղեցւոյն: Եւ ինքեանք շուրջ զմեօք պահէին զմեզ զգիշերն, զի ընդ երեկս էր օրն: Եւ ի վաղիւ անդր հանին զմեզ ի գլուխս վանիցն ի բարձրաւանդակ տեղի ինչ եւ խուզեալ առին, որ ինչ կայր առ ումեք, որ պիտոյ էր նոցա. եւ որ ինչ յայրի անդ էր, եւ որ ինչ սպասք էր եկեղեցւոյն կամ շուրջառ, կամ այլ անօթ ինչ, կամ խաչ արծաթի, եւ երկու աւետարանս ընդելուզեալ արծաթով, զայն ետուն գկարդապետն, զոր յետոյ առին ի մէնջ: Եւ ընտրեալ ի մէնջ արս, որք կարող էին շրջիլ ընդ նոսա, եւ զայլսն հրաման ետուն տանել ի վանսն եւ ի գիւղ անդր, եւ վերակացու թողին յինքեանց, զի մի՛ այլք խուզեսցեն զնոսա: Հրամայեաց եւ վարդապետին կեալ ի վանս անդր:

The prince then said to him: "Fear not". And he commanded them to sit before him. [Molar-noyin] asked him numerous questions about fortresses and about prince Vahram—where he was, for he thought that Vanakan was a worldly prince ruling the country. Once the vardapet had told what he knew and that he was not a worldly prince, [Molar-noyin] ordered him to bring down the people of the fortress fearlessly and he promised that each would be left in his place with his overseers, and that he would build villages and fields in his name.

Then the priests who had gone with the vardapet called to us: "Come down at once, and bring what you have with you." We descended, quaking, like lambs among the wolves, frightened, terrified, thinking we were about to die, each person in his mind repeating the confession of faith in the Holy Trinity; prior to leaving the cave we had communed in the revered Body and Blood of the Son of God.

The T'at'ars took us to a small fountain in the monastery and gave us water to drink, for we were very thirsty for three days. They then put us in some place of confinement and put the laymen in the portico of the church. They themselves stayed about guarding us during the night, for it was evening. The next morning, they removed us to the head of the monastery, to an elevated spot, and searched to see who had anything they needed. As for what was in the cave, the vessels and vestments in the church, the furniture, silver crosses and two gospels worked in silver, these things they gave to the vardapet, but later took from us. Then they selected from among us men who could go about with them. The rest they ordered taken to the monastery and to the village and left their overseers there so that no one else would search them. They ordered the vardapet to remain in the monastery.

Եւ եղբօր որդի մի էր նորա քահանայ, Պօղոս անուն, նմա հրամայեաց գալ ընդ մեզ զկնի նորա: Իսկ վարդապետն սուրբ խնայեաց յեղբօր որդին իւր, զի մանուկ տիոք էր, ինքն եկն զկնի նորա, յուսացեալ, թէ հնար իցէ եւ զմեզ զերծուցանել: Եւ շրջեցուցանէր զմեզ զկնի իւր աւուրս բազումս՝ նեղութեամբ եւ տառապանօք, հետի եւ բոկ եւս: Եւ որք կարգեալ էին պահել զմեզ, արք պարսիկք էին, ծարաւի արեան քրիստոնէից: Նոքա առաւել կեղէին զկեանս մեր ամենայն տառապանօք յուղեղնացութեան, այնքան ստիպով տանէին զմեզ, որպէս զերիվարս յասպատակի: Եւ թէ դէպ լինէր ումէք վասն տկարութեան մարմնոյ, կամ խեղդութեան սակաւ մի կասել ի գնացիցն, անխնայ ջարդէին զկառափունսն եւ ծեծէին զմարմինսն զանալից, մինչ զի զփուշս անգամ ոչ կարէին հանել յոտիցն՝ թէ ելանէր ընդ նա. եւ ոչ ջուր ըմպել ոք կարէր վասն ստիպողացն:

Եւ իբրեւ իջանէին, տանէին՝ լնուին զմեզ ի տունս նեղս, եւ ինքեանք շուրջ նստեալ պահէին եւ ոչ տային թոյլ ումէք ելանել արտաքս ի պէտս կարեաց մարմնոյ, այլ ի տունսն անցուցանէին զպէտսն ի նմին ազանէին գլոլով աւուրս: Վասն որոյ ոչ կարեմ ընդ գրով արկանել զամենայն նեղութիւնսն, որ անցին ընդ մեզ: Եւ զվարդապետն ոչ թողին առ մեզ, այլ ուրոյն, հեռի ի մէնջ, յայլս ումանս յանձնեցին զգուշութեամբ պահել:

Ապա առին եւ զիս յրնկերաց իմոց զկնի իւրեանց ի պէտս դպրութեան՝ գրել թուղթ եւ ընթեռնուլ. զորն զկնի իւրեանց շրջեցուցանէին եւ երեկոյին հասելոյ բերէին, տային զմեզ ի վարդապետն երաշխաւորութեամբ, եւ դարձեալ զային առնուին հետի կամ մերկ ի վերայ կրմուղ գրաստոյ: Եւ այսպէս առնէին զաւուրս բազումս:

[Vanakan's] brother's son, the priest Poghos, was ordered to come along with us, following Molar-noyin. But the blessed vardapet saved his nephew for he was a youth and he himself came after [Molar-noyin] hoping that it might be possible to free us as well. And [Molar-noyin] made us travel around with him for many days, harassed and harried, on foot and even barefoot. The men appointed to guard us were Iranians, thirsty for Christian blood. They made our lives yet more difficult by all sorts of torments along the way, forcing us along so stringently, like horses on a raid. And if it happened that someone out of bodily weakness or lameness paused a little, they would mercilessly strike his skull and beat his body with sticks, so much so that we could not remove thorns from our feet or someone would attack. Nor could anyone drink water because of those forcing us on.

Upon encamping, they took and crammed us into narrow houses while they surrounded them and guarded, not letting anyone outside to perform his bodily functions. Instead, [the captives] relieved themselves in the houses, staying inside for many days. Therefore, I cannot record all the discomforts which they forced us to endure. Nor did they let the vardapet stay with us, but entrusted him to others to guard carefully, far away.

Then they took me from my companions to serve their secretarial needs, writing and reading letters. During the day they made me travel with them and in the evening, they would bring us to the vardapet, with a pledge. Again, they would come and take me either on foot or on an unsaddled, untrained pack animal; and they did this for many days.

Իսկ իբրեւ անցին աւուրքն ամառնային, եւ եկն եղանակն աշնանային, եւ հանդերձեալ էին հեռանալ նորա ի ծանօթ աշխարհէն մերմէ ի հեռաւոր օտարութիւն, ապա զանձինս ի մահ եդին ամենեքեան եւ սկսան առ սակաւ սակաւ փախչել գիշերի՝ ուր եւ կարասցեն զերծանել։ Այսպէս եղեւ շնորհիօքն Քրիստոսի ամենեցուն զերծանել՝ բայց յերկուց երիցանց, որք ի տունջեան կամեցան զաղտ երթալ եւ ոչ կարացին զերծանել. զոր ըմբռնեալ ածին ի բանակն եւ սպանին առաջի մեր յերկիւղ եւ ի զարհուրումն մեզ, զի այսպէս առնէին ամենայն փախուցելոց։

Ապա յաւուր միում ասէ ցիս վարդապետն սքանչելի. «Կիրակո՞ս»։

Եւ ասեմ. «Զի՞նչ հրամայես, վարդապետ»։

Ասէ ցիս. «Որդեակ, գրեալ է, թէ Յորժամ ի նեղութիւնս անկանիցիք, համբերեցէք։ Արդ պարտ է մեզ զբանս զրոյն յանձինս մեր ցուցանել, զի ո՛չ լաւ եմք մեք քան զսուրբքն առաջինս՝ զԴանիէլ եւ զԱնանիանսն եւ զԵզեկիէլ, որք ի զերութեանն իւրեանց զբարեպաշտութենէ բուռն հարին, մինչեւ Աստուած այg արարեալ՝ փառատրեաց զնոսա ի զերութեան անդ։ Արդ եւ մեք կացցուք մնասցուք խարնամոցն Աստուծոյ, մինչեւ ինքն այg արասցէ մեզ, որպէս եւ կամի»։

Եւ ասեմ. «Որպէս հրամայես, հա՛յր սուրբ, այնպէս արասցուք»։

Դեռ եղեւ ապա յաւուր միում զալ իշխանին այնմիկ, որ զերեաց զմեզ, ի տեղին, ուր էաք մեք ի պահեստի։ Եւ տեսեալ զմեզ՝ խոտորեցաւ առ մեզ, եւ մեր ընթացեալ ընդ առաջ նորա։ Ասէ ցմեզ. «Զի՞նչ պիտոյ է ձեզ. միթէ քաղցեա՞լ էք, տաց ձեզ միս ձիոյ ի պէտս կերակրոյ»։ Զի ինքեանք անխտիր ուտեն զամենայն անսուրբ անասունս, այլ եւ զմուկն եւ զամենայն սողունս։

When summer had passed and autumn came and [the Mongols] were close to departing from our familiar land into distant foreign ones, everybody risked their lives and gradually began to flee by night to wherever they could. In this way by Christ's grace, everyone was able to escape except for two priests who attempted to flee during the day and were unable to free themselves. The T'at'ars captured them and led them to the army and slew them before us to frighten and terrify us, for this is how they deal with all fugitives.

Then one day the marvelous vardapet said to me: "Kirakos."

And I said: "What do you command, vardapet?"

He said: "My son, it is written 'Whenever you fall into adversity, forbear.'[10] It is necessary for us to reflect the advice of Scripture in our own lives for we are no better than the saints of old, Daniel, Anania and Ezekiel, who were pious in their captivities until God visited them and glorified them in their slavery. Let us also live by God's protection until He visits us, if He so desires."

I replied: "Let us do as you order, holy father."

It happened one day that the very prince who had captured us came to where we were being kept. Seeing us, he turned aside to us, and we went before him. He said: "What do you need? Perhaps you are hungry? I shall give you horse-meat for food." For they indiscriminately ate all sorts of unclean animals including mice and all types of creeping things.

---

10 Romans 12:12.

Ասէ ցնա վարդապետն. «Մեք ճիոյ միս ո՛չ ուտեմք, եւ ո՛չ զայլ կերակուրս ձեր. թէ կամիս շնորհ առնել մեզ, արձակես զմեզ ի տեղի մեր, որպէս խոստացար. զի այր ծեր եւ հիւանդոտ եմ ես եւ ոչ եմ քեզ ի պէտս ինչ գործոյ զինուորութեան, կամ հովուութեան, կամ այլ ինչ ի պէտս ձեր»:

Ասէ ցնա զօրագլուխն. «Յորժամ եկեսցէ Չուչու դան, հոգացից վասն այդորիկ»: Եւ էր Չուչու դան այն վերակացու տան նորա. եւ էր երթեալ ընդ զօրս նորա յաւար: Այսպէս կացաք առաջի նորա երկիցս եւ երիցս, եւ նա զունջն պատասխանէր:

Ապա եկն այրն ի ճանապարհէն, եւ կոչեցին զմեզ ի դուռն իշխանին: Եւ յղեաց զունջն այր առ մեզ հանդերձ թարգմանաւ եւ ասէ. «Ո՞չ ապաքէն ասէք դուք, թէ ինչս տալ մեռելոյն օգուտ է հոգւոյ նորա: Արդ եթէ մեռելոցն օգնէ, զկենդանիս ընդէ՞ր ոչ փրկէ: Տուր զոր ինչ ունիս, եւ զնեա զհոգի քո, եւ ե՛րթ նի՛ստ ի տան քո»:

Պատասխանի ետ վարդապետն եւ ասէ. «Մեք ինչք այն էին, զոր առիք դուք՝ խաչքն եւ աւետարանքն. բայց յայնմանէ մեր այլ ոչինչ գոյ»:

Ասէ ցնա այրն. «Եթէ ոչ ունիս ինչս, եւ ո՛չ է հնար քեզ երթալ աստի»:

Պատասխանի ետ վարդապետն. «Ճշմարտութեամբ ասեմ քեզ, մեր ոչինչ կայ եւ ոչ զին աւուր միոյ կերակրոյ. բայց թէ կամք են ձեզ՝ առաքեցէ՛ք զմեզ մի ի բերդիցս յայսցանէ, որ շուրջ կան զմեօք, եւ քրիստոնեայքն, որք կան ի նոսա, զնեն զմեզ»:

Իսկ նոցա հատեալ զինս ծանունս ի վերայ նորա, եւ դարձեալ թեթեւացուցին յայնմանէ, եւ առաքեցին զնա ի բերդն, որ կոչի Գազ: Իսկ նա խնդրեաց զմեզ զնոյ, զի ընդ իւրն եւ զմերն տացէ. եւ ոչ ետուն, ասեն՝ «Սա ի պէտք է մեզ թուղթ գրելոյ եւ ընթերցման, թէպէտ բազում զինս տայք, ո՛չ տամք զսա»: Եւ բաժանեցաք ի միմեանս արտասուօք.

The vardapet replied: "We do not eat horsemeat or your other foods. But if you wish to do good by us, let us go free to our home as you promised. For I am an old and sick man and I can serve you neither as a soldier nor as a pastor nor in any other way."

The commander said to him: "When Ch'uch'u-Khan comes I shall think about this." Ch'uch'u-Khan was the overseer of his house and he had gone off looting with his troops. So we came before the commander two and three times, and his reply was always the same.

Finally the man returned from his travels and they summoned us to the prince's court. [Ch'uch'u-Khan] was sent to us with a translator and said: "Is it not as you [Christians] claim that to give things to the dead benefits the deceased person's soul? Well now, if giving helps the dead, why will it not save the living? Give us what you have and purchase your souls and then go, sit in your home."

The vardapet replied: "What we had were those things you already took—the crosses and the Gospels. Beyond that we have nothing."

The man then said: "If you have nothing, then you cannot depart."

The vardapet answered: "I tell you honestly that we have nothing, not even the price for a day's meal. But if you will, send us to one of the fortresses surrounding us and the Christians there will buy us."

They placed a heavy price on him, then reduced it, and sent him to the fortress known as Gag. [Vanakan] requested that our price also be paid with his, but [the Mongols] did not permit this, saying: "We need him to read and write letters. No matter what sum you offer, we will not give him up." And we parted from each other in tears.

Եւ ասէ ցիս. «Ո՛րդեակ, ես երթամ անկանիմ առ ուսս սրբոյ Նշանին, որ յանուն սրբոյն Սարգսի, խնդրել նովաւ ի տեառնէ վասն քո եւ այլ եղբարցն, որք կան ի ձեռս անօրինացդ, զի թերեւս զերծուսցէ եւ զձեզ Աստուած գրթութեամբն իւրով»։ Զի էր ի Գագ խաչ մի սքանչելագործ առ ամենայն նեղեալս, եւ մանաւանդ առ զերիս. զի որք ապաւինէին ի նա բոլորով սրտիւ, ինքն իսկ սուրբ վկայն Սարգիս բանայր զդրունս բանտից եւ ազելանաց, եւ լուծանէր զերկաթսն, եւ առաջնորդէր մարմնաւոր տեսլեամբ ի տեղիս իւրեանց. եւ համբաւ սքանչելեացն տարածեալ էր ընդ ամենայն ազգս, զոր կանգնեալ, ասէին, սրբոյն Մեսրոպայ վարդապետին մերոյ:

Եւ եղեւ, որպէս ասաց վարդապետն. զնեցին զնա ութսուն դահեկանի: Եւ իբրեւ տարան զնա, ի նմին աւուր ասէ ցմեզ Մոլարն. «Մի՛ տրտմիր ընդ զնալ մեծ երիցուն. զքեզ վասն այնորիկ ոչ թողաք ընդ նմա, զի պիտանի ես մեզ. մեծացուցից զձեզ իբրեւ զմի ի մեծաց իմոց. եւ թէ կայ քո կին, բերից զնա առ քեզ. թէ ոչ՝ ի մէնջ տաց քեզ կին»։ Եւ առժամայն ետ մեզ վրան մի եւ երկուս պատանիս սպասաւոր մեզ, եւ ասէ. «Ի վաղիւն տաց քեզ ձի եւ ուրախ արարից զքեզ, միամիտ կացջիր»։ Եւ զնաց ի մէնջ:

Եւ խնամօքն Աստուծոյ պատահեաց մեզ ի նմին զիշերի զաղտագնաց լինել ի նոցանէ եւ զերծանել. եւ եկաք ի տեղի աննդեան մերոյ ի վանքն, որ կոչի Գետիկ. եւ նա աւարեալ էր ի նոցանէ, եւ այրեալ շինուածքն՝ որ ի նմա, եւ անդ դադարեցաք:

The vardapet said to me: "My son, I shall go and throw myself before the Holy Cross calling upon the name of Saint Sargis beseeching the Lord through him for you and for the other brothers held by the impious [Mongols] so that perhaps God in His compassion will free you."

For there was at Gag a wonder-working Cross which helped all those in difficulties, especially captives. The holy martyr Sargis himself would appear to those who took refuge in it with all their hearts, and he would open prison doors, loosening the fetters and irons and physically lead them to their places. The fame of its miracles had spread throughout all peoples. They say that the Cross was erected by our vardapet, Saint Mesrop.

It transpired as the vardapet had said. They bought him for eighty *dahekan*s. As soon as they had taken him, that same day, Molar said to us: "Do not be saddened at the departure of the great priest. We did not let you go with him because we need you. I shall honor you as one of my grandees. If you have a wife, I shall bring her to you. If not, I shall give you one of our women." And he immediately gave us a tent and two lads to wait on us, saying: "Tomorrow I shall give you a horse and make you happy. Stay loyal." And he left.

By the grace of God, it happened that we secretly fled and escaped that same night. We came to the place of our birth, to the monastery called Getik; it had been ruined by them, the buildings in it, burned. And we stopped there.

ԻԵ

Վասն աւերման քաղաքին Լոռոյ:

Զօրավարն ամենայն զնդին հեթանոսաց, որում անունն էր Զաղատայ, լուաւ վասն ամրութեան քաղաքին Լոռոյ եւ յոլովութեան զանձուցն՝ որ ի նմա. զի ի նմա էր տուն իշխանին Շահնշահի եւ զանձք նորա: Առեալ ընդ իւր զընտիր սպառազէնս յոլով մեքենայիք եւ ամենայն պատրաստութեամբ չոգաւ անդ եւ նստեալ շուրջ զնովաւ՝ պաշարեաց զնա:

Իսկ իշխանն Շահնշահ առեալ զկին իւր եւ զմանկունս, եւ գաղտագողի ի ձոր անդր, եւ ամրացաւ յայրս ուրեք. եւ զվերակացութիւն քաղաքին տայ ի ձեռս աներաց իւրոց: Իսկ նորա՝ քանզի արբ կանացիք էին, ուտելոյ եւ ըմպելոյ եւ արբեցութեան պարապեալ, յուսալով յամրութիւն պարրսպացն, եւ ո՛չ յԱստուած:

Եկեալ թշնամեացն՝ փորեցին ներքոյ պարասպին եւ փլուցին զնա, եւ ինքեանք շուրջ նստեալ պահէին, զի մի՛ ոք փախիցէ: Իսկ բնակիչք քաղաքին իբրեւ տեսին, թէ առալ քաղաքն, սկսան մղիլ ի վախից եւ ի ձոր անդր լնուին: Եւ զայն տեսեալ թշնամեացն՝ սկսան մտանել ի քաղաքն եւ կոտորել յանխնայ զարս եւ զկանայս եւ զմանկունս՝ աւար առեալ զինչս եւ զստացուածս նոցա. զտին եւ զգանձս իշխանին Շահնշահի, որ գրկեալ եւ կոդոպտեալ էր զիւր հրնազանդեալսն եւ անդ կազմեալ տուն զանձուց ամրացոյն, զոր ոչ էր հնար ումեք տեսանել, զի նեղ արարեալ էր զբերան զբին, որ միայն արկանելոյն էր բաւական, իսկ հանելոյ ոչ եւս: Սպանին եւ զաներսն Շահնշահին, եւ ինքեանք խոյզ արկեալ ամենայն ամրոցաց զաւադին՝ զո՛ր պատրանօք եւ զո՛ր բռնութեամբ առին զբազումս. զի տէր մատնէր ի ձեռս նոցա:

XXV

CONCERNING THE DESTRUCTION OF THE CITY OF LORHE.

Chaghatai, the commander of all the detachments of the pagans, heard about the fortification of the city of Lorhe and about the abundance of treasures in it, for located there were the home of prince Shahnshah and his treasury. [Chaghatai] took with him select weapons and many siege machines, and in full readiness he went and settled in around [Lorhe], besieging the city.

Prince Shahnshah took his wife and children, secretly went into the valley there and secured them in a cave. He gave superintendence of the city to his father-in-law['s sons] but because they were weaklings, they spent their time eating and drinking and getting drunk, trusting in the strength of the city walls, and not in God.

The enemy arrived. They dug at the base of the walls and made them collapse, then settled around them and kept watch so that no one would flee. Now once the inhabitants of the city saw that [the Mongols] had taken the city, they began to crowd with fear and filled up the valley. When the enemy saw that, they started to enter the city and indiscriminately cut down men, women, and children, taking their goods and belongings as booty. They discovered the treasures of prince Shahnshah which he had extorted and robbed from those he had subdued. [He had] constructed there a sturdy treasury which no one could see, since the mouth of the pit was so narrow that treasures could be cast in, but nothing could be removed. They killed Shahnshah's father-in-law['s sons] and they did reconnaissance around all the fortresses in the district, taking many both by threats and by treachery. For the Lord gave them into their hands.

Այսպէս արարեալ եւ ընդ այլ քաղաքսն, ընդ Դումանիս եւ ընդ Շամշոյլդէ եւ ընդ մայրաքաղաքն Տփխիս, առեալ զամենայն յառ յաւար ի կոտորումն եւ ի գերութիւն, ասպատակ սփռեալ ընդ ամենայն կողմանս անխնայ յարձակմամբ եւ յափշտակութեամբ եւ կոտորմամբ, զի ոչ ոք էր, որ ընդդէմ կայր նոցա, կամ պատերազմէր ընդ նոսա: Վասն այսորիկ աներկիւղ էին յամենայն կողմանց, զի փախստեամբ փախեաւ թագուհին Վրաց, որ Ռուզուդանն կոչէր, ուր եւ կարաց զերծանել: Այսպէս եւ ամենայն իշխանքն անձնապահ եղեն ի նոցանէ:

They did the same to other cities, to Dumanis, to Shamshoylte, to the capital Tiflis, taking everything as booty, destroying or enslaving, spreading their raiding expeditions everywhere with merciless attacks, ravishments and destruction. There was no one to resist them or offer war against them. Therefore fear was everywhere. The queen of the Georgians, Rusudan,[11] had fled to wherever she was able. So all the princes surrendered [to the Mongols].

---

11 Rusudan [1223-1245].

ԻՉ

Վասն անկանելոյ ի ձեռս նոցա իշխանին Աւագին:

Իսկ իշխանն մեծ՝ որդին Իւանէի, որ Աւագն կոչէին, իբրեւ եւտես զայն ամենայն բազմութիւն թշնամեացն, որք լցին զաշխարհս ամենայն, ամրացաւ եւ նա ի բերդն ամուր, որ կոչի Կայեան. եկին եւ ամենայն բնակիչք զաւադին, ամրացան եւ նոքա շուրջ զբերդովն: Իբրեւ զիտացին զօրքն այլազգեաց, թէ անդ ամրացաւ իշխանն, մի ոմն ի նոցունց գլխաւորացն, որում անուն էր Իտուղատայ, առեալ զօրս բազումս, եկն պաշարեաց շուրջ զբերդովն: Եւ առհասարակ լցաւ աշխարհն ի զօրաց այլազգեաց, զի ի նմա զազդ-եալ էին յամենայն կողմանց վասն ամրութեան վայրացն:

Ածին շուրջ զատորրոտով բերդին որմս յամենայն կող-մանց, յղէին պատգամս առ Աւագն՝ զալ ի հնա զանդութիւն ծառայութեան նոցա եւ մի՛ երկնչիլ: Եւ բազում անգամ յղ-դէին, եւ զնոյն բանս ասէին: Իսկ նորա կամեցեալ շահել զմիտս նոցա, տայ զղուստր իւր նոցա եւ ինչս բազումս, զի թերեւ թուլասցին ի պաշարմանէն: Իսկ նոցա առեալ զայն՝ ե՛ւս պանդութեամբ խնդրէին զնա: Իսկ որ շուրջ զբեր-դովն եւ որք ի ներքս սկսան նեղիլ ի ծարատոյ: Ասպա տա-րան գձի եւ զամենայն անասունս իւրեանց ի ձեռս թաթա-րին, զի թողացուսցեն ումանց ի նոցանէ երթալ բերել զուր աղխի իւրեանց: Եւ նոցա յանձն առեալ՝ դիմեցին բազմու-թիւն մարդկան ի զուր անդր. եւ նոցա արգելեալ զերթալսն զջրէ, եւ ոչ սպանին զոք, այլ ասէին նոցա իջուցանել զբռ-տանիս իւրեանց եւ կեալ ի մէջ նոցա: Եւ նոցա առ վշտին ակամայ իջուցեալ զնոսա, եւ նոցա արբուցեալ զուր, արգե-լին ի մէջ իւրեանց եւ առին զկանայս, որոց ցանկացան, եւ սպանին զարս նոցա. եւ զկէսս թողին առ արանց իւրեանց:

XXVI

HOW PRINCE AWAG FELL
INTO THEIR HANDS.

When the great prince Awag, Iwane's son, saw the great multitude of the enemy which had filled the entire land, he holed up in a strong fortress named Kayean. All the inhabitants of the district came and fortified themselves around the fortress. As soon as the army of the foreigners learned that prince Awag was fortified there, one of their principals (named Itulata) took many troops and came and besieged the area around the fortress; the land filled with the troops of foreigners generally, since many people had fled [to Kayean] from all sides because of the fortification of the area.

They settled around all sides of the wall at the base of the fortress and sent messages to Awag to come out to them in obedient service and not to be afraid. Many times, they sent to him, saying the same thing. Now [Awag], desirous of winning their favor, gave his daughter and many goods [to the Mongols], so that perhaps they would loosen the siege. But they took his gifts and demanded his presence even more insistently. Those around the fortress and those in it began to be troubled by thirst. So they gave over to the T'at'ars their horses and all their livestock so that they allow some of them to go and bring water for their animals. Undertaking their plan in a body of many men, they went to the water source there. The T'at'ars blocked their path to the water. They killed no one but told them to lower down their families and to live among them. Unwillingly and in grief they brought down their families. They were given water to drink and were kept among the T'at'ars. The T'at'ars took the women they wanted and killed their men, leaving others with their husbands.

Իսկ Աւագն իբրեւ ետես, թէ ոչ թուլանան նոքա ի պաշարմանէ եւ ի կոտորելոյ, կամեցաւ զանձն իւր տալ ի ձեռս նոցա, զի թերեւս սակաւիկ մի դիւր լիցի մարդկանն: Եւ առաքեաց զԳրիգորն, զոր Տղայն կոչէին զգուանոք, յազատացն Խաչենոյ, զվերակացու տանն իւրոյ, յառաջ քան զինքն երթալ հանդիպիլ գլխաւորին նոցա, զոր ՉարմաղուՖն կոչէին, որ հարեալ էր զխորանն իւր առ ափն ծովուն Գեղարքունւոյ: Զոր իբրեւ լուաւ մեծ նուիՖն, ուրախացաւ յոյժ եւ առաքեաց վաղվաղակի առ Իտուղատայն, որ պաշարեալ էր զնա, փութով առ ինքն հասուցանել եւ այլ մի ֆեղել զբնակիչս բերդին եւ զաւառացն: Եւ նորա առեալ զԱւագն՝ վաղվաղակի հանդիպի նմա:

Եւ իբրեւ ետես զնա, ասէ ցնա. «Դո՞ւ ես Աւագն»:

Նա պատասխանի ետ, թէ՝ «Ես եմ»:

Ասէ ցնա մեծ զօրապետն. «Եւ ընդէ՞ր ոչ եկիր վաղվաղակի առ իս, իբրեւ եկի ես ի սահմանս երկրի քո»:

Պատասխանի ետ իշխանն եւ ասէ. «Մինչդեռ հեռին էիր, եւ կենդանի էր հայր իմ, նա ծառայեաց քեզ բազում պատարագօք. եւ իբրեւ մեռաւ հայր իմ, ես ծառայեցի քեզ՝ ըստ իմում կարողութեան. եւ այժմ իբրեւ եկիր յաշխարհս իմ, աւասիկ եկի առաջի քո. որպէս հաճոյ է քեզ, արա՛ ընդ իս»:

Ասէ ցնա զօրապետն. «Ասեն ի խօսս առակաց, թէ՝ Յերդն եկի՛ չեկիր, ի դուռն եկի՛ ապա եկիր»:

Եւ հրամայաց նմա նստել ի ստորեւ քան զամենայն մեծամեծս, որք նստէին առաջի նորա. եւ հրամայեաց ճաշ մեծ առնել ի պատիւ նմա:

Եւ բերին յոլովութիւն մաց ի սուրբ եւ յանսուրբ անասնոց, անդամ անդամ յօշեալ եւ եփեալ, եւ խմուզս ի կաթանէ ձիոց՝ ըստ սովորութեան իւրեանց՝ բազում տիկս, եւ արկին առաջի, եւ սկսան ուտել եւ ըմպել: Իսկ Աւագն եւ որք ընդ նմա, ոչ ուտէին եւ ոչ ըմպէին:

As soon as Awag saw that the T'at'ars did not let off besieging or destroying them, he wanted to surrender to them so that perhaps things would be lighter for the people. So he sent Grigor called Tghay (one of the Xach'en *azat*s, the overseer of his house) in advance of himself to go, meet and flatter their leader, Chormaghun, who had pitched his tent by the shores of Lake Geghark'unik'.[12] When the great *noyin* Chormaghun heard this he was delighted and immediately sent to Itulata who was besieging Kayean to quickly come to him and to stop harrying the inhabitants of the fortress and district. Itulata took Awag and quickly came to Chormaghun.

When Chormaghun saw the prince he asked him: "Are you Awag?"

The prince replied: "I am he."

The great commander then asked: "Why did you not come quickly to me when I entered the borders of your land?"

The prince responded: "While you were far away and my father was living, he served you with many gifts. As soon as my father died, I served you according to my capability. And now that you have come to my land, lo, I have come before you. Do with me what you will."

The commander said to Awag: "There is a proverb, 'I came to the window/skylight, you did not come. I came to the door, behold, you have come.'"

And [Chormaghun] ordered that [Awag] sit lower than all the grandees who sat before him, and he ordered a great meal served in his honor.

They brought large quantities of meat both from clean and from unclean animals, cut apart, ground, and cooked and also *kumiss* made from mare's milk, according to their custom. They brought this food in many bags, threw them before the guests, and they began to eat and drink. But Awag and those with him did not eat or drink.

---

12 *Lake Geghark'unik':* Sevan.

Ասէ ցնա զօրապետն. «Վասն որո՞յ ոչ ուտէք եւ ոչ ըմպէք»:

Ասէ ցնա Աւագն. «Քրիստոնէից ոչ է սովորութիւն ուտել զայս կերակուր եւ ըմպել զայս ըմպելիս, այլ միս ի սուրբ կենդանեաց՝ մեր զենեալ, եւ գինի առ ի յըմպել»: Եւ հրամայեաց զայն տալ նոցա, զոր եւ խնդրեաց:

Եւ ի վաղիւն նստոյց զնա ի վերոյ յոլովից մեծամեծացն. եւ այսպէս որ ըստ օրէ յաւել ի պատիւ նմա, մինչեւ ի բուն մեծամեծացն կարգի նստուցանել զնա: Եւ հրամայեաց ամենայն զօրուն ոչ մարտնչել ընդ բերդն եւ ընդ քաղաքն, որ ընդ իշխանութեամբ նորա էին: Եւ բազում դիւրութիւն եդեւ յաշխարհի նորա, եւ բազում զերիս ազատս արձակեցին վասն նորա. եւ զամենայն աշխարհի նորա եւտ նմա, եւ այլ եւս աւելի, եւ անքակ սէր հաստատեաց ընդ նմա: Եւ առեալ զնա եւ զամենայն զօրն՝ չոգաւ ի վերայ քաղաքին Անւոյ:

The commander asked him: "Why don't you eat and drink?"

Awag replied: "Christians are not accustomed to eat this food and to drink this beverage, rather, they eat meat from clean animals which we have sacrificed, and they take wine to drink." So [Chormaghun] ordered that such be given to those who requested it.

The next day [Chormaghun] seated [Awag] above many of the grandees and in this way, day by day, he honored the prince yet more until he was even seated in the rank of the truly great lords. [Chormaghun] further ordered all of his troops not to fight with the fortresses and cities under [Awag's] domination. And great ease came about in his land, and many captives were freed because of him. [Chormaghun] gave him back all of his lands and more besides, and established indestructible friendship with him. Taking [Awag] and all his troops, [Chormaghun] marched against the city of Ani.

Ի Է

Վասն քաղաքին Անւոյ, թէ որպէս մատնեաց Տէր
ի ձեռս նորա:

Քաղաքս այս Անի լցեալ էր բազմութեամբ մարդկան եւ
անասնոց եւ պարապեալ ամրագոյն պարսպօք: Եւ եկեղե-
ցի բազում կայր ի նմա, մինչ ի կարգ խօսից երդման այս-
պէս երդնուին՝ «Անւոյ հազար եւ մի եկեղեցին»: Եւ յոյժ
փարթամ էր քաղաքն ամենայն իրօք, վասն որոյ յղփու-
թիւնն յամբարտաւանութիւն ած զնոսա, եւ ամբարտաւա-
նութիւնն՝ ի կործատ, որպէս սովոր է առնել ի սկզբանց եւ
այսր: Առաքեաց Չարմաղունն դեսպանս առ նոսա զալ
նմա ի հնազանդութիւն: Եւ որք գլխաւորքն էին ի քաղա-
քին ոչ իշխեցին պատասխանի առնել պատգամին առանց
հարցանելոյ զիշխանն Շահնշահ, զանգի ընդ իշխանու-
թեամբ նորա էր քաղաքն:

Իսկ ամբոխ քաղաքին եւ ռամիկքն սպանին զպատգա-
մատորսն: Եւ զայն տեսեալ զօրքն այլազգեաց, ի բարկու-
թիւն բրդեցան եւ պաշարեալ զքաղաքն յամենայն կողմանց՝
կանգնեցին փիլիկուանս բազումս արուեստագիտութեամբ
եւ, մարտուցեալ ընդ քաղաքն զօրեղապէս՝ առին զնա: Այլ
եւ ումանք յիշխանաց քաղաքին ձեռնատու եղեն առ թշնա-
միսն՝ զապրուստ անձանց շահելով. եւ նոցա կոչեալ ար-
տաքս ի քաղաքէն զբազմութիւնն, խոստացան ոչինչ առնել
նոցա չար:

96

XXVII

HOW THE LORD BETRAYED THE CITY OF ANI INTO THE HANDS OF THE T'AT'ARS.

This city, Ani, was filled with a multitude of people and animals and surrounded by very strong walls. It had in it so many churches that among the oaths spoken one was: "By the thousand and one churches of Ani." It was a city rich in all goods and because of this, arrogance resulting from satiety struck it; and that arrogance led to destruction, as has been the case from the beginning until the present. Chormaghun sent ambassadors to the inhabitants for them to obediently come out to him. Those who were the heads of the city did not dare respond to the message without asking prince Shahnshah, since the city was under his authority.

But the city mob and the commoners killed [Chormaghun's] delegation. When the foreigners' troops learned of this, in rage they besieged Ani on all sides. They erected many catapults and, skillfully battling against the city, they took it [in 1236]. Some of the princes of the city surrendered to the enemy, thereby saving their lives. Many were called out of the city and promised that nothing evil would be done to them.

Եւ իբրեւ ելին արտաքս առ նոսա ամենայն բազմութիւնն, բաժանեցին զնոսա յինքեանս եւ սուր ի վերայ եդեալ՝ կոտորեցին առհասարակ անողորմաբար՝ սակաւ կանայս եւ մանկունս թողեալ եւ արս արուեստաւորս, զոր
վարեցին ի գերութիւն: Եւ ապա ինքեանք մտեալ ի քաղաքն, առին զինչս եւ զստացուածսն ամենայն, կողոպտեցին եւ զամենայն եկեղեցիս, աւերեցին եւ քանդեցին զամենայն քաղաքն, եղծին եւ ապականեցին զփառս վայելչութեան նորա:

Անդ էր տեսանել տեսիլ ողորմագին. առհասարակ կոտորեալք ծնողքն եւ ծնունդք ընդ նոսին դիզեալք ի վերայ
միմեանց՝ իբրեւ զդերբուկս քարանց կուտեալք. քահանայք
եւ սարկաւագունք եւ պաշտօնեայք եկեղեցականք, ծերք
եւ տղայք եւ հասակաւ մանկունք եւ երիտասարդք եւ կուսանք շատք. ըստ աւետարանին սրբոյ, եթէ՝ «Մատնիչիք
ի սով եւ ի գերութիւն». նոյն հրաման եհաս ի վերայ սոցա,
զի ցիր եւ ցան անկեալք ընդ երեսս դաշտացն, արբեալ
երկիրն յարենէ եւ ի ճարպոյ վիրաւորացն. փափուկ մարմինք աճառովք լուացեալք, սեւացեալք եւ այտուցեալք. եւ
այնքիկ, որ ոչ էին ելեալ արտաքս քան զդրունն քաղաքին,
բոկ եւ հետի ընթացեալք ի գերութիւն, եւ որք հաղորդին
ի պատուական մարմնոյ եւ յարենէ որդւոյն Աստուծոյ, ուտէին զմիս անսուրբ եւ հեղձուցիկ եւ ըմպէին ի կաթանէ
ճիռց պղծոց. կանայք պարկեշտք եւ ողջախոհք մատնեալք ի խայտառականս ճակաճան եւ վաւաշ մարդկան. կուսանք սուրբք. որք ուխտեալ էին Աստուծոյ սրբութեամբ
պահել զմարմինս եւ անախտ զհոգիս, պղծեալք պղսպես
պոռնկութեամբ եւ ապականեալք անկարգութեամբ: Եւ
այսպէս եղեւ զրաւ գործոյն:

But as soon as these princes had emerged from the city and gone [to the Mongols] in all their multitude, the enemy divided them amongst themselves and put them to the sword, mercilessly cutting down one and all and sparing only a few women and children and some artisans whom they led into captivity. Then they entered the city, took all the goods and possessions, looted all the churches, ruined and destroyed the entire city and corrupted the glory of its beauty.

It was a pitiful sight there. Dead parents and their children were heaped on top of one another, like a pile of rough stones, priests and deacons and officials of the church, old, young, children, adolescents, and many virgins dealt with as it says in the holy Gospel: "You shall be betrayed to hunger and slavery." The same prescription fell upon the inhabitants of Ani, for [their corpses were] scattered here and there, fallen across the face of the plains; the land drank in the blood and fat of the wounded. Tender bodies, once washed with soap, lay blackened and swollen. Those who had not gone out of the city were led away barefoot into captivity; and those who had communed in the holy blood and body of the Son of God now ate unclean, sickening meat and drank foul mare's milk. Modest and prudent women were deflowered by wanton, lewd men; blessed virgins who had vowed to God to keep their bodies and souls pure were fouled by various prostitutions and corrupted with indignities. This was the end of the affair.

ԻԲ

Վասն աւերածին Կարուց:

Այս քաղաքս՝ իբրեւ եւեւս, զոր ինչ գործեաց թաթարն ընդ բնակիչսն Անւոյ, փութացաւ եւ աճապարեալ տարաւ զբանալի քաղաքին ընդ առաջ նոցա, զի թերեւս խնայեսցեն ի նոսա: Իսկ նոքա, քանզի խանձեալ էին աւարաւ եւ ոչ յումեքէ ունէին երկիւղ, զնոյն անցս եւ ընդ նոսա անցուցին, որպէս ընդ Անի, յափշտակութեամբ ընչից եւ ստացուածոց, եւ կոտորմամբ բնակչացն, եւ աւերմամբ քաղաքին՝ անզարդացուցեալ զվայելչութիւն նորա եւ զերի վարեալ զբնակիչս նորա: Եւ սակաւ սինլքորս թողեալ՝ զնացին ի բաց, զոր յետոյ եկեալ զօրք սուլտանին հոռոմոց՝ զզերծեալսն ի թաթարէն վատնեցին ի գերութիւն եւ ի սուր անողորմաբար. ըստ գրեցելումն, թէ՝ «Ահ, զուք եւ որոզայթ ի վերայ ձեր, բնակիչք երկրի, որ փախիցէ յահէն, անկցի ի զուքն, եւ որ ելանիցէ ի զքէն՝ ըմբռնեսցի յորոզայթն», եւ որ փախիցէ յայնմանէ՝ «Հարցէ զնա օձ»: Այսպէս եղեւ տառապեալ բնակչացն Կարուց:

Նոյն զօրքն աղին եւ զքաղաքն սուրբ Մարի, զոր սակաւ ամօք յառաջ առեալ էր զնա ի տաճկաց Շահնշահի եւ Աւագին. եւ դեռ եւս կարկատեալ էին, յանկարծակի եհաս ի վերայ նոցա մի ոմն յաւագաց զօրօք բազմօք, որում անուն էր Ղարա Բահատուր, եւ վաղվաղակի առ զնա, եւ զոր ինչ եգիտ ի նմա՝ յափշտակեաց:

Եւ իբրեւ այս այսպէս գործեցաւ ընդ աշխարհս ամենայն, ապա հրաման ետուն մնացորդացն, որ ապրեալ էին ի սրոյ անտի եւ ի գերութենէ, զնալ յիւրաքանչիւր տեղիս՝ ի գիւղս եւ ի քաղաքս, եւ շինել յիւրեանց անուն, եւ ծառայել նոցա: Եւ սակաւ երկիրն առ սակաւ սակաւ զշինութիւն առնուլ:

XXVIII

CONCERNING THE DESTRUCTION OF KARS.

This city, when it saw what the T'at'ars had done with the inhabitants of Ani, hastened to give the keys of the city to the enemy, with the hope that perhaps they might be spared. But [the Mongols], because they were anxious for booty and feared no one, did to them the same as they had done to Ani, namely, they ravished the goods, cut down the inhabitants, ruled the city, stripped it of its ornaments, and took its residents into captivity. They left a few dregs [in Kars] and then departed. But later the troops of the sultan of Rum arrived and mercilessly, at sword point, led into slavery those who had escaped the T'at'ars, as is written in Scripture: "Fear, a pit, and lightning upon you, inhabitants of the land; for those who flee from fear fall into the pit, and those who emerge from the pit are struck by lightning," and those who survive that are bitten by a snake.[13] This is how the residents of Kars were overthrown.

The same army also took the city of the blessed Mari, which Shahnshah and Awag had taken from the Tachiks several years before. While [the residents] were still mending their wounds, suddenly a certain one of the nobles named Ghara Bahatur came upon them with many troops and quickly took the city, ravishing all that he found in it.

When [the Mongols] had worked such deeds throughout the entire land, a command was given to the survivors who had outlived the sword and captivity for each to go to his own place, whether village or city and to build it in their name and to serve them. And the land began to be rebuilt gradually.

---

13   Isaiah 24:17-18.

Բայց Աստուած որպէս սովոր է ի ժամանակի բարկու-
թեան զողորմութիւն յիշել, զոր եւ աստ արար, զի «Ոչ ըստ
մեղաց մերոց արար մեզ եւ ոչ ըստ անօրէնութեան մերում
հատոյց մեզ», զի ժամանակն ամառնային էր, յորում աս-
պատակեցին նոքա ի մեզ, վաստակն չեւ եւս էր հնձեալ կամ
ժողովեալ ի շտեմարանս. եւ նոքա՝ եկեալ ուղտոք եւ ա-
նասանովք, կերան եւ կոխեցին զամենայնն: Իսկ մերձ յեղա-
նակն ամեռնային՝ իբրեւ զնացին նոքա ի դաշտն, որ կոչի
Մուղան, յաշխարհն Աղուանից, քանզի անդ կային զամեռ-
նային ժամանակն, եւ ապա զարունն սփռէին ընդ կողմանս
կողմանս. մարդիկն, որ մնացին ի սրոյ անտի, մերկք էին
եւ առանց կերակրոյ, ի հասկից անտի անկելոց եւ կոխելոց
լնուին զպէտս իւրեանց. եւ ձմեռն ոչ ցուրտ եղեւ սաստիկ,
որպէս յայլ ժամանակսն, այլ կակուղ եւ ըստ միտս: Եւ զի
ոչ ունէին եզինք՝ որ գործէին զերկիր, եւ ոչ սերմանք՝ զոր
ցանէին, ի զալ զարնանլոյն ի հրամանէ Աստուծոյ երկիրն
բուսոյց ինքնեակս, որ բաւական էր լնուլ զպէտս մարդկան.
այլ եւ ընդ ամենայն կողմանս լիութիւն եղեւ հացի, որով
ապրէին փախուցեալքն ի տեղիս: Այլ եւ անողորմ ազգն
վրաց բազում զուրս եւ խնամ ցուցանէին երթելոցն առ
նոսա պանդխտանալ: Եւ այսպէս ողորմածն Աստուած մը-
խիթարեաց զվշտագնեալսն:

However, it is the custom of God to recall mercy in His anger, and He did so here, since "He dealt with us not according to our sins, and repaid us not according to our impiety."[14] It was summertime when they raided us, and the harvest had not yet been reaped or gathered into the granaries. They came with camels and livestock and ate and trampled everything. Close to winter when [the Mongols] had left for the plain called Mughan in Aghuania (they spent the winter season there and in springtime spread throughout the land) the people there who had survived the sword were naked and without food and they fell upon the husks and ground them to fill their needs. Yet winter was not severely cold, as at other times but as mild as one would wish. Since they had no oxen to work the land and no seed to sow, when spring came, at the command of God the land blossomed forth of its own accord and was sufficient to fill the people's needs. Moreover, everywhere there was a plentitude of bread by which the refugees lived. Furthermore, the merciless Georgian people displayed much kindness and concern for the exiles reaching them. In this way, merciful God consoled the bereaved.

---

14 Psalms 102:10.

Վասն յուդարկելոյ զիշխանն Աւագ առ խաղանն
յարեւելիս:

Իբրեւ սակաւ ինչ ժամանակք անցին ի վերայ, առաքեցին զԱւագն առ արքայն իւրեանց, զոր դանն կոչին, ընդ հեռաւոր ճանապարհս յարեւելս հիւսիսոյ. քանզիայսպէս առնէին զամենայն մեծամեծս, զոր կամէին պատուել, առ նա առաքէին, եւ հրամանաւ նորա առնէին՝ զոր ինչ եւ գործէին, քանզի սաստիկ հրամանակատարք էին արքային իւրեանց: Այլ եւ ինքն իշխանն յոժարեաց զնալ, զի թերեւս ինչ դիւր լիցի իւր եւ երկրին: Եւ ամէնայն ոք աղօդս մատուցանէր վասն նորա առ Աստուած խաղաղութեամբ դարձուցանէլ զնա այսրէն, զի ինքն բարի էր բնութեամբ եւ առաւել եւս զի յուսայինն, թէ զալստեամբն նորա շահեցին ինչ:

Իսկ նորա երթեալ՝ յանդիման լինէր մեծի արքային, եւ ցուցանէր նմա զգիրս զօրագլխաց իւրոց, եւ յիշեցուցանէր զպատճառս զալոյն առ նա, թէ ի ծառայութիւն եկեալ է նմա: Իբրեւ լսէր զայն մեծ արքայն, սիրով ընդունէր զնա, տայր նմա եւ կին ի թաթար ազգէն եւ ուղարկէր զնա յիւր աշխարհն. գրէր եւ առ զօրավարսն իւր տալ ի ձեռն նորա զիւր աշխարհն եւ նովաւ նուաճէլ զամէնայն ապստամբսն. որ եւ եղեւ իսկ:

Զի իբրեւ եկն նա յաշխարհն իւր, եւ արարին զօրագլուխն զհրամանս արքային իւրեանց, եկին ի հնազանդութիւն ծառայութեան նոցա՝ Շահնշահ, որդի Զաքարէի, եւ Վահրամ իշխանն, եւ որդին իւր Աղբուղայն, եւ Հասան, որ Զալալն կոչին, իշխանն կողմանցն Խաչէնոյ, եւ այլք բազումք, եւ զիւրաքանչիւր երկիր տային նոցա, եւ առ ժամանակ մի ներումն:

XXIX

CONCERNING THE SENDING OF PRINCE AWAG TO THE KHAN IN THE EAST.

After a short time had passed, [the Mongols] sent Awag on a distant journey to the northeast, to their king called the Khan. For they did the same to all the grandees whom they wished to honor. They sent him to the king and, taking the ruler's order, implemented it, for they were extremely obedient to their king. The prince himself was happy to go, so that perhaps his situation and that of the country be eased somewhat. All offered prayers to God on his account so that He return [Awag] in peace, for he was of a good nature, and they also hoped that with his return they might profit a little.

Now [Awag] went before the great king, showed him letters from his own commanders, and recalled the reason for his coming, that he had come to him in service. Once the great king heard that, he received [Awag] with affection, gave him a T'at'ar bride and sent him to his own land. He also wrote to his commanders to give [Awag] his own lands and with his help to subdue all the rebels, as happened.

When he came to his land and the commanders implemented the orders of their king, the following men came [to the Mongols] in service: Shahnshah, son of Zak'are, prince Vahram and his son Aghbugha, Hasan called Jalal, prince of the Xach'en area, and many others. [The Mongols] gave to each one control over his lands, and, for the time being, a pardon.

Եւ ապա սկսան հարկապահանջութեամբ եւ երթեւեկութեամբ եւ զինուորութեամբ նեղել զնոսա. սակայն թէպէտ այսու ամենայնիւ, եւ որ առաւել քան զայս էր, նեղէին զնոսա, բայց զոք ոչ սպանանէին։ Եւ իբրեւ անցին ամք ինչ, նեղացաւ ի նոցանէ իշխանն Աւազ, զի կարի ժրլատք էին, եւ ոչ կարէր զամենեսին՝ ըստ միտս նոցա՝ հաճել, զի ոչ միայն բաւականային ուտելով եւ ըմպելով, այլ եւ պահանջէին երիւարս եւ հանդերձս մեծագինս, զի կարի յոյժ ձիասէրք էին։ Վասն այսորիկ եւ քաղեցին զձի յամենային երկրէն, եւ ոչ ոք իշխէր համարձակ պահել զիս կամ ջորիս բայց թէ ի ծածուկ ուրեք վասն հարկի զինուորութեան, զի ուր եւ գտանէին յափշտակէին եւ աւելի եւս, յորում զրտանէին զնշանն իւրեանց, զի զամենայն անասուն իւրեանց եւ զոր առնուին, իւրաքանչիւր զօրագլուխ իւրով նշանով կնքէր՝ խառելով ի մի անդաման, եւ թէպէտ զնէին ի նոցունց, եւ այլ ոք հանդիպէր յայլմէ զնդէ, առնուին ի նոցանէ եւ պատժէին զնոսա, իբրեւ զգողս։ Եւ զայս ոչ միայն մեծամեծ մարդիկն առնէին, այլ եւ փոքունքն եւս, եւ մանաւանդ աւելի եւս առնէին զայս, յորժամ մեռաւ զօրավարն զօրուն, որում անուն էր Չաղատայ։ Քանզի սպանին զնա գիշերի, որ մուֆետքն անուանին. եւ վասն այսորիկ կոտորած սաստիկ եղեւ գերույն, որ էր ի զօրսն։ Եւ այլս այս բարեկամ էր Աւազին. իբրեւ մեռաւ նա, բազում թշնամիք յարեան ի վերայ նորա։

Յաւուր միում ի տան Աւազին ումն ի նոցունց ոչ ի կարի աւազացն եկն ի խորանն, ուր նստէր Աւազն։ Եւ իբրեւ ոչ վաղվաղակի յարեաւ ընդ առաջ նորա, վարոցոք երիւարին, որ էր ի ձեռին նորա, ծեծեաց զգլուխ նորա։ Զայն տեսեալ սպասաւորաց իշխանին, բարկացեալ ընդ անարգանս իշխանին՝ տեառն իւրեանց, յարեան հարկանել զայրի։ Եւ իշխանն արգել զնոսա, թէպէտ զայրացեալ էր։ Եւ երթեալ առն այնորիկ, որում անուն էր Ջոջ-Բուղա, առեալ ընդ իւր եւ այլ ընկերս՝ կամեցաւ ի գիշերին սպանանել զիշխանն։ Եւ նորա գիտացեալ՝ փախեաւ մազապուրծ առ թագուհին վրաց, զի դեռ եւս ապստամբ էր նա՝ զաղթեալ յամրացոյն տեղիս աշխարհին Վրաց։

Then by taxation, coming and going, and military activities [the Mongols] began to place them in straits; but despite all this and more besides, though they harassed them, nevertheless they killed no one. After a few years had passed, prince Awag was harassed [by the Mongols] and he was unable to satisfy all of them. Not only were [the Mongols] not satiated by eating and drinking, but they also demanded horses and expensive clothing, for they were very fond of horses. Therefore, they took all the horses from the land. No one dared to keep horses or donkeys openly, but did so in secret for the war tax, because wherever [the Mongols] discovered horses they ravished them. Moreover, wherever they found their brand (for all their own animals and all the ones they took were stamped with the brand of each commander, on any limb), even if the horses had been purchased [from the Mongols], whenever one of them discovered [such a branded horse] they took it and punished the people as thieves. Not only did the grandees do this, but the lesser soldiers too. This was done even more when the commander Chaghatai died. For the Mulhedk' [Assassins] killed him at night. As a result, there was a severe destruction of captives in the army. This [Chaghatai] was a friend of Awag. As soon as he died, many enemies arose against the prince.

One day in Awag's home, one of the not very noble [Mongols] came to the tent where Awag was seated. Because Awag did not immediately arise before him, [the Mongol] beat him on the head with a switch of horsehair which was in his hand. When the prince's servants saw this they were angered at the indignity suffered by their lord, the prince, and rose to strike the man. But the prince forbade them, even though he was angered. That man (whose name was Joj-Bugha) departed. Taking along other comrades, he wanted to kill the prince at night. When [Awag] learned about this, he escaped by a hairsbreadth and fled to the Georgian queen who was still in rebellion, having migrated to a fortified region of Georgia.

Եւ առաւել եւս զայսպիսի անկարգութիւնս վասն այնորիկ գործէին, զի մեծ զօրավարն, որ զլուխն էր ամենեցուն, զոր Ջարմադունն կոչէին, համբացեալ էր ի դիւէ եւ ի ցաւոց. բայց զիշխանութիւնն ոչ էին բարձեալ ի տանէ նորա, զի կին նորա եւ որդիք՝ հանդերձ գործակալօք տանն նորա, վարէին զիշխանութիւնն. զի խաղանն այսպէս հրամայեաց, թէ եւ մեռանի, զոսկերս եւս շրջեցուցանել ընդ զօրսն, զի կարի յոյժ աջողած է այրդ եւ շնորհաւոր:

Եւ իբրեւ փախեաւ Աւագն, տրտմեցան մեծամեծքն, եւ մեղադիր եղեն առն այնմիկ, եւ յղեցին դեսպանսն զկնի նորա՝ մի՛ ապստամբիլ ի նոցանէ, եւ երդնուին նմա ոչինչ առնել նմա չար, եւ եստուն զաշխարհս նորա ի ձեռն Շահնշահի, իբր թէ եղբայր նոցա իցէ. եւ զայս առնէին վասն առաւել հաւատարմութեան: Իսկ Աւագն գրեաց թուղթ եւ առաքեաց առ խաղանն, թէ՝ «Ի ծառայութենէ քումէ ոչ եմ ելեալ, այլ ի սպանմանէ փախուցեալ եմ, եւ անսամ քո հրամանիդ»:

Եւ մինչ նա յամէր զգալն եւ մնայր պատասխանւոյ մեծ թագաւորին, սոքա զգանձն նորա, որ թաքուցեալ կայր ի բերդորային, զամենայն հանին՝ խոյզ արկեալ: Եւ դարձեալ պատգամս յղեին մի զկնի միոյ առ Աւագն զալ առ նոսա, զի երկնչէին յարքային իւրեանց:

Եւ իբրեւ եկն Աւագն ի զօրն, իսկոյն եհաս հրաման ի խաղանէն առ զօրսն իւր, զի մի՛ ոք իշխեսցէ չար ինչ առնել Աւագին, եւ թուղթ՝ առ Աւագն, եւ պարգեւս նմա, զալ համարձակ եւ մի՛ երկնչիլ: Ապա մեծարանս արարեալ նրմա, հանին արտաքս ի զօրէն զարսն, որք կամէին սպանանել զնա: Եւ առաքեցին զնա եւ զոմն մի գլխաւոր՝ Տօնդուս-աղա անուն, ընդ նմա, որ եկեալ էր հարկս պահանջել յամենեցունց հրամանաւ դանին, առ թագուհին վրաց Ռուզուդան, զալ ի հնազանդութիւն մեծի արքային:

Such disorders increased because the great general who was the head of all of them, Chormaghun, had become deaf from a devil and wounds. However, the authority had not been removed from his house, since his wife and children, together with the officials of his house, held the authority. This is because the Khan had so ordered, [and that] should he die his bones were to circulate around with the troops, for he was a most successful and favored man.

When Awag fled, the grandees were saddened, blamed that man [Joj-Bugha] and sent ambassadors after the prince telling him not to rebell against them, and swearing that nothing evil would be done to him. [The Mongols] gave his land to his brother Shahnshah, and they did this for greater faithfulness. Now Awag wrote a letter and sent it to the Khan saying: "I have not come out of your service, but have fled from murder. I obey your command."

While Awag delayed going and waited for the reply from the great king, [the Mongols] removed and examined all of his treasures which were hidden in the fortress. Once again, one after the other, they sent messages to Awag telling him to come to them, for they feared their king.

As soon as Awag came to the army, immediately the command arrived from the Khan to his troops, saying: "Let no one dare do any evil to Awag"; and he also sent gifts and a letter to Awag, telling him to go freely and not to fear. [The Mongols] honored him. They removed from the troops those men who had wanted to murder him. And they sent Awag and a certain commander named Tonghus-*agha* (who had come at the Khan's order to demand taxes from everyone) to the queen of the Georgians, Rusudan [telling her] to obediently submit to the Great King.

Որոց երթեալ առ նա՝ յորդորեցին զնա կալ ի հնա-
զանդութեան մեծ արքային եւ մի՛ երկնչիլ։ Եւ առեալ ի
նմանէ զօրս՝ եկին առ առաքիչան պայմանաւ եւ սիրով
խաղաղութեան՝ թագուհւոյն կալ ի հնազանդութեան հան-
դերձ որդւովն՝ Դաւթաւ մանկամբ, զոր նորրնծայ թագաւո-
րեցուցեալ էր, եւ նոցա ոչ ստել ուխտին:

Those who went to her encouraged her to submit to the Great King and not to fear. Taking troops from her, they returned to the emissaries with [a treaty containing] conditions of peace and friendship, that the queen would submit with her son (the young Dawit', the newly-enthroned king). And they did not break the oath.

Լ

Վասն կոտորածին որ ի կողմանս Խաչենոյ, եւ
վասն բարեպաշտ իշխանին Ջալալին:

Յուցաք սակաւիկ մի համառօտիւք, որ ինչ գործեցաւ ընդ
աշխարհս ի մոլեկան զօրացն, որ թաթարն կոչի: Ասասցուք արդ եւ վասն կողմանցն Խաչենոյ եւ որ ինչ անդ գործեցաւ: Քանզի ընդ ամենայն կողմանս սփռեալ էին զասպատակս իւրեանց, այլ եւ վիճակաւ եւս բաժանեալ, հասին
անդ ոմանք ի գլխաւորացն զօրու ծանու եւ զինու եւ ամենայն աղխիւ բանակին, գերեցին եւ սպանին զբազումս՝ որ
յարձակ վայրսն: Ապա մարտիւք մարտեան եւ ընդ գաղթականսն, եւ որ յամուր վայրսն, զոմանս խաբէութեամբ
եւ զկէսս բռնութեամբ իջուցին, էր՝ զոր սպանին, եւ էր՝ զոր
գերեցին, բայց յոլովքն այն էին, որ ամրացեալ կային յանկասկած վայրսն, զոր վասն դժուարութեան տեղւոյն Հաւախաղաց կոչէին, որք ապաստանեալ յամուրսն, անկասկած կային:

Բայց քանզի ի տեառնէ էր բեկումն, յեղակարծում ժամու գաղտագողի ելեալ՝ մտին յամուրսն, եւ սրոյ ճարակ ետուն զբազմութիւնն, եւ զկէսն գահավէժ արարին: Եւ ի
բազմութենէ անկելոցն ծածկէր երկիրն, եւ արիւնն առու
ելեալ՝ իբրեւ զջուր երթայր, եւ ոչ յոք խնայեցին. եւ ոսկերքն եւս յետ բազում ժամակաց իբրեւ զղերբուկս քարանց
կուտեալ երեւէին:

Չոգան եւ ի վերայ բարեպաշտ իշխանին Հասանայ,
զոր Ջալալն կոչէին: Քուերորդի էր սա մեծամեծ իշխանացն Ջաքարէի եւ Իւանէի, այր բարեպաշտ եւ աստուածասէր, հեզ եւ հանդարտ, ողորմած եւ աղքատասէր, ճրգնող յաղօթս եւ ի խնդրուածս, իբրեւ զայնս, որ յանապատս
կային. զպաշտօն տունջեան եւ գիշերոյ անխափան կատարէր ուր եւ լինէր՝ իբրեւ զվանորայսն. եւ զլիշատակ յարութեան Փրկչին յաւուր միաշաբաթւոջ յոտանաւոր տրբնութեամբ անցուցանէր անքուն. եւ էր յոյժ քահանայասէր
եւ ուսումնասէր եւ ընթերցող աստուածային կտակարանացն:

XXX

CONCERNING THE DESTRUCTION WHICH OCCURRED IN THE XACH'EN AREA, AND ABOUT THE PIOUS PRINCE JALAL.

We have set out briefly what the crazed troops called T'at'ars did throughout the country. Now we shall speak about the destruction of Xach'en and what [the Mongols] did there. For they had spread their raiding expeditions throughout all parts, even dividing the land up by lots. Now some of the chiefs reached [Xach'en] with a massive army and arms and all the army baggage. They enslaved and killed many who were out in open places. They also battled with fugitives and people in fortified places; some they lowered down by treachery, others, by force. There were those they killed and those they enslaved. But there were many who had fortified themselves into secure places, which were called "perches" because of their inaccessibility. Those finding refuge in them felt safe.

However, because destruction comes from the Lord, [the Mongols] at an unexpected hour secretly arose and entered the fortifications. They put a multitude of people to the sword, while others they hurled off the cliffs. From the multitude fallen covering the earth a small river of blood flowed and coursed like water, and no one was spared. Even after a long time the bones of the slain could be seen piled up like heaps of stones.

[The Mongols] also came against the pious prince Hasan whom they call Jalal. He was the sister's son of the grandee princes Zak'are and Iwane, a pious and God-loving man, mild and meek, merciful, and a lover of the poor, striving in prayers and entreaties like one who lived in the desert. He performed matins and vespers unhindered, no matter where he might be, like a monk; and in memory of the Resurrection of our Savior, he spent Sunday without sleeping, in a standing vigil. He was very fond of the priests, a lover of knowledge, and a reader of the divine Gospels.

Այլ եւ բարեպաշտունի մայր սորա, յետ մահուան առն իւրոյ Վախթանկայ, զոր Տանկիկն կոչէին, կարգաւորեաց զերեսին որդիսն իւր՝ զՋալայն եւ զՋաքարէ եւ զԻւանէ, չոգաւ նա ի սուրբ քաղաքն Երուսաղէմ եւ զամս բազումս անդ կացեալ մեծաւ ճգնութեամբ՝ զամացուցանէր զամենայն տեսողսն եւ զլսողսն. քանզի ծախեալ զամենայն գոյս իւր՝ զոր ունէր, յաղքատս եւ ի կարօտեալս՝ նման Հեղինէի, կնոջն Աբգարու, եւ ինքն ձեռագործաւ իւրով կերակրէր։ Եւ անդէն մեռաւ, զոր Աստուած փառաւորեաց զփառաւորիչն իւր՝ լոյս կամարածեւ կացեալ ի վերայ զերեզմանին առ ի յորդորել զայլս ի նոյն բարեգործութիւնս։

Այս իմաստուն իշխանս՝ իբրեւ եւտես զյարձակումն անորինացն, ամրացոյց զբնակիչս իւրոյ աշխարհին ի բերդն, որ կոչի Խոխանաբերդ՝ ըստ բարբառոյն պարսից։ Եւ իբրեւ եկին պաշարել զնա, տեսին, զի ոչ էր հնար առնուլ զամուրսն, կոչեն զնա սիրով խաղաղութեան առ իրեանս։ Եւ նա իմաստաբար հաճեաց զմիտս նոցա։ Յետոյ չոգաւ եւ ինքն առ նոսա բազում ընծայիւք։ Եւ մեծարանս արարեալ նմա, տան զաշխարհն իւր ի ձեռս նորա՝ այլ եւս յաւելուածով, եւ հրամայեն նմա ամի ամի երթալ զկնի նոցա ի գործ պատերազմի եւ միամտութեամբ կալ ի հնազանդութեան նոցա։ Իսկ նա խոհեմաբար կարգաւորեաց զաշխարհ իւր, որ ինչ մարթ էր առնուլ ի պէտս երթեւեկացն, որ զային առ նոսա, թէ կերակուր եւ թէ այլ ինչ, ինքն առնոյր եւ պահէր եւ յիրմէն յաւելուածով տայր նոցա, յորժամ զային առ նա, եւ ոչ նեղէին զաշխարհն, բայց թէ առ նա զային։ Իսկ յայլ աշխարհիս զայս ոչ առնէին, այլ ուր եւ հասանէին, ամենայն ուրէք նեղէին զնոսա։

He also had a pious mother who, after the death of her husband Vaxt'ank (called Tankik), provided for her three sons Jalal, Zak'are and Iwane, and then went to the holy city of Jerusalem remaining there for many years practicing great asceticism. She astonished all who saw or heard about her. For she had spent all her possessions for the poor and needy (like Abgar's wife, Heghine) and she fed herself by her own embroidery work. She died there, and since God glorifies those who glorify Him, an arc-shaped light appeared over her grave to encourage others to do similar benevolent deeds.

This wise prince [Hasan Jalal], as soon as he saw the attack of the infidels, secured the inhabitants of his land in the fortress which is called Xoxanaberd in Persian. When [the Mongols] arrived to besiege the fortress, they saw that it was not possible to take it. So they called him to them amicably; and he wisely satisfied them. Later he himself went to them with many gifts. [The Mongols] honored him and gave him back his land and other lands besides and ordered him to come to them each year for military service, and to serve them loyally. Now he prudently arranged his land. Whatever it was possible for him to take for the needs of the [Mongol] travelers who came to him he took, whether food or something else. He kept this himself, accumulated it and gave it to them when they came to him. [The Mongols] did not harry the land [by demanding provisions]; instead, they came to him. But in other lands, [the Mongols] did not do this; rather, wherever they went they harassed the inhabitants.

ԼԱ

Վասն եկեղեցւոյն զոր շինեաց:

Շինեաց եկեղեցի մի գեղեցկազարդ յօրինուածով գմբեթարդ երկնաննման տաճար փառացն Աստուծոյ, ուր հանապազ պատարագի զառն Աստուծոյ, որ բառնայ զմեղս աշխարհի, ի վանքն, որ կոչի Գանձասար, հանդեպ Խոխանաբերդոյ, ի տեղի շիրմի իւրեանց. եւ յոյով ամս աշխատ եղեն ի նմա:

Եւ իբրեւ առ զաւարտումն, արար նաւակատիս մեծահանդէս առ ի յօրինել զեկեղեցին: Անդ էր եւ կաթողիկոսն Աղուանից տէր Ներսէս բազում եպիսկոպոսօք, այլ եւ մեծ վարդապետն Վանական յոյով ռաբունիք: Անդ էին եւ սուրբ վարդապետքն Խաչենոյ Գրիգորիս եւ տէր Եղիայ՝ հարագատք միմեանց, զոր զարդարեալ էր Աստուած երկու մարդով. եւ փոխեցան յաստեացս առ Քրիստոս եւ կան ի պահեստի յաստուածափառ տանն Խաղայի. առաջնոյն ի թուիս ՈՁԷ եւ Եղիայի ՈՂԸ. եւ օրհնեցին զեկեղեցին բազում քահանայիք, որ աւելին զթիւ երիցանցն եօթն հարիւր:

Եւ իբրեւ կնքեցաւ օծմամբ, ճաշ մեծ յօրինեալ. ինքնին իսկ ձեռօք իւրովք պաշտէր զբազմեալսն եւ տուրս տրուեալ ըստ իւրաքանչիւր պատուոյ առատութեամբ՝ արձակէր զամբոխն: Եւ եղեւ այս ի ՈՁԹ թուին հայոց, յաւուր մեծի տօնի Վարդավառին:

Շինեաց եւ կին նորա Մամքան զգաւիթն հրաշալի ի դուռն եկեղեցւոյն, եւ ինքն զանձն ամենայն առաքինութեան տուեալ՝ ճգնէր հանապազ պահօք եւ աղօթիւք եւ ընթերցասիրութեամբ, եւ կայր ի պատուիրանս տեառն ի տուէ եւ ի գիշերի ըստ գրեցելումն:

XXXI

CONCERNING THE CHURCH [HASAN JALAL] BUILT.

To the glory of God, Jalal constructed a beautifully adorned church with a heavenly dome where services were constantly being offered by this lamb of God, so that the sins of the land be removed. The church was built in the monastery called Gandzasar, opposite Xoxanaberd, in the place of their cemetery. Many years of work went into its building,

Once it was completed a solemn preliminary ceremony was held to [begin to] consecrate it. Present were the Catholicos of Aghuania, lord Nerses with many bishops, the great *vardapet* Vanakan with many teachers, the holy *vardapet*s of Xach'en, Grigoris and lord Eghia, relatives, both glorifiers of God (they passed to Christ and are buried in the cemetery of the glorious church at Xada. Grigoris died in 687 A.E. [1238] and Eghia in 698 A.E. [1249]). They blessed the church with many priests and it is said that the number of priests present reached seven hundred.

When the church was anointed, a great dinner was prepared and [Jalal] himself served the multitude with his own hands. He gave abundant gifts to each according to his rank and sent the crowd on its way. This occurred in 689 A.E. [1240] on the day of the great Feast of the Transfiguration.

[Jalal's] wife Mamk'an built a marvelous portico in front of the church. She herself was given over to a life of virtue; she practiced asceticism, fasting and praying and reading with enthusiasm, adhering to the precepts of the Lord day and night, according to Scripture.

117

Վասն ցուցման կերպարանաց Թաթարին բացայայտութիւն սակաւուք:

Վասն զի յօժարեցաք մեք յիշատակ թողուլ յազգս՝ որ զա֊
լոց են, քանզի ակն ունիմք մեք յուսով փրկութեան ի նե֊
ղութենէ աստի, որ պաշարեալս է զմեզ, սակաւիկ մի ցուց֊
ցուք քննասիրաց զկերպարանս եւ զխոսս նոցա:

Էին տեսլեամբ կերպարանաց դժոխատես եւ ահագ֊
նալուր՝ մօրուս ոչ ունելով, բայց ոմանց սակաւ թուով
մազս ունելով ի շուրթն կամ ի կլափն. ակն նեղ եւ արա֊
գատես, ձայնն նուրբ եւ սուր, բազմակեացք եւ տեւողք:

Յորժամ անկանէր, յաճախ ուտէին եւ ըմպէին անյագ,
եւ յորժամ ոչ անկանէր, ժուժկալք էին: Ուտէին զամենայն
կենդանիս՝ զունրբս եւ զանսունրբս, եւ զմիս ձիոյ առաւել
մեծարէին, անդամ անդամ յօշեալ եւ եփեալ, կամ խորով֊
եալ առանց աղի, եւ ապա մանր կոտորեալ եւ թացեալ
յաղաջուր, այնպէս ուտէին. ոմանք ի գուձ՝ ըստ նմանու֊
թեան ողոտոց եւ կեսք նստելով ուտէին, եւ յուտելն հասա֊
րակ բաշխէին տէրանց եւ ծառայից, եւ յրմպելն զդմուզ
կամ զգինի, առեալ մի ոմն մեծ ամանով ի ձեռս իւր եւ փո֊
քր բաժակով առեալ ի նմանէ՝ ցանէր ընդ երկինս, եւ ապա
յարեւելս, յարեւմուտս, ի հիւսիս եւ ի հարաւ, եւ ապա իւր
իսկ ցրուողին զայն սակաւ մի ըմպեալ ի նմանէ՝ մատու֊
ցանէր ալագագունին: Եւ թէ ոք բերէր նոցա կերակուրս
կամ ըմպելիս, նախ՝ բերողին տային ուտել եւ ըմպել, եւ
ապա՝ ինքեանք ուտէին եւ ըմպէին, զի մի ի մահացու դե֊
ղոց ինչ դժրիցին:

Որչափի եւ կամէին՝ կանայս առնէին, բայց զպոռնիկս
ամենեւին ոչ ապրեցուցանէին ընդ կանայս իւրեանց. բայց
ինքեանք՝ ուր եւ հանդիպէին այլազգեաց, անխտիր խառնա֊
կէին: Եւ գողութեան ատելիք էին, մինչ զի չարաչար մահ֊
ուամբ սպանանէին:

XXXII

A BRIEF DESCRIPTION OF THE T'AT'ARS' APPEARANCE.[15]

We gladly leave a testament for the generations to come for we have hope of salvation from the difficulties of this world, which surround us. Therefore, we shall briefly set forth for the inquisitive [an account of] what [the Mongols] looked like, and what their language was like.

They had a hellish and frightening appearance. They had no beards, although some of them had a few hairs above their lips or on their chins. They had narrow and quick-seeing eyes, high, shrill voices; they were hardy and long-lived.

Whenever possible they ate and drank insatiably, but when it was not possible, they were temperate. They ate all sorts of animals both clean and unclean, and especially cherished horsemeat. This they would cut into pieces and cook or else roast it without salt; then they would cut it up into small pieces and sop it in salt water and eat it that way. Some eat on their knees, like camels, and some eat sitting. When eating, lords and servants share equally. To drink *kumiss* or wine, one of them first takes a great bowl in his hand and, taking from it with a small cup, sprinkles the liquid to the sky, then to the east, west, north and south. Then the sprinkler himself drinks some of it and offers it to the nobles. If someone brings them food or drink, first they make the bearer eat and drink of it, and then they themselves [will accept it] lest they be betrayed by some poison.

They take as many women as they want but they do not let prostitutes live among their women. However, wherever they chance upon foreign women, they copulate with them indiscriminately. [The Mongols] loathe theft so much that they torture to death anyone caught at it.

---

15 For a scholarly commentary on this chapter, see Boyle, J. A. (1968). Kirakos of Ganjak on the Mongols. *Central Asiatic Journal, 8,* 199-214.

Եւ պաշտօն ինչ որ գոյր առ նոսա, կամ երկրպագու֊
թիւն, բայց ստէպ զանուն Աստուծոյ յիշէին յամենայն իրս.
զայս թէ զէ՞ն Աստուծոյ գոհանային, եւ կամ թէ զա՞յլ ումն
Աստուած կոչէին՝ մեք ոչ գիտեմք, եւ ոչ ինքեանք եւս։ Բայց
սովորաբար զայս ասէին՝ զարքայն իւրեանց ազգակից
Աստուծոյ. զերկինս առեալ Աստուծոյ իւր բաժին եւ զեր֊
կիրս տուեալ խաղանին. զի ասէին զՋանգգ դանն, զհայր
խաղանին, ոչ ծնեալ ի սերմանէ առն, այլ լոյս իմն եկեալ
յաներեւութից, եւ մտեալ ընդ երդ տանն, եւ ասացեալ մօրն,
թէ՝ «Յղասջիր եւ ծնցիս որդի ինքնակալ երկրի»։ Եւ յայն֊
մանէ ասէին ծնեալ զնա։

Զայս պատմեաց մեզ Գրիգոր իշխանն, որդի Մարզ֊
պանին, եղբայր Ասպանբէկին, Սարգսի եւ Ամիրային, յազ֊
գէ Մամիկոնէից, զոր իւր իսկ լուեալ էր ի մեծ առնէ միս֊
քէ ի կարի ալագացն, որում անուն էր Ղութունունին, յա֊
լուր միում յուսուցանել նորա զմանկագոյնսն։ Եւ յորժամ
ոք մեռանէր ի նոցանէ, կամ սպանանէին, է՛ր զոր բազում
աւուր շրջեցուցանէին ընդ իւրեանս, քանզի մտեալ դիւի՝
խօսէր անդուստ բազում բարբաջմունս, եւ է՛ր զոր այ֊
րէին, եւ զկէսն թաղէին յերկրի խոր փոսիւք, եւ ընդ նմին
դնէին զգէնն իւր եւ զհանդերձն, եւ զոսկի եւ զարծաթ, որ
ինչ բաժին իւր էր։ Եւ թէ ի մեծաց ոք լինէր, ի ծառայից
եւ յաղախնեայց եւս դնէին ընդ նմա ի գերեզմանի, զի
սպաս կալցի ասէին նմա. այլ եւ ձի եւս, զի ասէին անդ
պատերազմ սաստիկ լինել։ Եւ զոր յիշատակ կամէին առ֊
նել մեռելոյ, ճեղքէին զփոր ձիոյն եւ քարշէին ընդ այն զա֊
մենայն միսն առանց ոսկեր. եւ ապա զփորոտին եւ զոս֊
կերսն այրէին հրով, եւ կարէին զմորթ ձիոյն, իբրեւ թէ զա֊
մենայն մարմինն ունիցի։ Սրեալ փայտ մի մեծ, հարեալ
ընդ որովայնն եւ հանեալ ընդ բերանն, այնպէս վերացու֊
ցանէին ի ծառ կամ ի բարձրաւանդակ տեղի ինչ։

There is no religion or worship among them, but they frequently call on the name of God in all matters. We do not know (nor do they) if this is to thank the God of Being or some other thing that they call god. However, usually they say that their king is a relative of God. God took heaven as his portion and gave earth to the Khan, for they say that Chingiz-Khan, the father of the [present] Khan was not born from the seed of man but that a light came from the unseen, entered through a skylight in the home, and announced to his mother: "Conceive and you will bear a son who will be ruler of the world." And they say that [Chingiz-Khan] was born from that.

This was related to us by prince Grigor, son of Marzpan, brother of Aslanbek, Sargis and Amira of the Mamikonean family. [Grigor] himself heard it from one of their great nobles named Ghut'un-noyin one day while he was instructing small children. When one of them dies or they kill him, they do as follows: some they take around with them for many days since [they believe that] a devil entered the body and would say frivolous things; and there were those that they burned. Others they buried in the ground in deep ditches, placing with the deceased his weapons and clothing, gold and silver, whatever was his share. And if the deceased was one of the great ones, they place some of his servants and maids in the grave with him so that, they say, they will serve him. They also put the horse in since, they say, warfare there is fierce. If they want to remember the dead [with a memorial], they cut open the belly of a horse and pull out all the flesh without the bones. Then they burn the intestines and bones and sew up the skin of the horse as though its body were whole. Sharpening a great piece of wood, they pierce the horse's abdomen and draw it out of the mouth, and so erect it on a tree or in some elevated spot.

Այլ եւ կանայք նոցա կախարդք էին եւ զամենայն ինչ
հմայէին. եւ առանց հրամանի կախարդացն եւ դիւթիցն ոչ
երթային ի ճանապարհ ուրեք, բայց թէ նոքա հրամայէին:
Այլ եւ խոսք նոցա խժական եւ անձանօթք ի մէնջ. քան-
զի կոչէին զանուն Աստուծոյ՝ թանգրի, եւ զմարդ էրէ, հա-
րան, եւ զկին՝ էմէ, ափջի, եւ զանուն հոր՝ էչկա՛, եւ զմայր՝
աբա, եւ զեղբար՝ աղա եւ զքոյր՝ աքաճի, եւ զգլուխ՝ թի-
րոն, եւ զաչս՝ նիտուն, եւ զականջս՝ չիքին, եւ զմօրուս՝ սա-
խալ, եւ զերես՝ յիւզ, նիուր, եւ զբերան՝ աման, եւ զատամն՝
սխուր, սիդուն, եւ զճաց՝ օթմակ եւ զեզն՝ օքար, եւ զկով՝
ունէն, եւ զոչխար՝ դոյնա, եւ զգառն՝ դուրդան եւ զայծ՝ ի-
ման, եւ զձի՝ մորի, եւ զջորի՝ լուսա, եւ զուղտ՝ թաման, եւ
զշուն՝ նոխայ, եւ զգայլ՝ չինա, եւ զարջ՝ այտքու, եւ զաղ-
ուէս՝ հօնքան, եւ զնապաստակ՝ թաբլղայ, թուլայ եւ զճաւ՝
թախեա, եւ զաղանի՝ քօքուչին, եւ զարծուի՝ բուրքուիդուշ,
եւ զջուր՝ ուսուն, եւ զգինի՝ տարասուն, եւ զծով՝ նաուր-
տանզրզ, եւ զզետ՝ մորան-ուլանսու, եւ զթուր՝ իօլտու եւ
զաղեղ՝ նրմու, եւ զնետ՝ սրմու, եւ զթագաւոր՝ մելիք, եւ
զպատրոն՝ նուին, եւ զմեծ պատրոն՝ եքա նուին եւ զերկիր՝
էլ, իրկան, եւ զերկինք՝ զոքայ, եւ զարեգակն՝ նարան, եւ
զլուսին՝ սարա, եւ զաստեղս՝ սարդա, հուտուտ, եւ զլոյս՝
օտուր, եւ զգիշեր՝ սոյնի, եւ զգրագիր՝ բիթիքչի, եւ զատա-
նայ՝ բառաճուր, էլէպ եւ զայլ այսպիսի խժական անուանս,
զոր ի բազում աճաց մեզ անձանօթ, իսկ այժմ ակամայ
ծանուցեալ: Եւ գլխաւորք երեւելիք, որք յառաջադէմք էին,
այսոքիկ են. առաջին մեծ, որ գլուխ եւ հրամանատուն էր
ամենայն գորուն, Չարմադուն-նուինն, այր իրաւարար եւ
դատաւոր. եւ որք աթոռակիցք էին նորա՝ Իսրար-նուինն,
Ղութուն-նուինն, Տութուն-նուինն եւ Չաղատային, որ գորա-
վարն էր գորուն, զոր սպանին մուլհեդքն: Եւ այլ բազում
գլխաւորք էին եւ անթիւ գորք:

Their women are witches and divine everything. Without a command from the witches and sorcerers, they go on no journey; only if [the sorcerers] permit it. [The Mongolian] language is barbarous and [was] unknown to us. They call God *t'angri*; man, *ere, haran*; woman, *eme, ap'ji*; father, *ech'ka*; mother, *ak'a*; brother, *agha*; sister, *ak'achi*; head, *t'iron*; eyes, *nitun*; ears, *ch'ik'in*; beard, *saxal*; face, *yiwz, niur*; mouth, *aman*; tooth, *sxur, sidun*; bread, *ot'mak*; ox, *ok'ar*; cow, *unen*; sheep, *ghoyna*; lamb, *ghurghan*; goat, *iman*; horse, *mori*; donkey, *losa*; camel, *t'aman*; dog, *noxay*; wolf, *ch'ina*; bear, *aytk'u*; fox, *honk'an*; rabbit, *t'ablghay, t'ulay*; chicken, *t'axea*; dove, *k'ok'uch'in*; eagle, *burk'ui-ghush*; water, *usun*; wine, *tarasun*; sea, *naur-tangez*; river, *moran-ulansu*; sword, *ioltu*; bow, *nemu*; arrow, *semu*; king, *melik'*; patron, *nuin*;[16] great patron, *ek'a nuin*; earth, *el, irkan*; sky, *gogay*; sun, *naran*; moon, *sara*; stars, *sargha, hutut*; light, *otur*; night, *soyni*; secretary *bit'ik'ch'i*; satan, *barhahur, elep,* and so on with similar barbarous names which were unfamiliar to us for many years, but now, unwillingly, are known to us. The venerable, foremost leaders [of the Mongols] are as follows: first, there is the great head and commander of all the forces, Chormaghun-*noyin*, a judicious and just man. His colleagues are Israr-*noyin*, Ghut'un-*noyin*, Tut'un-*noyin*, and Chaghatai who was a general of the army killed by the Mulhedk'.[17] They had many other leaders and countless troops.

---

16 *Nuin*: noyin.
17 *Mulhedk'*: Assassins.

ԼԳ

Վասն Ռաբանին Աստուոյ:

Նախախնամողն Աստուած, որ զամենեցուն կեալն կամի, նա մարդասիրութեամբ իւրով երեւեցոյց այր մի ի մէջ նոցա՝ երկիւղած եւ աստուածապաշտ, ասրի ազգաւ, որ հայր անուանեալ էր արքային նոցա, զոր խաղանն կոչէին, անուն նորա Սիմէոն, զոր Ռաբան-աթա կոչէին. ռաբանն ասորերէն՝ վարդապետ եւ աթայն թաթարերէն՝ հայր: Սա իբրեւ լուաւ զանխնայ կոտորումն քրիստոնէից՝ որ ի զօրաց թաթարին, մատուցեալ առ խաղանն՝ խնդրեաց ի նմանէ թուղթ առ զօրսն իւր, զի մի այնպէս առ հասարակ կոտորեսցեն զանմեղ մարդիկ, որք ոչ պատերազմին ընդ նոսա, այլ թողուլ զնոսա, զի ծառայեսցեն նմա: Իսկ նա զանյն ինքն առաքեաց մեծ եւ երեւելի շքով՝ գրեալ հրովարտակ առ զօրագլուխսն իւր, զի ամենեքեան անսայցեն հրամանի նորա:

Եւ նա եկեալ, բազում ինչ նպաստ եղեւ քրիստոնէից՝ թափելով ի մահուանէ եւ ի գերութենէ: Շինեաց եւ եկեղեցիս ի քաղաքս տաճկաց, ուր ոչ իշխէին անուանել զՔրիստոս, ե՛ւ առաւել ի Թաւրէժ եւ ի Նախճաւան քաղաքի, ուր առաւել թշնամիք էին քրիստոնէից, զի ոչ իշխէին յայտնի երեւիլ կամ շրջել քրիստոնեայք, թո՛ղ թէ եկեղեցի կամ խաչ կանգնել:

Իսկ նորա կանգնեալ խաչ եւ եկեղեցի, եւ ժամահար հնչեցուցանել ի տուէ եւ ի գիշերի, եւ յայտնապէս տանել զմեռեալս ի թաղումն խաչիւք վառելովք եւ աւետարանաւ եւ պաշտամամբ. որպէս օրէն է քրիստոնէից. եւ զրնդղիմացեալսն մահու վախճանէր: Եւ ոչ ոք իշխէր հակառակ կալ հրամանի նորա, այլ եւ ամենայն զօրք թաթարին պատուէին զնա որպէս զարքայն իւրեանց, եւ առանց նորա ոչինչ խորհէին կամ առնէին:

XXXIII

CONCERNING RHABAN OF SYRIA.

Providential God Who wills life to all (through His love for mankind) made manifest among them [the Mongols], a pious, God-loving man of Syrian nationality named Simeon or Rhaban-*at'a*. He was known as the father of the Khan, since in Syriac *rhaban* means *vardapet,*[18] while in T'at'ar [Mongolian], *at'a* means father. As soon as he heard about the merciless killing of Christians occasioned by the T'at'ar troops, he approached the Khan and beseeched him for a letter to give to his troops, commanding them not to kill innocent men the way they were doing—men who had not warred against them—but instead to let them alone so that they might serve the king. With great pomp, the king sent Rhaban himself to his commanders with a written order that all obey his command.

When Rhaban arrived, many things became propitious for the Christians, and the killings and captivity ceased. Likewise he built churches in Tach'ik cities, where previously no one dared utter the name of Christ—even in Tabriz and Naxchawan which were yet more inimical to the Christians, so much so that Christians did not dare appear or walk about openly, to say nothing of constructing a church or erecting a cross.

Yet [Rhaban] erected cross and church, and the sounding-board was heard day and night. Christians openly took their dead for burial with hooded crosses, Gospels and worship, as is the Christian custom, while those opposing them were put to death. No one dared come out against [Rhaban's] order. On the contrary the T'at'ar army revered him like their king and without him they neither planned nor did anything.

18 *i.e.,* doctor of the church.

Եւ մարդիկ նորա վաճառականք, որք ունէին գտամդա նորա, այսինքն՝ գնշան եւ զգիր, համարձակութեամբ շրջէին ընդ ամենայն աշխարհս, եւ ոչ ոք իշխէր մերձենալ առ այնոսիկ, որք ասէին զանուն Ռաբանին: Այլ եւ ամենայն գօրագլուխք թաթարին ընծայ մատուցանէին նմա յաւարէ իրեանց:

Եւ ինքն էր այր պարկեշտ վարուց, նոյնպէս ի կերակուրս եւ յըմպելիս, յաւուրն միանգամ ճաշակէր ընդ երեկս սակաւ ինչ կերակուր: Այսպէս այգ արար Աստուած ժողովրդեան իւրում ի նդղեհութեան անդ ի ձեռն առնս այսորիկ: Եւ զբազումս մկրտեաց նա ի թաթարէ անտի, եւ ամենայն ոք վասն սքանչելի վարուց նորա եւ մեծաշուք պատուոյն զարհուրէր եւ դողայր ի նմանէ:

Եւ յորժամ եղեւ այս գծագրութիւնն, որ յայսմ վայրի, ի ՈՂ թուականի հայոց, ի թագաւորութեանն Հայոց, որ ի կողմանս Կիլիկեցւոց, Հեթմոյ բարեպաշտի, եւ ի զօրավարութեանն եղբօր իւրոյ Սմբատայ բաշի, եւ իշխանաց իշխանի Կոստանդնի հօր նորա, եւ ի կաթողիկոսութեանն սուրբ աթոռոյն Գրիգորի՝ Կոստանդեայ ծերունլոյ եւ առաքինլոյ, որ նստէր ի Կլայն Հռոմայական, եւ յարքեպիսկոպոսութեան տեառն Բարսղի, եղբօր թագաւորին Հեթմոյ, զոր պահէին փոխանորդ սուրբ աթոռոյն կաթողիկոսութեան, եւ յԱղուանից կաթողիկոսութեան տեառն Ներսէսի հեզոյ եւ մարդասիրի, որ յայս աւուրս նստէր ի վանքն, որ կոչի Խամշի, ի գաւառն Միափորի, եւ յարքեպիսկոպոսութեան եղբօր որդւոյ նորա Յովհաննիսի՝ նոր ձեռնադրեցելոյ, եւ ի բռնակալութեան հանուրցս թաթարին, եւ ի ժամանակի կենաց մերոց ամս քառասուն պակաս կամ աւելի:

His merchants, [people] who had his *tamgha*, that is to say his insignia and letter, boldly circulated throughout the lands and no one dared approach those [merchants] who mentioned Rhaban's name. Instead all the T'at'ar commanders gave him gifts from their booty.

[Rhaban] was a man of pious conduct, also modest in eating and drinking. Once a day, during the evening, he ate a small amount of food. Thus God visited His people in exile with the care of this kind of man. He baptized many of the T'at'ars; and on account of his marvelous behavior and great honor, everyone was terrified by him.

The events described happened here [in Greater Armenia] in 690 A.E. [1241]. At the same time, the kingdom of the Armenians in Cilicia was under the rule of pious King Het'um. This was during the generalship of his brother, the brave Smbat; during the reign of his father Kostandin as prince of princes; in the Catholicosate of the old and virtuous Kostandin, occupant of the throne of Saint Gregory in Hrhomkla; in the pontificate as archbishop of lord Barsegh, brother of King Het'um, whom they held as substitute on the holy throne of the Catholicosate; in the Catholicosate of the Aghuans of the meek and humanitarian lord Nerses, who at this time resided in the monastery called Xamshi in the Miap'or district; in the pontificate as archbishop of his brother's son who had been ordained recently; during the tyranny of the T'at'ars over everyone; and when I was forty years old, more or less.

Վասն աւերման Թէոդուպօլեայ:

Արդ ի սկսանել ՈՂԱ թուականին հայոց, զայր հասանէր հրովարտակ ի խաղանէն առ զօրս եւ զօրագլուխս, որ յարեւելս, զօրավար եւ առաջնորդ կացուցանել փոխանակ Չարմաղունին, որ համբացեալ էր, զումն մի ի զօրացն՝ Բաչու-դուրջի անուն. նմա անկեալ վիճակն առաջնորդութեան, քանզի հմայիք վարէին:

Արդ իբրեւ առ նա զիշխանութիւնն, իսկոյն զօր զումարեաց յամենայն ազգաց, որ ընդ ձեռամբ նորա, եւ զ-նաց յաշխարհն Հայոց, որ ընդ իշխանութեամբ սուլտանին հնողմոց: Եւ հասեալ ի Կարին զաւառ՝ պաշարեաց զԹէոդուպօլիս, որ այժմ կոչի Կարնոյ քաղաք, եւ նստեալ շուրջ զնովաւ՝ առաքեաց առ նոսա դեսպանս զալ նոցա ի հնազանդութիւն: Եւ նոքա ոչ կամեցան զալ, այլ անարգանօք դարձուցին զպատգամաւորսն, եւ ինքեանք ելեալ ի պարիսպն՝ նախատէին զնոսա:

Իսկ նոքա իբրեւ տեսին, եթէ ոչ ողջունեցին զխաղաղութիւն, յամենայն կողմանց բաժանեալ զպարիսպ քաղաքին զլխատորացն, զի փլուցեն առ հասարակ: Եւ նոցա փոյթ յանձին կալեալ՝ կանգնեցին փիլիկունանս բազումս եւ կործանեցին զպարիսպն եւ մտեալ ի ներ-քս՝ սրոյ ճարակ զամենեսեան տուեալ անողորմաբար. եւ յափշտակեալ զինչսն եւ զատացուածսն՝ հրով այրեցին զքաղաքն: Եւ զի յոյժ բազմամբոխ էր քաղաքն ի ժամանակին յայնմիկ՝ լցեալ քիստոնէիւք եւ տաճկօք, այլ եւ ամենայն զաւառն անդր հաւաքեալ էր:

XXXIV

THE DESTRUCTION OF T'EODUPOLIS.

Now at the beginning of 691 A.E. [1242/43], an edict arrived from the Khan to his soldiers and commander in the East ordering them to set up as a replacement for Chormaghun (who had gone deaf) a certain commander Baiju to whom the leadership had fallen by lot, since they do everything by means of sorcery.

As soon as [Baiju] assumed authority, he immediately mustered troops from all the peoples under his domination and went to [that part of] the land of the Armenians which was under the domination of the sultan of Rum. Having reached the Karin district he besieged T'eodupolis which is now called Karin city, and settled in around it. He sent ambassadors to the inhabitants, telling them to come out in obedience. But [the residents] did not want to [surrender] and instead sent the emissaries back with insults. Then they got up onto their walls and further insulted [the Mongols].

As soon as [the Mongols] saw that the people did not welcome peace, the chiefs divided the city wall on all sides in order to demolish it. Working swiftly, they erected many catapults, destroyed the wall, entered the city, and mercilessly put everyone to the sword. They ravished goods and property and set the city on fire. At that time the city was very densely populated, being filled not only with Christians and Tachiks, but everyone from the entire district had assembled there.

Անթիւ գոյին անդ կտակարանք աստուածային գրոց՝ մեծամեծաց եւ փոքունց. զայն առեալ այլազգեացն՝ ծախխին քրիստոնէիցն, որ ի զօրուն էին, զյաճախագինն ընդ դոյզն զնոց: Եւ նոցա խնդութեամբ առեալ, սիրտին յիւրաքանչիւր զաւառ, բաշխելով յեկեղեցիս եւ ի վանորայս: Այլ եւ ի գերելոց անտի զբազումս զնեցին՝ զարս եւ զկանայս եւ զմանկտի. զեպիսկոպոսս եւ զբահանայս եւ զսարկաւագունս՝ որքան ճնար էր, զնեցին իշխանքն քրիստոնէայք Աւագն եւ Շահնշահն, եւ Աղբուղայն, որդին Վահրամայ, եւ Գրիգոր Խաչենեցի՝ Դոփին որդի, որ էր այր երկիւղած, ի տեառնէ եւ զօրք նոցին, որոց վարձահատոյց Քրիստոս եղիցի. եւ զամենեսեան ազատ արձակեցին, թողլով ի կամս անձանց՝ ուր եւ կայցեն:

Եւ ո՛չ միայն թէ զքաղաքն Կարնոյ աւերեցին, այլ եւ զբազում զաւառս յիշխանութենէ սուլտանին հոռոմոց: Եւ սուլտանն ոչինչ կարաց օգնել, քանզի դողեալ թաքուցեալ էր յերկիւղէ նոցա. այլ եւ վախճանեալ եւս աստին զնա: Իսկ զօրն թաթար, իբրեւ գործեաց նա զայս իր, դարձաւ բազում աւարաւ եւ խնդութեամբ յաշխարհն Աղուանից, ի կայս ճմերոցի իւրոյ, յարգաւանդ եւ ի բերրի դաշտն, որ կոչի Մուղան, եւ անդ ճմերեաց:

In the city were countless holy Gospels [belonging to] the high and lowly. The foreigners took the expensive ones and sold them cheaply to the Christians in their army. [The Christian soldiers] happily took them and distributed them throughout their own districts, dividing them up among the churches and monasteries. May Christ reward the Christian princes Awag, Shahnshah, Aghbugha (Vahram's son), and Grigor Xach'enets'i (Dop'i's son) who was a pious man. For these princes and their troops bought out of captivity as many men, women, children, bishops, priests and deacons as was possible. Freeing all of them, they were allowed to go wherever they chose.

[The Mongols] not only destroyed the city of Karin, but many other districts under the domination of the sultan of Rum. Yet the sultan was unable to do anything since, trembling with fear of them, he had hidden himself; some even said that he had died. Now once the T'at'ar army had done this deed, in glee and with much booty, it returned to Aghuania, to their wintering place, to that fertile and fruitful plain called Mughan. And they spent the winter there.

ԼԵ

Վասն պատերազմին, որ եղեւ ընդ սուլտանն եւ ընդ Թաթարն:

Մինչդեռ զետեղեալ յապահովս նստեալ կայր զօրն թաթար ընդ դաշտս ամենայն Հայոց եւ Աղուանից, զայր դեսպանս ի Ղիաթադին սուլտանէն՝ խրոխտ եւ սպառնական բանիւք որպէս սովորութիւն է տաճկաց, եթէ՝ «Այսպէս համարեցայք դուք աւերմամբ քաղաքի միոյ, եթէ յաղթեցաք նմա եւ զօրութեան նորա. քաղաքք իմ անթիւք են ի բազմութենէ, եւ զօրաց իմոց չիք համար: Արդ կա՛ց մնա՛ դու, ուր ես, եւ ես ինքնին եկեալ՝ տեսից զձեզ մարտիւք պատերազմաց»: Եւ այլ բազում բանիւք, որ նման է սոցին, մեծամեծս փքայր: Եւ զայս եւս ասէր պատգամաւորն, եթէ՝ «Հանդերձեալ է սուլտանն զձմեռն, որ զալոց է զկնի ամարանս, ի դաշտի աստ Մուղան ձմերել կանամբք եւ զօրօք»:

Իսկ նոցա լուեալ՝ ոչ ինչ ընբոստացան, կամ խրոխտս ինչ խօսեցան ընդդէմ նոցա, այլ միայն զայս պատասխանի ետ զլխաւորն նոցա Բաչու-նուինն, եթէ «Մեծամեծս բարբառեցայք, սակայն ում Աստուած տացէ, նորա լիցի յաղթութիւն»:

XXXV

CONCERNING THE WAR WHICH TOOK PLACE BETWEEN THE SULTAN AND THE T'AT'ARS.

While the T'at'ar army was securely settled throughout all the plains of Armenia and Aghuania, ambassadors arrived from the sultan [of Rum], Ghiyath al-Din[19] bearing boastful and threatening words, as is the Tachik custom: "You consider that by destroying one city you have conquered me and my power. Well, my cities are without limit and my troops are innumerable. So stay where you are and I shall come to battle against you." Greatly puffed up, [the ambassadors] said many similar things, including [the information that] "Next winter the sultan shall come to the Mughan plain with his women and soldiers to winter here."

When [the Mongols] heard this, in no way did they become aroused or boast [to the ambassadors]. Baiju-*noyin*, their head, merely replied: "You speak grandly; however, the victory will go to whomever God grants it."

______

19 Kai Khusrau II, 1236-45.

Եւ այսպէս մի զմիոյ կնի զային դեսպանքն փութացուցանել զնոսա ի մարտ։ Իսկ նոցա ոչինչ շտապեալ, այլ մեղմով գումարեալ զգօրս իրեանց եւ որք ընդ ձեռամբ նոցա, եկեալ յաշխարհս Հայոց, ի խուտաւէտ վայրս ամենայն աղխիւ, գիրացուցեալ զերիվարս եւ ապա մեղմով մօտ հասեալ, ուր էր բանակ սուլտանին։ Քանզի եւ նա ի վեր էր եկեալ ի տեղւոջէ իւմէ յաշխարհն Հայոց, որ ընդ իւրով իշխանութեամբ, հուպ ի քաղաքագիւղ մի, զոր Զման-կատուկն անուանեն, անթիւ բազմութեամբ, կանամբք եւ հարճիւք, ոսկւով եւ արծաթով, եւ որ ինչ սպասք էին նորա մեծութեանն, զամենեսեան ընդ իւր բարձեալ՝ բերեալ էր. այլ եւ զքսութնաց աղագաւ՝ սանուցեալ երեսու վայրի եւ յայլոց սողանց բազումս, մինչեւ ի մկունս եւ ի կատուս, զի այնպէս աներկիւղ կամէր զինքն ցուցանել զորացն։

Իսկ զօրավարն Բաչու՝ ըստ խորագէտ իմաստութեանն իրեանց, բաժանեալ զգօրս իւր ի բազում առաջս ի ձեռն գլխաւորացն քաջաց եւ զեկամուտ գօրսն, որ յազգաց ազգաց ի նոսա եկեալսն՝ գրուեալ, զի մի՛ նեւ ինչ գործեսցեն, եւ ընտրեալ յամենեցունց զարիսն եւ զքաջս, յառաջապահս կարգեալ ինքեանց, որք երթեալբ հանդիպեցան զօրաց սուլտանին եւ մարտուցեալբ՝ ի փախուստ դարձուցին զնոսա։ Փախեաւ եւ սուլտանն մազապուր՝ թողեալ զկահ եւ զկարասի անդէն ի տեղւոջն։ Եւ սոցա զհետ մտեալ՝ կոտորեցին անխնայ զգօրսն, սրոյ ճարակ տուեալ, եւ ապա դարձան ի կապուտ անկելոցն։

Իբրեւ եկն բուն բանակն, տեսին զի փախուցեալ էր սուլտանն, եւ հարեալ զօրք նորա։ Ապա սկսան ասպատակ սփռել ընդ կողմանս կողմանս յաւարի առնուլ, եւ քանդել զբազում զաւառս, եւ ժողովել ոսկի եւ արծաթ, եւ հանդերձս մեծագինս, եւ ուղտս, եւ ձիս, եւ ջորիս, եւ անթիւ անասունս։

Thus, one after another ambassador arrived to make [the Mongols] hasten to war, though they did not hurry in any way; rather, they peacefully gathered their troops and those under their domination, and came to a lush place in the land of Armenia with all their bags and baggage in order to fatten their horses. Then they tranquilly approached the camp of the sultan. The latter had left his accustomed place and had come to that part of Armenia which was under his domination, [to an area near Erzinjan], close to a village named Ch'man-katuk.[20] He came with a countless multitude, with women and concubines, gold and silver and all the valuable possessions he had. For diversion, he also brought along wild animals and many other creeping things, even mice and cats, for he wanted to show himself as fearless to the troops.

General Baiju, consistent with his deep [military] knowledge, divided his soldiers into many groups, putting them under the foremost brave commanders, while the foreign troops, comprising various nationalities, were divided up among [the loyal troops] so that they not work any treachery. Then selecting the valiant and brave from all of them, he made a vanguard which went and battled with the sultan's troops and put them to flight. The sultan himself fled, escaping by a hairsbreadth and leaving his throne and belongings there. [The Mongols] pursued the fugitive troops and mercilessly cut them down, putting them to the sword; then they turned to loot the fallen.

As soon as the main body of the army arrived and saw that the sultan had fled and his army was beaten, they spread throughout the area raiding and looting. They pulled apart many districts and gathered gold and silver and expensive garments, as well as camels, horses, donkeys and countless animals.

---

20 Ch'man-katuk: Kose Dagh.

Եկին պատեցին զքաղաքն Կեսարիա Կապադովկաց-
ւոց, եւ պատեալ պաշարեցին զնա, եւ զի ոչ եղեն ձեռն-
տու բնակիչքն՝ առեալ բռնութեամբ, ի սուր սուսերի մա-
շեցին զբնակիչսն, եւ յափշտակեալ որ ինչ ի նմա, եւ թող-
եալ ամայի զքաղաքն՝ եկին ի Սեբաստիա. եւ զի յառաջա-
գոյն ձեռնտու էին լեալ բնակիչք քաղաքին առ նոսա եւ
ընդ առաջ երթեալ ընծայիւք եւ պատարագօք, մարդոյ ոչ
մեղան, այլ յափշտակեալ յաւարէ քաղաքին մասն ինչ, յիւր-
եանց անուն գրաւեալ զքաղաքն, վերակացու կացուցեալ՝
դարձան:

Եւ եկին պաշարեցին զԵզնկային եւ բազում մարտիւք
մարտեան ընդ նմա. եւ բնակիչք քաղաքին բազում հար-
ուածս հասուցեալ ի վերայ զօրացն թաթարին: Ապա
սկսան խաբէութեամբ արտաքս կոչել՝ սիրոյ աղագաւ, եւ
նոցա հաւանեալ եկին, քանզի ոչ ունէին ուստեք օգնա-
կան: Որոց սուր ի վերայ եղեալ, կոտորեցին առ հասա-
րակ զարս եւ զկանայս, եւ սակաւ մանկունս եւ աղջկունս
ապրեցուցեալ՝ վարեցին ի գերութիւն եւ ի ստրկութիւն:

Եւ այսպէս բազում զաւառս եւ աշխարհս աւերեալ
եւ գերեալ, եկին ի քաղաքն, որ կոչի Տիւրիկէ: Իբրեւ զի-
տացին բնակիչքն, եթէ անհնար է զդեմ ունել նոցա պա-
տերազմաւ, կամաւ ձեռնտու եղեն նոցա. յորոց առեալ
ինչս բազումս, թողին զքաղաքն առանց վնասու եւ դար-
ձան բազում աւարաւ եւ մեծաւ խնդութեամբ ի կայս ձմե-
րոց իւրեանց, որ ի Հայս եւ որ յԱղուանս, ողջանդամ եւ
առանց վնասու, զի ի տեառնէ էր խորտակումն ամենայն
ազգաց եւ կործանումն նոցա:

They came and besieged the city of Caesarea in Cappadocia. Because the inhabitants did not surrender, they took it forcibly and put the population to the sword, ravishing whatever was in the city and leaving it deserted. Then they came to Sebastia, and since the inhabitants of the city had surrendered in advance (coming out to them with gifts and presents) the people were not punished, although part of the city was looted. Conquering the city in their own name, they set up overseers and left.

They came and besieged Eznka and fought numerous battles for it. The inhabitants of the city dealt many blows to the T'at'ar army. Then [the Mongols] started to treacherously call the people out of the city on the pretext of frienship; and since the inhabitants had no aid from any quarter, they agreed to come. [The Mongols] fell upon them and cut them down, man and woman, sparing only a few lads and girls whom they took into captivity and slavery.

Thus after destroying and enslaving many districts and lands, they came to the city called Divrigi. Once the inhabitants knew that it was impossible to resist them militarily they wished to surrender. [The Mongols] took many goods from them, but left the city unharmed, while they themselves returned with much booty and in high spirits to their winter camps in Armenia and Aghuania, since the wrecking and destruction of all peoples had come from the Lord.

Բայց քրիստոնեայքն, որք էին ընդ նոսա զինուորեալք, զքագումս ազատեցին ի գերելոցն, ո՛ր յայտնի եւ ո՛ր ի ծածուկ, զքահանայս եւ զկրօնաւորս. մանաւանդ մեծամեծ իշխանքն՝ Աւագն եւ Շահնշահն, Վահրամ եւ որդի իւր Աղբուղայն, եւ խաչենեցիքն՝ Ջալալն Հասան, եւ զորք իւր, եւ ազգականքն, եւ Գրիգոր, Դոփին, որդի, մօրաքուեր որդի Ջալալին, եւ այլ իշխանքն եւ զորք նոցին ըստ կարի իւրեանց: Եւ այս եղեւ ի ՈՂԲ թուականիս հայոց:

The Christians among their troops freed many people from captivity, both openly and in secret, priests and clerics. This was especially true of the grandee princes Awag, Shahnshah, Vahram and his son Aghbugha, the Xach'ents'is Hasan Jalal and his forces and relatives Grigor, Jalal's mother's sister's son, Dop'i, and other princes and their troops [who freed as many] as they were able. This occurred in 692 A.E. [1243].

ԼԶ

Վասն թագաւորին Հայոց Հեթմոյ եւ զոր ինչ գործեցաւ։

Իբրեւ այս գործեցաւ, Հեթում արքայ, որ աշխարհին Կիլիկեցւոց եւ այնցիկ նահանգաց իշխէր, յորժամ եւտես, եթէ պարտեցաւ սուլտանն առաջի նոցա, առաքեաց առ նոսա դեսպանս եւ պատարագս արժանաւորս՝ դնել նոցա ընդ նմա ուխտ խաղաղութեան, եւ նմա կալ նոցա ի հր֊նազանդութեան։ Որք եկեալ ի մեծ դուռն, յանդիման եղեն Բաչու-նուինին եւ Ելթինայ խաթունին, կնոջ Չարմաղունին եւ այլ մեծամեծ ալագանոյն՝միջնորդութեամբ իշխանին Ջալալին։ Եւ իբրեւ լուան զպատգամս արքային, տեսին եւ զրնծայսն, խնդրեցին ի նմանէ տալ ի ձեռս նոցա զմայր սուլտանին, զկին եւ զդուստր, որք զաղթականութեան աղագաւ անդ փախուցեալ էին։

Եւ իբրեւ լուաւ արքայ Հեթում, յոյժ տրտմեցաւ եւ ասէ. «Լա՛ւ էր ինձ, եթէ զորդի իմ՝ զԼեւոն, խնդրեալ էին յինէն, քան թէ զնոսա»։ Այլ քանզի երկնչէր ի նոցանէ, զի մի՛ մեծ չարեաց պատճառ լիցի այն, յակամայ կամաց ետ ի ձեռս նոցա, այլ եւ ընծայս բազումս այնցիկ, որ եկեալ էին տանել զնոսա, որք բերեալ ցուցին Բաչուին եւ այլոց գլխաւորացն։ Որք իբրեւ տեսին՝ ուրախ եղեն եւ մեծարանօք յարգեցին զդեսպանսն արքայի, եւ կարգեցին նոցա ռոճիկս եւ երիվարաց նոցա՝ զժամանակս ձմերանն, զի ի լինել գարնանոյն ընդ նոսին երթիցեն յաշխարհն իւրեանց։ Հաստատեցին եւ սէր ընդ արքայի, ետուն եւ գիր ըստ դենին իւրեանց, զոր էլ-տամղայն կոչին։

Եւ այսպէս սպասէին՝ մնալով եղանակին գարնան, յորում միւսանգամ երթիցեն ի վերայ սուլտանին եւ աշխարհի նորա։

XXXVI

CONCERNING THE ARMENIAN KING HET'UM AND WHAT HE DID.

Once this [battle] had occurred, when Het'um (king of Cilicia and other states) saw that the sultan had been defeated by [the Mongols] he sent ambassadors and valuable gifts to them to make peace and to place himself in submission. Through the intercession of prince Jalal, those who came to the great court were presented to Baiju-noyin, to Elt'ina khatun (Chormaghun's wife) and to the other grandee nobles. When [the Mongols] heard the king's message and saw the gifts they asked him to hand over to them the mother, wife and daughter of the sultan, who had fled to him for refuge.

When King Het'um heard this, he was deeply saddened and said: "It would have been better for me had they asked for my own son Lewon than for those others." However, since he was afraid [of the Mongols] and so that a refusal would not occasion any great harm, he reluctantly handed them over with many presents besides to those who had come to take them. [The sultan's relatives] were taken and exhibited to Baiju and to the other chiefs. As soon as [the Mongols] saw them, they were happy and greatly honored the ambassadors of the king, establishing stipends and horses for them during the winter, so that when spring came, they could return to their own land. Thus, friendship was established with the king. They gave him a written ordinance according to their religion which they call *el-tamgha*.

And so [the Mongols] waited until springtime when, once more, they went against the sultan and his land.

Վասն Կոստանդեայ իշխանին Լամբրոնի, եւ զոր ինչ գործեաց նա ընդ աշխարհն Կիլիկեցւոց:

Արքայն Լեւոն մինչ կենդանի էր, էր բերդ մի ի նորա աշխարհին յոյժ անառիկ, որում անուն էր Լամբրոն: Եւ իշխանն, որ տիրէր բերդին, ապստամբեաց ի նմանէ, որում անուն էր Հեթում: Եւ նա բազում անգամ ջանացեալ ոչ կարէր նուաճել զապստամբն: Ապա յետոյ խորամանկութեամբ խաբեալ զնա խնամութեան աղագաւ, որպէս թէ տացէ զդուստր եզբօր իւրոյ՝ որդւոյ նորա Օշնի ի կնութիւն, ընբռնեալ զնա եւ զորդիս նորա չարչարեալ, եւ տուն ի նա զամբրոցն: Եւ նորա առեալ՝ եղ ի նմա զմայր իւր զտիկնաց տիկինն եւ գրեաց նզովս՝ «Ո՛չ եւս տալ զնա այլ ումեք իշխանին, բայց միայն արքունի լիցի, զի հանապազ, ասէ, տեարքն նորա ապստամբ են լեալ վասն ամրութեանն»: Իբրեւ վախճանեցաւ Լեւոնն, եւ թագաւորութեան նորա իշխէր դուստրն Զապէլ, Կոստանդին իշխանաց իշխանն ընդ իւր միաբանեալ զկաթողիկոսն Յովհաննէս եւ զայլ իշխանսն՝ թագաւորեցուց զորդին իւր. զՀեթում, մանուկ տիոք, աձեալ զնա այր դստերն Լեւոնի փոխանակ որդւոյ բռնծին, զոր ընբռնեալ եղին ի բանտի: Կամեցաւ թիկունս օժանկանութեան իւր առնել զորդին Հեթմոյ՝ զԿոստանդին համանուն իւր, զորդին Հեթմոյ, զաներն իւր. եւ տայ ի նազԼամբրոնն՝ զսեփականն իւրեանց, եւ եղ զնա թագադիր որդւոյ իւրոյ: Իսկ նա յետ աւուրց ինչ՝ ըստ հայրենի սովորութեանն իւրեանց՝ ապստամբեաց ի քւերորդւոյ իւրոյ՝ յարքայէն Հեթմոյ: Եւ թէպէտ շատ ջանաց Կոստանդին, հայրն արքայի, եւ ինքն իսկ արքայ, ոչ կարաց աձել զնա ի հաւանութիւն հնազանդութեան, զի ձեռն ետ նա ի սուլտանն հոռոմոց եւ այսպէս կայր ապստամբ:

XXXVII

CONCERNING THE PRINCE OF LAMBRON, KOSTAND, AND WHAT HE DID IN THE LAND OF CILICIA.

During King Lewon's lifetime there was an extremely impregnable fortress in his land, called Lambron. The prince who ruled that fortress, named Het'um, rebelled against [the king]. Although [Lewon] tried many times to subdue the rebel he could not. So, after some treachery he tricked [Het'um] into a marriage alliance whereby [Lewon] gave his brother's daughter in marriage to [Het'um's] son Oshin. [Lewon] seized him and his sons and tortured them until they gave the fortress to him. Having taken [Lambron] he established his mother the queen of queens there and wrote edicts saying: "Hereafter this fortress shall not be given to any prince, but shall remain royal property, since its lords have always been rebellious because of its fastness." When Lewon died and his daughter Zapel was ruling, the prince of princes Kostandin, having united with Catholicos Yovhannes and other princes, enthroned his own son Het'um, a youth, and sent him as a husband to Zapel in place of the son of the prince who had been seized and put in jail. [Kostandin] likewise wished to have as an ally his father-in-law Het'um's son (named Kostandin like himself). He gave him Lambron as private property and made him his son's coronant. But after a while this man rebelled against his sister's son, King Het'um, as was their ancestral custom. Although Kostandin, the king's father, as well as the king himself greatly strove to bring the rebel to accept submission he would not, for he had received help from the sultan of Rum, and so remained in rebellion.

Իբրեւ փախեաւ սուլտանն հոռոմոց ի թաթարէն, արքայն գամենայն զիւրս եւ զանդաստանս Լամբրօնին առար ի ներքոյ հրամանաց իւրոց, եւ միայն մնաց նմա բերդն, որ ապստամբեալ էր։ Ապա յղեաց Կոստանդին դեսպանս առ արքայն՝ խնդրել զհաշտութիւն եւ տալ գորդիս իւր արքայի ի ծառայութիւն, եւ ինքն մնալ ի բերդին։ Եւ արքայ ոչ կամեցաւ։ Երկիցս եւ երիցս յղեաց, եւ արքայ, եւ հայր իւր նոյնպէս ոչ կամեցան։

Ապա գնացեալ Կոստանդնի ի Կօնն, առեալ զորս սուլտանին հոռոմոց, որք յայնժամ թշնամիք էին արքայի, զի ետ զմայր սուլտանին հոռոմոց ի թաթարն, զայ յեղակարծ ժամու, մինչդեռ գրուեալ էին զօրքն արքունի յիւրաքանչիւր տեղիս, եւ մտեալ յաշխարհն՝ աւերեաց զբազում աւանս եւ զագարակս այրմամբ եւ սպանմամբ եւ գերութեամբ, զբազում քրիստոնեայս կոտորեալ եւ կողոպտեալ եւ այսպէս բազում չարիս անցուցեալ ընդ աշխարհն քինահանութեամբ։

Իսկ արքայ՝ իբրեւ ետես զայն չարիս, ժողովեալ զգօրս իւր, արիութեամբ հասեալ ի վերայ բազմութեանն՝ սրոյ ճարակ ետ զամենեսին։ Եւ փախեաւ միայն ապստամբ իշխանն եւ սակաւք ընդ նմա։ Այսպէս եօթն անգամ հարաւ ի նմանէ, ապա եմուտ յամրոց իւր եւ ոչ իշխէր համարձակիլ յաչ կամ յահեակ։

As soon as the sultan of Rum had fled the T'at'ars, the king took all the villages and fields of Lambron under his control with the exception of the rebel fortress. Then Kostandin sent ambassadors to the king to request reconciliation and to place his sons in the king's service while he himself stayed in the fortress. But the king did not agree to this. [Kostandin] sent envoys two or three times but neither the king nor his father would consent.

So Kostandin went to Konya to the sultan of Rum who was then an enemy of the Cilician king since the latter had given the sultan's mother to the T'at'ars. He took the sultan's troops and came to Cilicia unexpectedly while the king's soldiers were dispersed to their own dwellings. He entered the land, destroyed many *awans*[21] and fields by fire, murder, and enslavement. He killed and plundered many Christians, occasioning such evil in the land because of a grudge.

Now when the king saw these evils, he assembled his soldiers and valiantly came against the enemy multitude, putting all of them to the sword. Only the rebel prince and a few men with him were able to flee. In this way Kostandin was beaten by the king seven times, after which he entered his fortress and did not dare emerge.

---

21 *awan:* village or town.

ԼԲ

Վասն թագաւորութեանն Դաւթի։

Բազմահնար եւ խորամանկ ազգն նետողաց յոլով անգամ յղեցին առ թագուհին վրաց Ռուզուդան զալ առ ինքեանս, կամ տալ զորդի իւր զԴաւիթ մանուկ զօրօք առ նոսա։ Իսկ նա զայս ոչ արարեալ՝ տայ սական զօրս. եւ ի ձեռն Աւագին, որդւոյն Իւանէի, որ էր ընդ թաթար զօրուն, յղէ առ նոսա ասելով. «Մինչ չեւ է եկեալ դեսպանն իմ, զոր յղեցի առ խաղանն, արքային ձեր, ոչ կարեմ զալ առ ձեզ»։

Իսկ նոքա իբրեւ հարին զսուլտանն հոռոմոց՝ զփեսայ նորին, եւ առին զյոլովս ի քաղաքաց նորա, առաքեցին առ նա պատգամաւորս՝ զիշխանն Վահրամ, զալ նոցա ի հնազանդութիւն։ Եւ նա ի զալն եբեր ընդ իւր զորդի Գիորգեայ Լաշային՝ թագաւորին վրաց, զեղբօր Ռուզուդանայ թագուհւոյ, զոր յղեալ էր զհետ դատերն իւրոյ առ սուլտանն հոռոմոց դաւով, զի կորուսցէ զնա, զի մի նենգ ինչ գործեսցէ թագաւորութեանն. եւ էր առ սուլտանին յարգելս։

Եւ բերեալ Վահրամայ, ծանոյց թաթար զօրուն, թէ՝ «Որդի արքայի մերոյ է եւ տարապարտ գրկեալ է ի տերութենէ իւրմէ»։ Իսկ նոքա հակառակ հօրաքեռ իւրոյ թագաւորեցուցեալ զնա՝ հրամայեցին ըստ օրինի քրիստոնէից՝ օծանել զնա, եւ կալ ամենայն իշխանաց հօր նորա նմա ի հնազանդութեան, եւ նստել ի Տփխիս քաղաքի։ Եւ առեալ զնա մեծամեծ իշխանացն, որք էին հնազանդ թաթարին, Աւագին, որ զօրավարն էր, եւ Շահնշահի՝ որդւոյ Զաքարիայի, եւ Վահրամայ եւ որդւոյ իւրոյ Աղբուղային, տարեալ ի Մծխիթայ, կոչեցին եւ զկաթողիկոսն վրաց եւ օծին զնա թագաւոր։ Եւ էր անուն նորա Դաւիթ։

146

XXXVIII

THE REIGN OF DAWIT'.

The resourceful and wily Nation of Archers had sent to Rusudan, queen of the Georgians, many times telling her to come to them or to give her young son, Dawit', to them with troops. But she did not do so, and instead sent a few soldiers to them with Iwane's son, Awag, who was in the T'at'ar army, saying: "Until the ambassador whom I sent to the Khan your king returns, I cannot come to you."

When [the Mongols] had defeated [Rusudan's] son-in-law the sultan of Rum, and had taken many of his cities, they sent prince Vahram as an envoy to him, bidding him to submit. When he came, he brought with him [Dawit'], the son of [the former] king of the Georgians, Giorgi Lasha (Rusudan's brother), whom she had treacherously sent to the sultan of Rum with her daughter to destroy him so that he would not bring harm to her realm. He had been imprisoned by the sultan.

Vahram brought [Dawit'] and made the situation known to the T'at'ar forces, saying: "the son of our king was exiled and deprived of his kingdom." So [the Mongols] enthroned him in opposition to his aunt and ordered him anointed according to Christian custom. They ordered all of his father's princes to obey him and [ordered] him to reside in the city of Tiflis. Then the grandee princes who were obedient to the T'at'ars, namely Awag who was a general, Shahnshah, son of Zak'aria, Vahram and his son Aghbugha, took him to Mtsxit'a, summoned the Catholicos of the Georgians, and anointed him king. His name was Dawit'.

Իսկ հօրաքոյր նորա Ռուզուդան՝ իբրեւ լուաւ զայն, փախեաւ յԱփխազէթ եւ ի Սուանէթ որդւովն իւրով միւս Դաւթալ, եւ յղեաց դեսպանս առ միւս զօրագլուխս թաթարին, որում անունն էր Բաթու, ազգական դանին, որ իշխէր ի վերայ այնց զօրաց, որք էին ի Ռուզք, եւ յՕսէթք, եւ ի Դարբանդ, քանզի նա էր յետ դանին, կալ նմա հնազանդ։ Եւ նա հրամայեաց նմա նստել ի Տփխիս, եւ սոքա ոչ ընդ-դիմացան, քանզի ընդ աւուրս ընդ այս մեռեալ էր դանն։

Now when [Dawit's] aunt Rusudan heard about this she fled to Abkhazia and Suanet' with her son (the other Dawit') and sent ambassadors to the other T'at'ar commander Bat'u [of the Golden Horde], a relative of the Khan, who controlled the troops in Russia, Ossetia, and Darband, since he stood after the Khan. She offered him her submission. [Bat'u] ordered her to reside in Tiflis, and the others did not oppose this since the [Great] Khan had died meanwhile.

ԼԹ

Վասն կոչելոյն ի մեծ դուռն զկաթողիկոսն Աղուանից զտէր Ներսէս:

Մինչդեռ զետեղեալ նստեալ կայր զօրն թաթար ի ձմերոցս ի դաշտս Հայոց եւ Աղուանից, Ռաբանն Ասորի, զոր վերագոյն յիշեցաք, լուաւ վասն կաթողիկոսին Աղուանից եւ ծանոյց Էլթինայ խաթունին՝ կնոջ Չար-մաղունին, որ վարդէր զիշխանութիւնն նորա յետ համրանալոյն, եթէ՝ «Գլ-խաւորն քրիստոնէից կողմանցս այսցիկ զաղտութեամբ նստեալ կայ եւ ոչ տեսանէ զմեզ»: Յղեցին առ նա, եթէ՝ «Ընդէ՞ր դու միայն ոչ տեսանես զմեզ. ե՛կ վաղվաղակի առ մեզ. եւ թէ կամաւ զայդ ոչ առնես, յակամայ ածցուք զքեզ նախատանօք»:

Իսկ նա, քանզի նստէր ի զաւառն Միափորոյ, ի վանքն, որ կոչի Խամշի, եւ էր ընդ իշխանութեամբ Աւագին, առանց զնա հարցանելոյ ոչ իշխեաց երթալ, զի մի՛ ծանր թուեսցի երթն նորա: Թաքեաւ ի նոցանէ եւ ասաց պաշտօնէիցն պատճառել, թէ ոչ է ի տան, այլ երթեալ է առ Աւագն: Եւ նորա երկիցս եւ երիցս յղեցին սպառնալեօք զալ առ նոսա:

Ապա հրամամն առեալ յԱւագէն, չոզաւ առ նոսա ի դաշտն Մուղան ընծայիւք ըստ կարին, բայց ոչ հանդիպեցաւ անդ Ռաբանն, զի զնացեալ էր նա ի Թաւրէժ. այլ զրնացեալ ի մեծ դուռն, յանդիման լինի Էլթինայ խաթունին: Եւ նորա սիրով ընկալեալ զնա, մեծաւ մեծարանօք պատ-ուեաց՝ ի վերոյ նստուցեալ ամենայն մեծամեծացն, որք հա-ւաքեալ էին առ նա յաղագս հարսանեաց որդւոյ նորա Բորա-նուինի. խանզի առեալ էր նորա զդուստր ուրումն մեծի՝ Դութուն-նուին կոչեցելոյ կին որդւոյ իւրոյ. եւ զդուս-տրն իւր տուեալ էր կին միւս ալազագունի՝ Ունուն-նուին կոչեցելոյ: Եւ տօն մեծ էին առ նոսա աւուրքն այնոքիկ ու-րախութեան հարսանեացն: Վասն որոյ ասէ զկաթողիկոսն՝ «Ի շնորհաւոր աւուր եկիր»: Եւ նա իմաստաբար պատաս-խանեաց, թէ՝ «Եւ ես իսկ ընտրեցի զաւուրս զայսոսիկ ու-րախութեան ձեր եւ ապա եկի»:

XXXIX

REGARDING THE SUMMONING OF LORD NERSES, CATHOLICOS OF THE AGHUANS, TO THE GREAT COURT.

While the T'at'ar army was encamped in winter quarters in the plains of Armenia and Aghuania, Rhaban the Syrian, whom we recalled above, heard about the Catholicos of Aghuania and informed Elt'ina *khatun* wife of Chormaghun (who held authority after [Chormaghun's] deafness) that "the head of the Christians in these parts officiates in secret and does not come to see us." They sent to [Nerses] saying: "Why is it that you alone do not come to see us? Come at once, and should you not do so voluntarily, then we shall have you brought before us against your will, disgraced."

Now [Nerses] since he sat in the Miap'or district, in the monastery named Xamshi (which was under the authority of Awag) did not dare to go without asking [Awag], so that his departure not be taken ill. [Nerses] hid from [the Mongols] and told the church officials to explain that he was not at home, but had gone to Awag. And [the Mongols] sent to him two and three times with threats [ordering him] to come to them.

Then [Nerses] received a command from Awag and went to them in the Mughan plain, bearing gifts according to his means. However, he did not encounter Rhaban there, for the latter had gone to Tabriz. Therefore [Nerses] went to the Great Court and stood before Elt'ina khatun. She received him gladly and honored him with great respect, seating him above all the grandees who had assembled by her because of the wedding of her son Bora-noyin. For she had taken the daughter of a certain notable named Ghutun-noyin as a wife for her son; and she had given her own daughter as wife to another noble named Usuf-noyin. Therefore she said to the Catholicos: "You have come on a felicitous day." And [Nerses] wisely responded: "I chose this day of your joy, and then came."

151

Իսկ նա յանձնեաց զնա եւ զպաշտօնեայս իւր յեղբայրս իւր՝ ի Սադեղադայն եւ ի Գորգոգն, որք էին քրիստոնէայք հաւատով, նորոգ եկեալ յաշխարհէն իւրեանց՝ մինչ
ինքն հօզասցէ զհոգս հարսանեացն զաւուրս ուրախութեան: Որք առեալ մեծաւ պատուով պատուէին զնա:

Եւ իբրեւ սակաւ մի պարապեցաւ ի հոգոցն, եստուն նմա
պարգեւս եւ էլտամդայս, զի մի՛ ոք նեղեսցէ զնա, եստուն
նմա մողալ թաթար առաջնորդ, որ տարեալ շրշեցոյց զնա
յաշխարհն Աղուանից ի վիճակ իւր, զի յոլով ժամանակբ
էին, որ ո՛չ նա եւ ո՛չ որք յառաջ քան զնա, ո՛չ իշխէին շրշիլ
ընդ վիճակեալս իւրեանց յաղագս արիւնարբու եւ զազանաբարոյ ազգին տաճկաց: Իսկ նորա շրշեալ ընդ վիճակեալսն՝ դարձաւ անդրէն խաղաղութեամբ ի տեղի իւր, ի
վանսն Խամշի:

Now [Elt'ina khatun] entrusted him and his officials to her brothers Sadeghagha and Gorgogh, who were Christians, newly-arrived from their land, while she might concern herself with the marriage that joyous day. [The brothers] took [Nerses] and greatly honored him.

When they were somewhat lightened of [other] concerns, they gave [Nerses] gifts and an *eltamgha* so that no one would harass him, and they gave him a Moghal T'at'ar guide who took him throughout his dioceses in the land of the Aghuans. Because, for a long while neither [Nerses] nor his predecessors had dared to circulate through their dioceses due to the blood-thirsty and bestial nation of Tachiks. Now [Nerses] passed throughout his diocese returning peacefully to his residence in Xamshi monastery.

Խ

Վասն ասպատակելոյ նոցա ընդ կողմանս
Վասպուրականի ի վերայ բազում գաւառաց:

Դարձեալ ի մտանել ամին երկրորդի փախուցանելոյ զԴիաթադին սուլտանն, խաղացին զնացին ընդ կողմանս
Բզնունեաց, ի քաղաքն Խլաթ, եւ առեալ զնա՝ տան ի ձեռս
Թամթայ՝ քուեր Աւագին, որ էր յառաջ տէր լեալ քաղաքին, մինչ կին էր նա Աշրափ Մելիքին, եւ գերեցաւ ի խորազմեցի սուլտանէն Ջալալադնէն. եւ ի նոցունց դարձեալ
առաւ գերի եւ առաքեցաւ առ դանն, եւ եկաց անդ գլյոլով
ամս:

Եւ իբրեւ առաքեաց թագուհին վրաց Ռուզուդան գիշխանն Համադոլայ դեսպան առ դանն, եւ ի դարձին իւրում
Համադոլայն խնդրեաց ի դանէն զԹամթի եւ եթեր ընդ իւր
հրովարտակօք ի դանէն. զի՝ զոր ինչ լեալ իցէ նորա, մինչ
կին էր Մելիք Աշրափին, տայցեն ի նա:

Եւ նոքա արարեալ զհրամանս արքային իւրեանց.
տան ի ձեռս նորա զԽլաթ եւ զզաւառսն՝ որ շուրջ զնովաւ,
եւ ինքեանք ասպատակ սփռեալ ընդ կողմանս կողմանս
ի Միջագետս Ասորւոց, յԱմիթ եւ յՈւռհայ եւ ի Մծբին եւ ի
Շամբին երկիրն, եւ յայլ բազում գաւառս, դարձան ունայն.
զի թէպէտ ոչ ոք եւ ընդդէմ նոցա պատերազմաւ, սակայն
վասն տոթոյն ամարայնոյ բազումք ի նոցանէ խորշակահար լեալ, մեռան՝ մարդ եւ երիվար:

Եւ եկեալ ի տեղի իջաւանի իւրեանց, դաղարեցին գաւուրս ձմերայնոյն: Եւ տան հրամա վասն շինութեան քաղաքին Կարնոյ՝ Թէոդուպօլեայ: Եւ ժողովեցան գրուեալքն
եւ ոռեալքն եւ զերծեալքն ի զերութենէ. կոչեցին եւ զեպիսկոպոս քաղաքին՝ զտէր Սարգիս, զոր եթեր իշխանն Շահնշափ՝ որդին Ջաքարէի, եւ չոգաւ: Եւ սկսան վերստին շինել
զաւերեալ եւ զկործանեալ քաղաքն:

XL

CONCERNING THEIR RAIDING IN THE VASPURAKAN AREA AND IN MANY OTHER DISTRICTS.

At the beginning of the second year after the flight of Sultan Ghiyath al-Din, they went through the Bznunik' area to the city of Xlat'. They took it and gave it to T'amt'a (Awag's sister) who previously was ruler of the city, when she was married to Ashrap' Melik'. She subsequently had been captured by the Khwarzamian sultan Jalal al-Din, then captured again by [the Mongols] and sent to the Khan, where she stayed for many years.

Rusudan, queen of the Georgians, sent prince Hamadola as an envoy to the Khan, and when he [was about to] return Hamadola requested T'amt'a from the Khan. He brought her with him with orders from the Khan that whatever had been hers while wife of Melik'Ashrap' be given back to her.

They obeyed the commands of their king and gave to her Xlat' and the districts surrounding it. They themselves spread out raiding the areas of Syrian Mesopotamia, Amida, Edessa, Nisibis and the Shambi country and many districts besides in vain, for although no one opposed them with warfare, nonetheless, because of the summer heat, many of them were sun-struck. Men and horses died.

They went to their lodging places and passed the winter. And they gave an order concerning the [re]construction of the city of Karin, T'eodupolis. The dispersed and hidden [population] and those who had avoided captivity assembled, and the bishop of the city, lord Sargis, whom Zak'are's son prince Shahnshah brought, [also] went [there]. And they commenced to rebuild the ruined and devastated city.

155

ԽԱ

Վասն կանոնական հրամանաց կաթողիկոսին Հայոց Կոստանդեայ:

Իսկ առաքինի կաթողիկոսն Հայոց Կոստանդին իբրեւ ե֊
տես զաւեր աշխարհիս Հայոց եւ զտառապանսն, զոր կրէ֊
ին ի հարկահանացն եւ ի զօրաց թաթարին, եւ մտախոհ
եղեալ իմացաւ, եթէ մեղքն են այսմ ամենայնի պատճառ,
զի ամենայն մարդ խնամով ի չարիս խոկայր գործել զհա֊
ճոյս կամաց իւրոց: Զի կարգ ամուսնութեան սուրբ օրի֊
նացն բարձաւ, եւ հեթանոսորէն արիւն ընդ արիւն խառ֊
նէին՝ զազգականսն առնելով. եւ զո՛ր կամէին թողուին, եւ
զո՛ր կամէին առնուին. եւ պարկեշտութեան պահոց փոյթ
ինչ ոչ առնէին. ընդ հեթանոսս խառնակէին անխտիր. նաեւ
որ մեծն է քան զամենայն չարիս, զի եպիսկոպոսք արծա֊
թով առնէին ձեռնադրութիւն՝ զպարգեւսն Աստուծոյ ա֊
նարժանից ծախելով. եւ զմանկունսն եւ զոզխսան որ ոչ
մարթէին ուղղակի խօսել առաջի մարդկան. միջնորդ ընդ
Աստուած եւ ընդ մարդիկ կացուցանէին: Եւ անարժան
քահանայք եւ պոռնկեալք, եւ յայտնի բոզս նստուցեալ, առ֊
նէին քահանայագործութիւն եւ այլ բազում չարիս, զոր
գործէին ի մեծամեծաց մինչեւ ցփոքունս, ըստ այսմ, թէ՝
«Քահանայքն եւ ժողովուրդքն ի միասին յիմարեցան, կըշ֊
տամբիչ ոչ ոք»:

Վասն այսր պատճառանաց փութացաւ գրել թուղս
շրջաբերականս եւ կանոնս համաշխարհականս: Առաք֊
եաց ընդ թղթոյն եւ զիմաստուն եւ զհանճարեղ վարդա֊
պետն զՎարդան, որ աղօթականութեան աղագաւ երթեալ
էր յԵրուսաղէմ երկրպագել սուրբ տեղեացն տնօրէնութեան
եւ շրջեալ ընդ սրբոց տեղիս եւ եկեալ յաշխարհն Կիլիկեց֊
ւոց առ քրիստոսապաշտ արքայն Հեթում եւ առ նորին եղ֊
բարս. չոգաւ եւ առ կաթողիկոսն, զոր տեսեալ՝ ուրախա֊
ցաւ յոյժ, եւ առ իր պահեալ յոլով ժամանակս, սիրով կապ֊
եալ ընդ նմա, զի ոչ կամէր երբէք մեկնիլ ի նմանէ:

XLI

CONCERNING THE CANONICAL ORDERS OF THE CATHOLICOS OF THE ARMENIANS, KOSTANDIN.

When Kostandin, the virtuous Catholicos of the Armenians, saw the ruin of Armenia and the sufferings which [the people] were bearing from taxation and from the T'at'ar army, he pondered [the problem] and realized that sin was the cause of it all; for each person carefully meditated on evil [means] of achieving his will. For the order of marriage of the blessed law had ended and, like heathens, blood relations intermarried, and whoever so desired separated [from their spouse], and they took whomever they wanted. Nor was there concern for the propriety of fasts. They mingled with the heathens indiscriminately. Furthermore, what was the greatest wickedness of all, bishops were ordained for [payment of] silver, the gifts of God were sold to the unworthy. Minors and ignorant people, who could not speak coherently in the presence of men, were set up as intercessors between God and man; and unworthy priests (who kept prostitutes and patent whores) sat doing the work of priests. And there were many other evils committed by the great down to the small according to this [quotation], that "Priests and people alike have become crazed and there is no one to reprimand them."

For these reasons, [Catholicos Kostandin] hastened to write encyclical letters and universal canons. He sent with the letter the learned and brilliant vardapet Vardan, who, for reasons of prayer had gone to Jerusalem to worship the sites of the Holy Land. After visiting the holy places, he came to Cilicia to the Christ-crowned King Het'um and his brothers. He went to the Catholicos who rejoiced exceedingly at his sight. The Catholicos kept [Vardan Arewelts'i] with him a long time, binding the latter to himself with affection, for he never wanted him to depart.

Վասն այսր պիտոյիցս արձակեաց զնա եւ յիւրոց սպասաւորացն ընդ նմա, գրեալ յամենայն քաղաքս, եւ յաւանս, եւ ի վանորայս երեւելիս, եւ յիշխանս փառաւորս, զի մի՛ անփոյթ առնիցեն զաահմանացն եղելոց, որ վասն հոգւոց նոցա փրկութեան. եւ զի ծերացեալ էր նա, զվարդապետն փոխանակ իւր ընդունիցէն: Եւ գրեալքն ի նմանէ էին այսոքիկ:

To accomplish his aims [of reform, the Catholicos] sent [Vardan] and his attendants and wrote to all the cities, venerable monasteries and glorious princes [of Greater Armenia] that they not ignore the prescribed rules which were for the salvation of their souls; and that because [the Catholicos] was an old man, they should accept the vardapet in his stead.[22]

---

22   We omit the encyclical, which deals with doctrinal matters, and resume the translation in chapter 43.

ԻԳ

Սահմանք կանոնական տեառն Կոստանդեայ Հայոց կաթողիկոսի:

[...] Եւ եկեալ վարդապետն Վարդան եւ որք ընդ նմա առաքեալքն ի կաթողիկոսէն յԱրեւելս, եւ շրջեալ ընդ գաւառս Հայոց յեպիսկոպոս եւ ի վանորայս եւ յիշխանս, եւ տուեալ ամենեցուն զՀրամանս կանոնականս, եւ պահանջեալ յամենեցունց ձեռագիր հաւանութեան սահմանին եդելոյ: Եւ զի ամենայն ոք խոտորեալ էր ի ճշմարտութենէն՝ ընբռնեալք ապստիւ ազատութեան եւ արձախսիրութեան, ձանր թուեցաւ հրամանն, բայց սակայն ոչ իշխեցին արհամարհել, այլ ի վերին երեսս մեծարեցին եւ ետուն ձեռագիր երդմամբ եւ նզովիք առնել զՀրամանն՝ եպիսկոպոսն Կարնոյ քաղաքի Սարգիս, եւ եպիսկոպոսն Անւոյ միւս Սարգիս, եւ եպիսկոպոսն Կարուց Յակոբ, եւ եպիսկոպոսքն Բջնոյ՝ Վանականն եւ Գրիգոր, եւ եպիսկոպոսն Անբերդոյ Մկրտիչն, եւ եպիսկոպոսն Հաղբատայ Համազասպ, եւ այլ եպիսկոպոսքն, որ ի կողմանս կողմանս, եւ զլխաւոր վանորայքն՝ Սանահինն, եւ Գետիկ, եւ Հաղարծինն, եւ Կեչառուս, եւ Հաւուց թառ, եւ Այրի վանք, եւ Յովհաննու վանք եւ Սաղմոսայ վանք եւ Հոռոմոսի վանք, եւ որ շուրջ զնոքօք: Նա եւ կաթողիկոսն Աղուանից տէր Ներսէս, եւ եպիսկոպոսն Յովհաննէս, զոր Տուեցին կոչէին, եւ մեծ ռոչակաւոր վարդապետն Վանական, եւ իշխանաց իշխանն Աւագն, եւ այլ իշխանքն:

Եւ առեալ զայս զիր հաւանութեան իմաստունյ վարդապետին Վարդանայ, առաքէ առ կաթողիկոսն Կոստանդին ի Կլայն Հռոմայական, եւ ինքն եկեալ ի ձորն Կայանոյ ի միայնարանն իւր, զոր սուրբ Անդրէն կոչէին, հանդէպ անառիկ բերդին Կայանոյ, եւ անդ դադարեալ յուսուցանել զբազումս, որք աշակերտէին նմա վարդապետական բանին:

XLIII

CANONS OF KOSTANDIN, CATHOLICOS OF THE ARMENIANS.

[...] Vardan vardapet and those sent by the Catholicos with him came to the East and circulated through the districts of Armenia giving the canonical orders to all the bishops, monks and princes, and they demanded of all written approval of the prescribed rules. Because everyone had strayed from the Truth and was possessed by the disease of greed and the love of silver, the order seemed hard. However, no one dared to scorn it. On the outside they honored it and gave a written document with oaths and anathemas to accept the order. [Accepting were]: the bishop of the city of Karin, Sargis; the other Sargis, bishop of Ani; the bishop of Kars, Yakob; the bishops of Bjni, Vanakan and Grigor; the bishop of Anberd, Mkrtich'; the bishop of Haghbat, Hamazasp; and other bishops in various regions as well as the principal monasteries: Sanahin and Getik, and Haghartsin, Kech'arhu, Hawuts' T'arh, Ayrivank', Yovhannavank', Saghmosavank', Horhomosi vank' and those around them. Likewise [accepting] were lord Nerses, Catholicos of the Aghbanians, bishop Yovhannes, called Tuets'i, the great and renowned vardapet Vanakan, the prince of princes Awag, and other princes.

The wise vardapet Vardan took this document of approval and sent it to Catholicos Kostandin in Hrhomkla. Then he himself came to his place of solitude in the Kayean valley. This place was named St. Andrew and stood opposite the unassailable fortress of Kayean. He stopped there and instructed many who studied his doctrine.

Եւ ի գալ ամին երկրորդի, յորժամ ՈՂՁ էր թուականս հայոց, առաքինի կաթողիկոսն Կոստանդին առաքէ եկեղեցեացն Արեւելից ընծայս՝ մետաքսատէջս ի կերպասուց պէսպէս գունովս, եւ մեծագին նափորտս ի սպաս պատարագին սրբոյ ի ձեռն Թէոդոսի սպասաւորի իւրոյ, ի պատուաւոր վանորայս, եւ շրջաբերական նամակ շիրմի առաքելոյն Թադէոսի տալ նմա վիճակ գշրջակայ գաւառն եւ գքաղաքն եւ ոսկի յոլով ի շինութիւն գաւթին, գոր շինէր վարդապետն Յովսէփ, յետ աւերածոյն՝ որ ի թուրքաց, եւ ի հինիցն վրաց, քանզի յոլով ժամանակս անբնակ էր ի մարդոյ եւ ամայի:

Եւ Յովսեփիայ երթեալ առ զօրագլուխ մի թաթարին, որում անուն էր Անագուրակ-նուին, որոյ իջաւանքն իւր յաւուրսն ամարայնոյ հուպ էր ի գերեզման սուրբ առաքելոյն Թադէոսի, եւ նորա հրամանաւ սրբեալ զեկեղեցին եւ նաւակատիս կատարեալ՝ շինեաց զվանսն եւ ժողովեաց ի նա կրօնաւորս բազումս:

Եւ այրն թաթար ընդարձակեաց գճանապարհս յամենայն կողմանց՝ աներկիւղ գալ ուխտականացն ընդ մէջ գօրաց նորա, պատուէր հրամանի տուեալ սաստկութեամբ՝ մի զոք զգուել եւ նեղել, որ կամիցին գալ, եւ ինքն սիրով խնամիէր առ նոսա: Եւ բազումք ի նոցունց գային եւ մկրտէին զուստերս եւ զդստերս իւրեանց. եւ բազում այսահարք եւ հիւանդք բժշկէին. եւ փառաւոր լինէր անուն տեառն մերոյ Յիսուսի Քրիստոսի: Այլ եւ ամենայն զօրքն թաթար ոչ էին թշնամի խաչի եւ եկեղեցւոյ, այլ եւ յոյժ պատուէին եւ ընծայս մատուցանէին, քանզի նախանձ հակառակութեան առ նոսա ոչ գտանիւր:

At the coming of the second year, 696 A.E. [1247], the virtuous Catholicos Kostandin sent presents to the churches in the East, by means of his attendant T'eodos. [He sent] silken cloth of variegated colors, expensive cowls for the honored monks for use in the blessed service. [Kostandin also sent] an encyclical so that [the church at] the tomb of the Apostle Thaddeus and the surrounding districts and cities be given to him as a diocese, and [he sent] much gold for the building of a portico which vardapet Yovsep' constructed after the devastation caused by the Turks and the Georgian raids, because for a long time the place was uninhabited and barren.

Yovsep' went to a T'at'ar commander named Anagurak-noyin whose summer quarters were close by the tomb of the blessed Apostle Thaddeus. By [Anagurak-noyin's] command, [Yovsep'] cleaned the church and held the opening ceremony, built a monastery, and assembled many clerics in it.

The T'at'ar man enlarged the roads on all sides [so that] all pilgrims come amongst his troops without fear, He strictly commanded that no one wishing to come be harassed, and he humbled himself to them with love. And many of them came and baptized their sons and daughters, and many who were possessed by devils and were sick became healed, and the name of our Lord Jesus Christ was glorified. Furthermore the entire T'at'ar army was not inimical to the Cross and the Church. Instead, they greatly revered them and offered gifts; there was no hostility among them.

ԽԴ

Վասն հարկահանացն,
որք եկին ի դանէն:

Իբրեւ առ զմեծ թագաւորութիւնն թաթար զօրուն՝ որ յաշխարհն իւրեանց, դանն Գիուգ, իսկոյն առաքեաց արս
հարկապահանջս ի զօրս իւր, որ ի կողմանս կողմանս եւ
յաշխարհիս, զոր հնազանդեցին նոքա, առնուլ տասանորդս
յամենայն ստացուածոց զօրուն, եւ հարկս ի զաւառացն եւ
ի թագաւորութեանցն, որք նուաճեալ էին նոցա՝ ի պարսից,
եւ ի տաճկաց, եւ ի թուրքաց, եւ ի հայոց, եւ ի վրաց, եւ յաղուանից եւ յամենայն ազգացն՝ որ ընդ նոքօք, որոց գլխաւորք էին հարկահանացն արք խիստք եւ յափշտակողք, անուն միոյն Արղուն, որ ամենիցն իշխէր, եւ երկրորդին՝
Բուղա, որ չարագոյն եւս էր քան զայն Բուղային, որ յաւուրս Ջափրի Իսմայելականին էլ ի Հայս եւ աւերեաց բազում աշխարհիս: Նմանապէս եւ այս Բուղա եկեալ ի զօրսն
թաթար, մտանէր ի տունս աւագանւոյն, եւ զոր ինչ ախորժ
թուէր իւր՝ առնոյր անխնայ, եւ ոչ ոք իշխէր ասել ինչ նմա,
զի ժողովեալ էր իւր արս սրիկայս ի պարսից եւ ի տաճկաց, որք անխնայ գործէին զգործ խակութեան եւ թքշնամիք էին առաւել քրիստոնէից:

Վասն որոյ չարացուցին զնա ի վերայ բարեպաշտ իշխանին Հասանայ, զոր Ջալալն ասէին, որ ընբռնեաց զնա
ի մեծ դրանն առաջի ամենայն աւագանւոյն, եւ ընդ բազում պատժօք զնա արկեալ՝ քակեաց զանմարտունչելի
բերդս նորա, զոր Խոյախանայ բերդ կոչէին, ըստ պարսկական բարբառոյն, եւ զԴեղն, եւ զՕիրանաքարն, եւ զայլ
ամրոցս նորուն: Եւ այնպէս յատակեաց զնոսա, մինչեւ
հետք անգամ որ երեւէին, թէ բնաւ շէն լեալ իցէ: Եւ բազում
ոսկի եւ արծաթ առեալ ի նմանէ, հազիւ զերծաւ ի մահուանէ. եւ մեծամեծ աւագանին ոչինչ կարացին օգնել նմա. այսպէս աճ արկ ամենայն տեսողացն:

XLIV

REGARDING THE TAX COLLECTORS WHO CAME FROM THE KHAN.

As soon as Guyuk-Khan[23] took control of the great kingdom of the T'at'ar army in their own land, he forthwith sent out tax collectors to his troops in the various regions and lands which they had subdued, to take one tenth of all the property of the troops as well as taxes from the districts and kingdoms conquered by them: from the Iranians, Tachiks, Turks, Armenians, Georgians, Aghuans and from all peoples under them. The chiefs of the tax collectors were severe and rapacious men. One was named Arghun and was the leader of all the rest, while the other [chief] was Bugha who was yet more wicked than that [other] Bugha who came against Armenia in the days of Jap'r the Ishmaelite and who ruined many lands. Similarly, this [Mongol] Bugha came to the T'at'ar troops, entered the homes of the nobles, and pitilessly took whatever pleased him. Yet no one dared say anything to him, for he had assembled brigands from among the Iranians and Tachiks who mercilessly performed deeds of cruelty and were especially inimical toward the Christians.

Therefore, they provoked him against the pious prince Hasan, called Jalal. [Bugha] seized him in the great court before all the nobles and subjected him to numerous punishments. He demolished [Hasan's] inaccessible fortresses: the one called Xoyaxana in Persian, Ded, Tsiranak'ar and his other fortresses. And they so levelled them that not even a trace appeared that anything had ever been built there. Taking much gold and silver from [Hasan] they barely spared his life. The grandee nobility could do nothing to help him, so terrified were all the spectators.

---

23 *Guyuk-Khan,* 1246-48.

Կամեցաւ եւ գիշխանաց իշխանն Աւագն նոյնպէս ըմբռնել ի տանջանս եւ ի ձաղանս: Եւ ազդեցուցին նմա մեծամեծ աւագանին, թէ՝ «Մի՛ երկնչիր, այլ զամենայն զորս քո ժողովեա եւ այնպէս երթ ի տեսութիւն նմա. եւ թէ դեպ լիցի ըմբռնել զքեզ, կալցիր եւ դու զնա»: Եւ այնպէս արարեալ՝ չոգաւ առ նա բազում զօրօք:

Զոր տեսեալ Բուղայն՝ երկեաւ, եւ ասէ ցնա. «Զի՞նչ է այդ բազմութիւն զօրաց. մի՞թէ ապստամբ իցես ի դանէն եւ եկիր սպանանել զմեզ»: Եւ ասէ ցնա Աւագն. «Եւ դու ընդէ՞ր ժողովեցեր զքազմութիւն առանց չարագործաց պարսից եւ եկիր նենգիւ ըմբռնել զմեզ»: Եւ իբրեւ գիտաց Բուղայն՝ թէ յայտնի է նմա նենգութիւն նորա, խօսեցաւ ընդ նմա ի խաղաղութիւն. բայց հանապազ ի մտի իւրում խորհէր նմա ի չարութիւն՝ գտանել դիպող ժամանակ եւ կատարել զկամս չարութեանն: Եւ մինչդեռ զայսպիսի չարիս խորհէր, ժամանեցին նմա արդար դատաստանն Աստուծոյ, եւ վերս ի փողս նորա յանկարծակի եւ հեղձամղձուկ սատակեցաւ չարն չարեաւ: Եւ այնպէս բարձաւ ամբարիշտն եւ մի՛ տեսցէ զփառս Աստուծոյ:

[Bugha] similarly wanted to seize Awag, the prince of princes and [to subject him] to tortures and flogging. But the grandee nobility notified him [saying]: "Fear not; but assemble all of your forces and go thus to see [Bugha]. Should he try to seize you, then you seize him." Acting on this advice, [Awag] went to him with many soldiers.

When Bugha saw this, he became frightened and said to him: "What is that multitude of soldiers for? Could it be that you are rebelling from the Khan and have come to kill us?" Awag replied: "Why have you assembled a multitude of evil-doing Iranians to come to treacherously seize us?" As soon as Bugha realized that his treachery was manifest [to Awag], he spoke to him of peace, but in his mind, he was ever planning evil against him and awaited an appropriate moment to execute his wicked intention. While [Bugha] thus plotted evil the righteous judgment of God overtook him. Suddenly wounds appeared on his throat and the wicked one suffocated, dying wickedly. This is how the impious man died. And may he not see the glory of God.

Վասն թագաւորացն Վրաց երթալոյ առ դանն:

Թագաւորութիւնն Վրաց յայսմ ժամանակի նուազեալ էր. որ յառաջ քան զսակաւ մի ճոխ էր, եմուտ ընդ լծով ծառայութեան թաթար զօրուն՝ որ յԱրեւելս, որոց գլխաւոր էր Բաչու-նուինն՝ յետ մահու Չարմաղունին:

Եւ էր ի ժամանակիս յայսմիկ թագաւոր վրաց կին մի՝ Ռուզուդան անուն, որ ղօղեալ ամրացաւ յանածիկ վայրս Սուանեթոյ: Եւ զայն առ նա դեսպանք յերկուց կողմանց՝ ի զօրաց թաթարին, ի մեծ զօրավարէն՝ որ ի կողմանս հիւսիսոյ, որում անուն էր Բաթու, մօտաւոր ազգական դանին, որ ամենից իշխէր, այլ եւ դանն առանց նորա հրամանի ոչ նստէր յաթոռն. եւ ի միւս զօրավարէն՝ որ ի կողմանս Հայոց, որ Բաչուն կոչէր, զալ առ նոսա սիրով խաղաղութեամբ եւ իշխել տէրութեան իւրոյ նոցուն հրամանաւ:

Իսկ նա՝ քանզի կին գեղեցիկ էր, ոչ իշխեաց առ մի ոք ի նոցանէ երթալ, զի մի՛ խայտառակեսցի ի նոցունց, այլ զորդի իւր մանուկ տիովք թագաւորեալ, որում անուն էր Դաւիթ, առաքեաց առ Բաթոյն զօրավար:

Իսկ այս գլխաւորքս՝ որ ընդ Բաչու-նուինին էին ի կողմանս Աւետիս, որք ընբռնեալ էին զամենայն աշխարհս Հայոց, եւ Վրաց իշխանութեանն իշխանք առ նոսա կային. իբրեւ տեսին, թէ ոչ եկն առ նոսա թագուհին, այլ զորդին իւր առաքեաց առ Բաթոյն, դժկամակ եղեալ ընդ իրսն, առաքեն առ Դիաթադին սուլտանն հօռոմց եւ բերեն անտի զեղբօրորդին Ռուզուդանայ՝ զորդին Լաշայ Գիորգեայ վրաց թագաւորին, զոր նոյն Ռուզուդան առաքեաց զնետ դատերն իւրոյ, որ էր կին Դիաթադին սուլտանին, եւ նա եղ զնա յարգելս, զի մի՛ դառ լիցի զոքանչին իւրոյ վասն թագաւորութեան:

XLV

REGARDING THE GEORGIAN KINGS' JOURNEY TO THE KHAN.

The kingdom of Georgia, which a short time before had been wealthy, was at this time weakened. It had entered into the yoke of servitude to the T'at'ar army in the East whose leader, after the death of Chormaghun, was Baiju-noyin.

In this period the monarch of the Georgians was a woman named Rusudan who had concealed and fortified herself in the impregnable areas of Suanet'ia. Envoys came to her from the two sides of the T'at'ar military—from the great general [of the Golden Horde] named Bat'u who was in the northern regions, a close relative of the Khan, [a man] who ruled over everyone such that not even the Khan sat on his throne without [Bat'u's] order; and [emissaries] from the other general named Baiju who was in the Armenian areas. [Both emissaries told Rusudan] to come to them in peace and friendship and to rule her lordship by their command.

But since [Rusudan] was a beautiful woman, she did not dare go to either one of them for fear of being violated. Instead, enthroning her little son Dawit', she sent him to general Bat'u.

Now when the chiefs who were with Baiju-noyin in the Eastern regions (who had seized all the lands of the Armenians) and the princes of the Georgian realm with them saw that the queen had not come to them but instead had sent her son to Bat'u, they were displeased. They sent to the sultan of Rum, Ghiyath al-Din, and had brought thence Rusudan's brother's son, son of the [former] king of the Georgians, Lasha Giorg, whom Rusudan [previously] had sent [to Rum] with her daughter, the wife of Sultan Ghiyath al-Din. [Ghiyath al-Din] had placed Rusudan's nephew into confinement, so that there would be no plot against his mother-in-law over the kingdom.

Եւ սոցա աձեալ զնա անդուստ՝ տան զիշխանութիւն հօր նորա ի ձեռս նորա, եւ առաքեն զնա առ արքայն իւրեանց դանն՝ հաստատել զնա յիշխանութեանն: Եւ ինքեանք դեսպանս առաքեն ստիպով մի զմիոյ կնի առ թագուհին Ռուզուդան զայ առ նոսա կամաւ եւ ակամայ: Նոյնպէս եւ Բաթոյն առաքեաց զորդի նորա առ դանն, եւ ինքն կոչէր զՌուզուդան երթալ առ նա:

Եւ նորա եղեալ յերկոցունց կողմանց, իւրովի դեղ մահացու էառ եւ վՃարեցաւ ի կենացս. եւ գրեաց զիր կտակի առ իշխանն Աւագ, եւ յանձնեաց ի նա զորդին իւր, եթէ դարձցի ի դանէն:

Իսկ նոցա երթեալ առ դանն Գիուդ, եւ նա սիրով ընկալաւ զնոսա: Եւ սահմանեաց նոցա ըստ կարգի ունել զթագաւորութիւնն. նախ, որ աւագն էր ի նոցունց՝ Դաւիթ, որդի Լաշային Գիորգեայ. եւ յետ վախՃանի նորա, թէ կենդանի իցէ՝ միւս Դաւիթ, որդին Ռուզուդանայ, նորին հորաքեռորդին: Եւ զգանձս թագաւորութեան յերիս բաժանեալ, զտախտն պատուական եւ զանգին եւ զթագն հրաշալի, զոր ոչ ունէին այլ թագաւորք, զոր, ասեն, Խոսրովու լեալ՝ հօրն Տրդատայ մեծի, հայոց արքայի, եւ անդ մնացեալ զաղտականութեամբ վասն ամրութեան տեղւոյն, եւ ի թագաւորսն վրաց անկեալ եւ մնացեալ մինչեւ ցայսօր. զայս եւ զայլ պատուականս ի զանձուցն առաքել դանին, եւ զայլսն բաժանել ի վերայ ինքեանց: Զոր եկեալ արարին այնպէս՝ միջնորդութեամբ Աւագին, որդւոյն Իւանէի:

Եւ նստէր Դաւիթ որդի Լաշային ի Տփխիս քաղաքի, եւ միւս Դաւիթն՝ ի Սուանէթ:

They retrieved him and gave him his father's realm and sent him to their king, the Khan, to confirm him in his rule. Then they themselves urgently sent envoys one after the other to queen Rusudan [telling her] to come to them willingly or unwillingly. Similarly, Bat'u sent her [other] son to the Khan and himself summoned Rusudan to go to him.

[Rusudan] thus harassed on two sides took poison by her own will and departed this life. She wrote a will addressed to Awag and entrusted to him her son, should he return from the Khan.

And [the two Davids] went to Guyuk-Khan who received them with love. He legislated that they should rule the kingdom by turns—first Dawit' son of Lasha Giorg, the elder of the two; then, following his death, his father's sister's son, the other Dawit', son of Rusudan, should he still be alive. The treasury of the kingdom was divided into three parts. [The Mongols received] the venerable and priceless throne and the marvelous crown (the likes of which no other kings possessed and which, they say, belonged to Xosrov, father of Trdat the Great, king of the Armenians). [This crown] had remained there secretly due to the fortification of the place, had [subsequently] fallen to the kings of the Georgians and remained there until recent times. This [crown] and other valuable goods from the treasury were sent to the Khan, while the remainder was divided between themselves. When [the two] returned [to Georgia] this is what they did, with the mediation of Awag, Iwane's son.

And Dawit', son of Lasha, reigned in the city of Tiflis while the other Dawit' sat in Suanet'ia.

Վասն երթալոյ առ դանն Սմբատայ զօրավարին Հայոց եւ որդւոյ Դիաթադին սուլտանին:

Արքայն հայոց Հեթում, որ ի Կիլիկիա, առաքեաց զեղբայր իւր Սմբատ զօրավարն առ դանն երեւելի պատարագօք: Եւ նորա երթեալ խաղաղութեամբ զերկայնութիւն ճանապարհին, եւ յոյժ մեծարեալ ի նմանէ, դարձաւ երեւելի փառօք եւ հաւատարիմ հրովարտակօք՝ տուեալ նմա զալաս բազումս եւ բերդս յոլովս, զոր յառաջ լեալ էր Լեւոնի արքայի, եւ զկնի մահուանն առ ի նոցունց Ալադին սուլտանն հոռոմց:

Մեռաւ Դիաթադին սուլտանն, եւ մնացին նորա որդիք երկուք մանուկ տիովք: Եւ ընդ հակառակս լեալ նոցա, չոզաւ մինն ի նոցանէ առ դանն, եւ առ ի նմանէ զիշխանութիւն հօր իւրոյ, եւ դարձաւ ընդ Սմբատայ զօրավարին հայոց: Եւ եկին առ Բաչու-նուինն եւ առ այլ աւագանին, եւ նոցա հաստատեալ զհրամանս արքային իւրեանց տան զօրս զկնի նոցա՝ տանել զնոսա յերկիր իշխանութեան իւրեանց:

Եւ իբրեւ հասին ի քաղաքն, որ կոչի Եզնկայ, լուան, եթէ եղբայրն Դիաթադին սուլտանին փեսայացեալ Լեշքարեայ հոռոմց թագաւորին, որ յԵփեսոս, եւ նորին օգնականութեամբն սուլտանացաւ ի Կոնն. եւ եղբայր նորին տղայոյն՝ Ցալայիայ, ի բուն աթոռն, երկեաւ երթալ անդր, այլ անդրէն դաղարեաց յԵզնկային տեսանել, թէ զինչ լինիցի վախճան գործոյն:

Եւ զօրավարն Սմբատ եմուտ յերկիր իւր առ եղբայր իւր արքայ Հեթում:

XLVI

CONCERNING THE JOURNEY TO THE KHAN UNDERTAKEN BY SMBAT, GENERAL OF ARMENIA, AND THE SON OF SULTAN GHIYATH AL-DIN.

Het'um, king of the Armenians, who reigned in Cilicia, sent his brother general Smbat to the Khan with noteworthy gifts. [Smbat] peacefully traversed the length of the journey and was greatly honored by [the Khan]. [Smbat] returned with great glory and faithful written commands giving him numerous districts and many fortresses which previously had belonged to King Lewon but after his death had been taken from them by the Sultan of Rum, 'Ala al-Din.

Sultan Ghiyath al-Din died and left two young sons. Because there was strife between them, one went to the Khan and received from him his father's authority. [This son] returned with Smbat, the general of the Armenians. They came to Baiju-*noyin* and the other nobles who confirmed the order of their king, and provided troops to accompany them to the country of their rule.

As soon as they reached the city called Erznka, they heard that the brother of Sultan Ghiyath al-Din had formed marriage ties with [the family of] Lascaris, emperor of the Byzantines who ruled at Ephesus and, with the latter's aid, had become sultan in Konya. Meanwhile his own young brother sat on the traditional throne in Alaya. Therefore, he feared to go there. Instead, he halted at Erznka to see what would happen.

And general Smbat entered his country [and went] to his brother, King Het'um.

ԻԷ

Վասն կոտորածին, զոր արար զօրն Թաթար
յաշխարհին Վրաց:

Մինչդեռ սակաւ մի կազդուրեալ էր երկիրս ի հինից եւ
յասպատակէ բորբոքեալ աշխարհակուլ հրոյս, եւ մար-
դիկ ի սոսա ապաստանեալ էին առաւել քան յաստուած.
իշխանքն գրկէին եւ կողոպտէին զաղքատս եւ ի գրկանաց
անտի զնէին հանդերձս մեծազինս եւ ազանէին, ուտէին եւ
ըմպէին եւ մեծամեծս փքային, որպէս է սովորութիւն ամ-
բարտաւանութեան վրաց. թոյլ ետ Աստուած խոնարհիլ
ի բարձրութենէն եւ ճանաչել զցաւի տկարութեանց, որք
առաջնովն ոչ խրատեցան: Ցարոյց նոցա սատանայ զնու-
սա, յորս նոքա յուսային, յանկարծակի խորհուրդ արար-
եալ ամէնայն աւազանին թաթար զօրուն, վառեցան զինու
եւ կազմեցան առ հասարակ կոտորել զաշխարհս Հայոց եւ
Վրաց՝ զհնազանդեալս իւրեանց, վասն այսպիսի պատճա-
ռի, թէ ապստամբել կամի թագաւորն վրաց ամէնայն իշ-
խանօքն, եւ զօրաժողով են գալ կոտորել զնոսա, քանզի ե-
րեւէր իսկ, զի զօրաժողով եղեն ամէնայն իշխանքն առ թա-
գաւորն վրաց Դաւիթ ի Տփխիս:

Եւ մինչ ըմպէին զինի, բարձրացան սիրտք իւրեանց,
եւ ասացին ի նոցանէ արք խակք. «Ընդէ՞ր ծառայեմք մեք
նոցա՝ ունելով զայսքան բազմութիւն զօրաց, այլ եկայք
յանկարծակի անկցուք ի վերայ նոցա, եւ կոտորեալ՝ զրն-
ջեացուցք զնոսա, եւ մեք կալցուք զաշխարհս մեր»:

Եւ խափանեաց զայս խորհուրդ մեծ իշխանն Աւագ. եւ
թաթար զօրուն պատահեալ ի տեղւոջն՝ լուան զայն եւ ազ-
դեցուցին զլխատրացն:

Եւ իբրեւ գրուեցան զօրք իշխանացն յիրաքանչիւր
տեղիս, ապա նոցա այսպէս զինեալ՝ կամէին առ հասա-
րակ կոտորել զամէնեսին: Եւ յիշխանացն, զորս գտան առ
իւրեանս, ի կալանս արարին. եւ որք ո՛չ էին անդ, հրաւի-
րակս առաքեցին՝ փութով առ իւրեանս կոչելով:

XLVII

CONCERNING THE DESTRUCTION WROUGHT BY THE T'AT'ARS IN GEORGIA.

While the land was recovering a little from the raids and plunderings stirred up by the earth-consuming fire, [then] people took refuge in this [circumstance], more so than in God. The princes deprived and robbed the poor, and from this extortion they bought expensive clothing and they dressed, ate, drank, and boasted greatly, as is the arrogant custom of the Georgians. God made them fall from their lofty elevation and recognize the measure of their weakness, those who were not taught by the past. Satan aroused them, Satan in whom they had placed their hopes. Suddenly all the nobility of the T'at'ar army held a council, armed, and wanted to universally ravage the lands of the Armenians and the Georgians, lands obedient to them. For the king of the Georgians with all the princes wanted to rebel. [They] were recruiting to come and destroy, since it was apparent that all the princes were going for a levee to the king of the Georgians, Dawit', in Tiflis.

While [the princes] were drinking wine, their spirits rose and foolish men among them said: "Having such a multitude of troops, why do we serve [the Mongols]? Come, let us fall upon them suddenly, destroy and exterminate them, and we shall have our own lands."

The great prince Awag intercepted this plot. The T'at'ar army happening to be in the place was informed about it and the army notified its chiefs.

When the princes' troops had returned to their own places, [the Mongols] wanted to destroy everyone generally, They arrested the princes who happened to be with them, and sent summonses to those who were not there for them to come quickly.

Իսկ ողորմածն Աստուած ոչ ետ թոյլ իսպառ լինիլ ի-
րին, խափանեաց այսպիսի պատճառաւ:

Մի ոմն յաւագ գլխաւորացն, որ զօրավար էր ամե-
նայն զօրուն, Չաղատայ անուն նորա, որ բարեկամն էր
Աւագին, եկաց ի մէջ վառեալ զօրացն եւ ասէ ցնոսա. «Մեք
ոչ ունիմք հրաման ի դանէն կոտորել զայնոսիկ, որ հնա-
զանդեալ են մեզ եւ կան մեզ ի ծառայութեան եւ հարկա-
տուք են դանին. եւ իրք ապստամբութեան նոցա չէ ճրշ-
մարտեալ: Արդ՝ եթէ կոտորէք զնոսա առանց պատճառի,
դուք տայք պատասխանի դանին»: Եւ լուեալ զայս, դադա-
րեցին ստուգել զիրն:

Եւ զնացեալ առ նոսա մայրն Աւագին, որում անուն էր
Խոշաք, երաշխաւոր լինէր վասն որդւոյն իւրոյ միամտու-
թեան առ նոսա, եւ թէ ինքն իսկ ընդ հուպ զայոց է առ
նոսա, որ եղեւն իսկ, զի եկն վաղվաղակի իշխանն Աւագ
եւ եցոյց նոցա զիւր մտերմութիւնն առ նոսա բազում վկա-
յիւք:

Եկն եւ թագաւորն Դաւիթ, եւ այլ իշխանքն. եւ կապ-
եալ զամենեսեան ուժգին ըստ օրինի իւրեանց զձեռս եւ
զոտս բարակ չուանոք, եւ թողեալ այնպէս կապեալ զերիս
աւուրս՝ ձաղդին եւ անարգէին զնոսա վասն հպարտու-
թեանն եւ ապստամբ խորհրդոյն: Եւ ապա առեալ զամե-
նային երիվարս եւ զգինս զլխող նոցա, թողին զնոսա, եւ
ինքեանք յարձակեցան ի կողմանս Վրաց ի վերայ բազում
զաւառաց, ո՛րք ապստամբք եւ ո՛րք ոչ, եւ զբազումս կոտո-
րեցին եւ զեւս բազմազոյնս զերի վարեցին. զարս եւ զկա-
նայս եւ զմանուկս զետամոյն առնէին անթիւ ի բազմութե-
նէ: Եւ այս գործեցաւ ի ՌՂՐ թուականին հայոց:

Յետ այսորիկ մեռաւ իշխանաց իշխանն Աւագ եւ թա-
ղեցաւ ի Պղնձահանքն ի գերեզմանի հօր իւրոյ Իւանէի:
Եւ եաուն զիշխանութիւն նորա Զաքարէի, որդւոյն Շահն-
շահի, հօրեղբօր որդւոյ Աւագին, զի Աւագն որդի ոչ ունէր,
բայց միայն դուստր մի երեխայ եւ ի պոռնկութենէ որդի
մի երեխայ, զոր յետ մահու նորա ասացին, թէ ի նմանէ է, զոր
առեալ քոյր նորա սնուցանէր: Եւ ապա հանեալ ի Զաքա-
րէէ եաուն կնոջ Աւագին, որում անուն էր Գոնցա:

Now merciful God did not let the matter go to the end. This is how He stopped it.

One of the senior leaders, general of the entire army named Chaghatai, who was Awag's friend, came amidst the armed troops and said to them: "We have no order from the Khan to kill those who are obedient to us, stand in service to us, and pay taxes to the Khan. Furthermore, the details of their rebellion is not certain. But if we destroy them without cause, you will be responsible to the Khan." Hearing this, they ceased pursuing the matter.

The mother of Awag, named Xoshak', went to them to assure them of her son's loyalty and that he would soon be arriving—which in fact happened, since prince Awag quickly came up and demonstrated his loyalty to them with many testimonies.

King Dawit' and the other princes arrived. [The Mongols] bound all of them tightly hand and foot with thin cords, according to their custom. They left them bound thus for three days, ridiculing and insulting them for their arrogance and rebellious plans. Then taking all [the rebels'] horses and ransoms, they let them go. [The Mongols] then attacked the Georgian areas falling upon many districts, those which had rebelled and those which had not. They killed many people and took even more captive. A countless multitude of men, women and children they drowned in the river. This occurred in 698 of the Armenian Era [1249].

After this the prince of princes Awag died and was buried in the mausoleum of his father Iwane, at Pghndzahank'. They gave his authority to Zak'are, son of Shahnshah, his father's brother's son, for Awag had no [legitimate] sons, but only a baby daughter and a son from some illicit liaison, about whom (after his death) they said that [the child] was from him... [The text is damaged here.] which his sister took and raised. Subsequently, [the authority] was taken from Zak'are and given to Awag's wife who was named Gonts'a.

ԽԸ

Վասն Դալթի մոլորեցուցչի:

Կատարած աշխարհիս մօտեալ է, եւ վասն այնորիկ կարապետք ներինն բազմացան, որպէս յառաջագոյն ասաց կենարարն, թէ՝ «Մերձ ի կատարածն յարիցեն սուտ քրիստոսք եւ սուտ մարգարէք տալ նշանս եւ արուեստս դիւականս, մինչեւ մոլորեցուցանել, թէ հնար ինչ իցէ, եւ զրնտրեալսն»:

Արդ ի ՈՂԹ թուականիս հայոց եղեւ այսպիսի ինչ համբաւ հանին, թէ ի սահմանս Խաչենոյ կարկուտ եկն, եւ խառն ընդ կարկտին ձկունք բազումք անկան յերկիր, չափի թզոյ միոյ: Աչօք մեք ոչ տեսաք, բայց բազումք էին, որ հաւատարմացուցանէին, թէ ականատես լեալ եմք: Ընդ այասիկ եւ միւս եա յօղուած բանի հանգոյն առասպելեաց ասէին, թէ՝ «Ցեզր ծովուն Գեղամայ աւան մի է, Կոթ անուն. ի սահմանս այնր գեղջ հուպ ի լեառն գտին մարդ մի հրակայած՝ մեռեալ եւ կիսաթաղ, նոր հանդերձ ունելով եւ կօշիկս նորս, եւ հանդէպ սրտին ծակ, որպէս թէ խոցած աշտեիւ, եւ ի վերայ սակաւ մի բամբակ: Եւ յորժամ առնրլին զբամբակն, սաստիկ վիժէր արիւն ի նմանէ. եւ իբրեւ դնէին դարձեալ ի վերայ զբամբակն, արգելոյր զարիւնն. եւ թէ այլ նո՛ր բամբակ դնէին եւ ոչ զիրն, նոյնպէս հոսէր արիւնն, մինչեւ դնէին զառաջինն: Զայսոսիկ յոլովք շաղակրատէին, թէ ճշմարիտ եւ թէ սուտ, մեք ոչ գիտեմք:

Բայց այս եղեւ ստուգութեամբ, զի ի սոյն ամի յարեաւ մոլար ոմն, Դալիթ անուն, դիւական հոգւով շարժեցեալ՝ հանգոյն Յուդայիս եւ Թեւդայ մոլորեցուցչաց:

Գիւղ մի է ի սահմանս Գեղարքունւոյ ծովուն, ի կողմ Խաչենոյ, հուպ ի բերդն Հանդաբերդ, ուր չերմուկն է՛ Ծար անուն: Ի նմա էր այս այր ի չպատորաց եւ ի տնանկաց, պահէր գջրաղաց նոցա եւ յայնմանէ կերակրէր ինքն եւ կին իւր եւ որդիք:

XLVIII

CONCERNING DAWIT' THE DECEIVER.

The end of the world is nigh, and therefore the precursors of the Antichrist have multiplied, as the Bible first said: "Close to the end of the world, false christs and false prophets will arise, displaying great signs and wonders, so as to lead astray, if possible, even the elect."[24]

Now in 699 A.E. [1250] this is what happened. It was noised about that within the borders of [the district of] Xach'en hail had fallen, and mixed with the hail many fish the size of figs fell to the ground. We did not see this with our own eyes, but there were many to confirm that they were eyewitnesses. Yet another such event they relate resembles a fable. [They say that] on the shores of the Gegham Sea[25] there is an awan named Kot'. In its borders, in a village close to the mountain they found a gigantic man, dead and half-buried, wearing new clothes and new shoes; and by his head was a hole, as though he had been [271] punctured by a spike. On [the wound] was a small amount of cotton. When they removed the cotton, blood gushed from him and when they replaced the cotton, the blood stopped. Even if they put on a new cotton, not his own, the blood would flow until they replaced the old cotton. Many people were gossiping about this, but whether it is true or false, we do not know.

But this [next event] definitely took place. That same year [1250] a certain deceiver arose named Dawit', motivated by the demonic spirit, like the deceivers Judas and Theudas.

There is a village named Tsar by the Sea of Geghark'unik'[26] in the Xach'en area, close by Handaberd fortress where Jermuk is. In Tsar was this man of the poor and indigent, who worked their watermill and fed himself, his wife and children in this way.

---

24 Matthew 23:24.
25 *Gegham Sea:* Lake Sewan.
26 *Sea of Geghark'unik:* Lake Sewan.

Եւ ի գիշերի միում երեւեալ նմա սատանայ ի կերպ
լուսոյ եւ իշխեաց ասել, թէ՝ «Ես եմ Քրիստոս, եւ եկի առ-
նել զքեզ ինձ քարոզ, եւ աճից առ քեզ յամենայն կողմանց
զմարդիկ, եւ որք զան առ քեզ ի պէտս բժշկութեան, հա-
մարձակ դիր զձեռն քո ի վերայ նոցա. Եւ ա՛ն զզերան ձի-
թահանաց գեղջդ եւ արա՛ խաչ եւ կանգնեա՛ ի դուրս ե-
կեղեցւոյն»: Եւ զայլ ամենայն հնարս խորամանկութեան
ուսոյց նմա:

Եւ նա սկսաւ քարոզել, թէ՝ Քրիստոս երեւեցաւ ինձ եւ
ասաց, թէ՝ «Դարձ զաշխարհս եւ բժշկութիւնս կատար-
եա՛»:

Եւ յարեցան ի նա այլք. Եւ նոքա սկսան համբաւել զնա
եւ կոչէին նմա Դաւիթ Միայնակեաց եւ Սքանչելագործ: Եւ
առեալ բռնութեամբ զզերան ձիթահանացն ի տանէ իւրմէ,
արարին խաչ բարձրաբերձ, եւ կանգնեցին զնա ի դուռն
եկեղեցւոյն. Եւ զենին նմա զուարակս, եւ տային ի մոյն
եւ յուսկերաց զուարակին, եւ ի տաշեղէ խաչին, եւ ի հատէ
կորեկոյն, որ ի ջրադացքն, որպէս նշխարս օրհնութեան
ամենայն ուխտականացն, որք զային յամենայն կողմանց:
Քանզի նոյն բանսարկուն, որ յորդորեաց զնա յայն, դրրդ-
եաց եւ զամենայն զաւառս երթալ ի համբաւն յայն՝ արք եւ
կանայք եւ մանկտի, նաեւ երիցունք եւս, եւ ազատ մար-
դիկ, եւ ամենայն ախտացեալք եւ ցաւագնեալք:

Եւ նա զառաջինն կեղծաւորեալ ոչինչ առնոյր յումեքէ:
Ըստ նմանութեան դերաքրիստոսին՝ այսպէս քարոզէր.
«Ո՞վ եմ ես աղքատ եւ մեղաւոր. բայց Քրիստոս հրրա-
մայեալ է ինձ քարոզել՝ զերկուշաբաթ օրն պահեցէ՛ք, եւ
յիշոցք մի՛ ասէք. Եւ եկա՛յք, համբուրեցէ՛ք զիս, եւ թողեալ
լիցին մեղք ձեր եւ ազգի ձեր մինչեւ յեօթն ազգս»:

Եւ յորժամ դիւահարքն զային, առնոյր բիր մի հաստ,
եւ հարկանէր աննմայաբար, եւ կոխէր ոտիւք զփողսն, եւ
ասէր. «Ե՛լ, շուն, ե՛լ, շուն, Դաւիթ Միայնակեացն հրամա-
յէ քեզ»: Եւ ասէր ցայրն այսակիր. «Ահա այլ մի՛ երկնչիր,
բժշկեցար»: Եւ նա երթայր՝ ունելով զնոյն ջար եւս բազ-
մացեալ ի նմա.

One night, Satan appeared to him in the form of light and dared to say: "I am Christ and I have come to take you to preach my message. I shall send to you people who will come from all over in need of healing. Boldly put your hand upon them. Take the beam from the olive-press in your village, make a cross of it and erect it at the doors of the church." And [Satan] taught him all kinds of other wily tricks.

So [Dawit'] began to sermonize, saying: "Christ appeared to me and said 'Turn world, and perform healing'." Others went to him and started to sing his praises and to call him Dawit' *Miaynakeats*[27] and *Sk'anch'elagorts*.[28] By force they took the beam from the oil-press of his house, fashioned a lofty cross from it and erected the cross at the door of the church. They sacrificed bulls to it, and to all the pilgrims who came from all parts they gave portions of the bulls' meat and bones and they also gave shavings of the cross and "holy wafers" made of grains of millet which were in the watermill. For the same Satan who encouraged [Dawit'], stirred all the districts to go to the celebrity there—men, women, little children, as well as even priests, *azats* and all the sick and afflicted.

At first, faking, [Dawit'] took nothing from them. Like unto the Antichrist, this is how he preached: "Who am I but a poor and sinful man? Yet Christ had commanded me to preach. Fast on Monday, do not swear, and come, kiss me and your sins shall be forgiven as shall the sins of your people till the seventh generation."

When someone possessed by a devil came to him, [Dawit'] seized a thick club and struck mercilessly; he trampled on [the afflicted person's] throat and cried: "Out, dog, out, dog! Dawit' *Miaynakeats'* commands you!" And he would say to the afflicted one: "Behold, fear no more. You are healed." Then the demoniac would depart, having the same evil in him, only multiplied.

---

27 *Miaynakeats':* the Cenobite.
28 *Sk'anch'elagorts:* the Wonder-Worker.

Եւ ուր երթայր եւ հարցանէին, ոչ իշխէր ասել թէ՝ «Ո՛չ բժշկեցայ». քանզի պատուէր տայր. թէ «Յորժամ ասես, թէ՝ «Ո՛չ բժշկեցայ», առժամայն լլկիս ի դիւէն»: Եւ նա թէպէտ ոչ իշխէր ասել, թէ՝ «Ո՛չ բժշկեցայ», արդիւնքն իսկ յայտ առնէին, որ հանապարզ լլկէին: Որ յառաջն ամսով եւ շաբաթով կրէին զնեղութիւնն, յետ զնալոյն առ նա յամենայն աւուր չարչարէին: Եւ լեկրոտք, որ երթային առ նա, ասէր, թէ՝ «Խաղացէ՛ք առաջի իմ եւ պարէցէ՛ք»: Եւ նոքա առնէին զայս յօժարութեամբ, քանզի այս ազգ դիւագ ախորժէն զիսսաղ եւ զպար: Եւ ասէր. «Եկա՛յք, համբուրեցէ՛ք զիս եւ զկին իմ, եւ երթայք, եւ այլ մի՛ երկնչիք»: Եւ գողեացն ասէր. «Այդ ցաւոյդ յԱստուծոյ հրաման չկայ բժշկելոյ, բայց զմեղս քո թողում քեզ, զի եկիր առ իս»: Եւ զկարկամեալսն եւ զկզացեալսն հրամայէր առանց չորեցունց ունել՝ երկուցն զգլուխն եւ երկուցն զոտսն, եւ ասէր. «Զգեցէ՛ք եւ պարզեցէ՛ք»: Եւ նոցա ձգեալ ուժգնակի, ճարճատէին ամենայն յօդուածք մարմնոյն. եւ այրն վայէր ուժգնակի առ վտանգի ցաւոցն: Եւ նա ելեալ՝ կոխէր զթիկունսն եւ զմկանունսն, եւ ցաւազնեալն անշչանայր իբրեւ զմեռեալ, եւ կամ մեռանէր իսկ: Եւ նա ասէր վասն այնոցիկ, որ մեռանն, եթէ՝ «Զափ ժամանակի դորա լցեալ էր, եւ չէր մարթ կեալ դմա. բարւոք է, զի մեռաւ, որ հանգֆ ի վշտացն»: Եւ որբ ապրէինն կիսահամ եւ ոչ բժշկէին, ասէր. «Ո՛չ ունին կատարեալ հաւատս առ մեզ, վասն այնորիկ ոչ բժշկին»: Եւ դիւահարացն զորոց զփողան կոխէր եւ նոքա մեռանէին, ասէր. «Սա վաղուց է մեռեալ, եւ այն, որ շրջեցուցանէր զդա, դեւն էր, զոր հանի այժմ»: Եւ կուրացն ասէր. «Լաւ է քեզ այն, որ բանամ զա՞չս քո, թէ՞ թողում զմեղս քո. եւ ես գիտեմ, զի ժամանակդ քո կարճ է, վաղվաղակի մեռանիս»: Եւ նա ասէր. «Թէ այդպէս է, լա՛ւ է ինձ, որ թողուս զմեղս իմ»: Եւ ասէր ցնա. «Թողեալ եմ զմեղս քո»:

Yet wherever the afflicted person would go when people would inquire [about Dawit'], he dared not say "I was not healed," for [Dawit'] had enjoined that if they said this, they would be possessed by the demon immediately. Although the man dared not say "I was not healed," from his very deeds it was clear that he was continually possessed. Those who previously had suffered pain for periods of months and weeks, after going [to Dawit'] were tormented every day. To the consumed and wasted who went to him, he said: "Come before me and dance!" And they did so with joy, since these kinds of demons like to play and dance. Dawit' said: "Come, kiss me and my wife. Depart and fear no more." To lepers he said: "By the command of God there is no cure for this illness. But I forgive you your sins since you came to me." As for the bent and hunched, he ordered four men to hold them, two at the head and two at the feet. And then [Dawit'] would say: "Stretch and twist them." Then the men stretched them violently and all the joints in their bodies cracked. And the man they held would scream "Vay!" from the severity of the pain. Then Dawit' would trample on his shoulders and muscles and the afflicted one would cease breathing, like a dead man, or would in fact die. [Dawit'] would say about those who died: "His hour had come. It was not possible for him to live. It is a blessing that he died, for he will suffer no more." And of those who survived, half-dead, but were not healed he said: "They did not have complete faith in us, therefore they were not cured." Regarding the demoniacs on whose throats he trampled and who died, he would say: "This person died long ago and I have just now removed the demon which caused him to move about." To the blind he said: "Would you rather that I open your eyes or forgive your sins? For I know that your time is short and that you will die soon." Then [the blind person] would say: "If that's how it is, it's better for me if you forgive my sins." And [Dawit'] would say to him: "I forgive your sins."

Եւ այսպէս զամենեցուն միտս յինքն ձգէր. մինչեւ այնքան լինէր առ նա ժողով բազմութեան, մինչեւ տեղիք վայրացն ոչ բաւէին տանել զմարդիկ: Եւ զի ամառնային էր ժամանակն, ի մարգս եւ ի սարս ելեալ՝ անդ ագանէին եւ գործէին զամենայն չարիս. զի կանայք, որք ոչ իշխէին յարանցն եւ ի ծնողացն եւ յորդւոցն ի տան իւրեանց շնալ եւ պոռնկիլ, ելանէին ուխտի պատճառաւ, եւ շնային համարձակ, ընդ որս կամէին: Նոյնպէս եւ արքն չարք զունջն առնէին, որոց ցանկային: Եւ զնային բազում պատարագօք՝ ուկով եւ արծաթով եւ զուարակաւ եւ ոչխարօք: Եւ որք երթային եւ գային, զայնոսիկ, որք ոչ էին երթեալ, կրշտամբէին եւ զարշէին ի նոցունց, որպէս ի մեղաւրաց եւ յանարժանից նորա տեսութեանն:

Այլ եւ երիցունք եկին եւ յարեցան ի նա ընչից եւ գոշոտութեան ախագաւ. եւ կային նմա ի սպասու, լուանալով զոտս նորա, եւ զջուրն ցանէին ի վերայ ինքեանց եւ ժողովրցն բազմութեան:

Եւ ինքն կեղծաւորեալ՝ ինչ որ առնոյր յումեքէ, այլ ի ձեռն քահանայիցն եւ արբանեկացն իւրոց առնոյր: Եւ տէր գեղջն, քանզի պարսիկ էր, առնոյր զբաժին իւր յրնչիցն, քանզի յոյժ բազումս տանէին եւ յոժարութեամբ տային: Եւ թէ ոք ի վարդապետաց կամ յերիցանց արգելոյր կամ խափանէր զնոսա յերթալոյ, հայհոյէին եւ բամբասէին՝ իբրեւ զնախանձոտս եւ զյաչաղկոտս, թէ՝ «Ինքեանք ոչ կարեն գործել զգործս նորա եւ ոչ կամին զբարեգործութիւն սրբոյն այնորիկ»:

In this way he captivated everyone's minds until there was such a multitude gathered by him that the area could not accommodate the people. Now since it was summertime, the multitude went into the meadows and onto the mountains where they slept and worked all sorts of wickedness. For women who never would have dared to commit adultery and prostitution in their own homes because of their husbands, parents, and children, now, going on pilgrimage, copulated openly with whomever they wished. The men too worked this same evil with whomever they desired. The people went with many gifts: gold, silver, bulls and sheep. Those [pilgrims] who went and came back treated with scorn those who had not gone and drew back from them as if from sinners and people worthless in their sight.

Furthermore, by reason of the goods and their own greed, even priests came and adhered to him, waiting in attendance on him, washing his feet and sprinkling the water on themselves and on the assembled multitude.

As for the Deceiver, he hypocritically took nothing from anyone although he did take from the hands of the priests and his servants. The lord of the village, who was an Iranian, took a portion of the goods for himself, because an exceedingly large number of pilgrims brought things and gave them gladly. Should any vardapet or priest prevent or impede their going [to Dawit'], the people cursed and slandered them, implying that they were jealous and malicious men and saying: "They cannot perform his deeds and do not wish for the benevolence of that saint."

Ապա գրեաց զիր սաստից եւ մեղադրանաց մեծ վարդապետն Վանական, որ բնակէր ի վանս Խորանաշատոյ՝ հանդեպ Երգեւանից բերդին, թէ «Ընդէ՞ր զերեւումն դիւին՝ Քրիստոսի համարիք, ո՛վ քրիստոնեայք. զի եւ սատանայ սովոր է կերպարանիլ ի հրեշտակ լուսոյ»: Եւ բանադրեաց զայնոսիկ, որ ի պիղծ մոյ անտի կերեալ էին, եւ կամ ունէին նշխար ի տաշեղէն եւ ի կորեկոյն. մի քառասունք պահք եւ հինգ հարիւր ծունր եդ ի վերայ նոցա եւ ապա արժանի լինել սուրբ խորհրդոյն: Գրեցաք եւ մեք նմանապէս նովին սաստիւ եւ բանադրանօք, եւ առաքեցաք ի յոլով տեղիս: Նոյնպէս գրեաց եւ եպիսկոպոսն Հաղբատայ տէր Համազասպ:

Եկն եւ Դադի վանից եպիսկոպոսն տէր Գրիգորէս, եւ վարդապետն Վարդան, զոր Յոժար որդին կոչէին, բազում քահանայիւք ի գիւղն յայն, քանզի ի նոցա վիճակին էր, խաչիւք եւ աւետարանօք. եւ արարեալ գիշերապաշտոն, կանգնեցուցին զայրն խաբեալ ի միջին, զի թերեւս ելցէ ի նմանէ ոգին պիղծ: Եւ յորժամ հարցանէին, թէ «Զի՞նչ տեսանես»: Ասէր, թէ «Յորժամ անկանիմ ի վերայ երկրի բերանս ի վայր, յերկրէ աստի երեւի ինձ եւ խօսի ընդ իս»:

Ապա ձեռն արկեալ եպիսկոպոսին եւ երիցանցն, կամէին կորձանել զխաչն, զոր կանգնեաց մոլարն: Յարեաւ ամենայն ամբոխ բազմութեանն սրովք եւ բրովք, կամէին սպանանել զնոսա: Եւ նոցա արտաքս ելեալ յամբոխէն, անիծեցին սաստիւք զգովիւք զյանդգնեալսն: Ապա ոմանք ի նոցանէ զղջացեալք, չոգան աղաչեցին զեպիսկոպոսն եւ զերիցունսն արձակել զնոսա ի կապանաց անիծիցն. եւ զայրն եստուն ի ձեռս նոցա:

Then the great vardapet Vanakan who was living in the monastery of Xoranashat (opposite Erdevank' fortress) wrote a document of scolding and rebuke, saying: "Why do you consider the appearance of the devil to be Christ, oh Christians? For Satan is accustomed to take the form of a luminous angel." And [Vanakan] excommunicated those who had eaten of that abominable meat or who had kept the wood shavings or millet. He placed on them as penance observation of a forty-day fast and five hundred genuflexions, after which they would become worthy of the blessed Mystery. We too wrote rebukes and anathemas and sent them to many places. Lord Hamazasp, the bishop of Haghbat, did likewise.

Lord Grigores, the bishop of Dadi monastery [Dadevank'] and vardapet Vardan, called the Joyous Son, came to that village with many priests, crosses, and gospels since [the village] was in their diocese. And they held an evening service, setting in their midst that duplicitous man [Dawit'] so that perchance the impure spirit would quit him. When they asked: "What do you see?" He replied: "When I fall on my face upon the ground, the dew appears from the earth and speaks with me."

Then the bishop and priests wanted to destroy the cross which the heretic had erected. But the entire mob [of Dawit's followers] arose with swords and clubs and wanted to kill [the clerics]. They escaped the mob and cursed the brazen ones with severe oaths. But then some of them repented and went beseeching the bishop and priests to free them from the bonds of the curses. And people handed over the man to them.

Եւ մինչ տանէին նորա, հանդիպեցան նոցա արք զաներ, որ գային ի մեծ դրանէն: Աղաչեաց այրն զնոսա, զի խնդրեսցեն զնա յեպիսկոպոսէն. քանզի ասէր զինքն ազգակից նոցա եւ ի Գառնոյ. զի այսպէս ասէր նա յառաջագոյն ժողովրդեանն. թէ «յԱրշակունեաց ազգէն եմ ես, եւ պարտ է որդւոց իմոց լինել միոյն թագաւոր եւ միւսոյն՝ կաթողիկոս. եւ սրբոյն Սահակայ տեսլեանն մարթ է ի վերայ նոցա կատարիլ»: Ապա ետ զնա եպիսկոպոսն զնոսա՝ երդումն պահանջեալ, զի մի այլ մոլորեցուսցէ զմարդիկ: Եւ այսպէս հազիւ շիջաւ չարն երեւեալ:

Now while they were taking [Dawit'], the group chanced upon people from Garhni who were coming from the great court. [Dawit'] beseeched them to request him from the bishop since, he said, he was their relation and from Garhni. For he had previously told the people: "I am from the Arsacid line and it is necessary that one of my sons be king and the other Catholicos, and it is fitting that the vision of Saint Sahak be fulfilled on them." So the bishop gave him over to them, demanding an oath that he would no more lead people astray. Thus, finally, the wickedness disappeared.

Խ Թ

Վասն դիւին՝ որ ի կերպարանս կնոջ լեալ, խառնակէր ընդ այր մի:

Պատմեաց մեզ վարդապետն Յովսէփ, որ շինեաց զկանսն, որ ի գերեզման սրբոյ առաքելոյն Թադէոսի է, յԱրտազ զաւառի՝ յետ աւերածոյն եւ ամայի լինելոյն, թէ՝ «Չոգայ ես ի զաւառն Գողթան ի պէտս ինչ իրաց: Ասացին ինձ ի զիւղ մի, թէ՝ է՛ աստ այր մի, որ ունի կին դեւ: Եւ մեր անհաւան լեալ ասացելոցն, չոգաք ի տուն առն եւ ոչ տեսաք զդեւն: Եւ իբրեւ հարցաք զայրն, նա ասաց զպատճառն ստուգութեամբ, թէ՝ «Կին ունէի ես եւ մեռաւ, եւ եթող ինձ մանկունս մանունս, եւ ես նստեալ լայի, թէ՝ ո՞ սնուցանէ ինձ զուսա: Եւ ահա յանկարծակի երեւեցաւ կին մի եւ ասէ. «Մի՛ լար, ես եղէց քեզ կին եւ սնուցից զմանկունսդ: Եւ յայնմ հետէ հանապազ է՛ ի տան իմում, եւ առնէ մեզ կերակուր, եւ զամէնայն պէտս մեր լնու: Եւ սաստիկ սիրով հարեալ եմ ի սէր նորա, եւ հանապազ խառնակի ընդ իս: Եւ զշաբաթն ամէնայն անգործ կայ եւ յաւուր հինգշաբթի առնէ մանած երեք լիտր»: Եւ իբրեւ հարցցի, թէ՝ Ո՞ւր է այժմ, նա մատամբն եցոյց, թէ՝ «Աւանիկ է, եւ երեւի ինձ եւ մանկանց իմոց եւ ոչ այլ ումեք. եւ յոլով ժամանակք են, զի բնակիմք ի միասին»:

Եւ ես յարեայ աղօթել եւ աւետարան ընթեռնուլ, զի թերեւս հալածեսցի ոգին մեղսասէր եւ պիղծ: Իսկ նորա ոչինչ փոյթ արարեալ զայնմանէ, այլ նստեալ ծիծաղէր, որպէս այրն պատմեաց: Եւ մեր ոչ տեսեալ զնա՝ ելեալ զնացաք»:

XLIX

CONCERNING THE DEW IN THE FORM OF A WOMAN WHICH COPULATED WITH A CERTAIN MAN.

This was related to us by vardapet Yovsep' (who built the monastery at the tomb of the blessed Apostle Thaddeus in Artaz district, after it was ruined and abandoned). [He said]: "I had gone to see to some business in the district of Goght'n. [The people there] told me that in a village here there is a man who has a demon for a wife. Not believing them, we went to the man's house and did not see the demon. When we asked the man, he verified the matter, saying: "I had a wife and she died, leaving me little children. And I sat weeping [wondering] who would nourish them for me. And suddenly there appeared to me a woman who said: 'Weep not, for I shall be your wife and nourish your children'. Thereafter she was ever in my house, making our food and filling all of our needs. And I am strongly struck with love for her, and she always sleeps with me. Every Saturday she does not work, and on Thursday she consumes three liters of yoghurt." When I asked: "Where is she now?" He pointed with his finger and said: "There she is. She appears to me and to my children but to no one else. It has been a long time that we have lived together."

And I arose, praying and reading the Gospel, that perchance the sin-loving and impure spirit would be driven out. But, as the man related, she ignored this and sat laughing. Not seeing her, we arose and departed.

Ծ

Վասն խնդրոյն, որ եղեւ ի մէջ Քրիստոնէից
վասն սուրբ հոգւոյն Աստուծոյ, թէ ի հօրէ միայն
պարտ է ասել, թէ ի հօրէ եւ յորդւոյ:

Ի հոռմայեցւոց ազգաց շարժեցաւ այս խնդիր ի մէջ քրիս-
տոնէից. քանզի գրեաց պապն Հռոմայ առ մեծ կաթողի-
կոսն Հայոց տէր Կոստանդին, որ յայնմ ժամանակի նըս-
տէր ի կղայն Հռոմայական, քանզի անդ էր աթոռ սրբոյն
Գրիգորի՝ ի ժամանակաց Գրիգորի եւ Ներսիսի՝ երկուց
եղբարցն սրբոց, որք էին յԱրշակունեաց ազգէն, արք
գիտնականք եւ վրէժխնդիրք օրինացն Աստուծոյ, թէ՛
«Ո՞րպէս խոստովանիք դուք զամենասուրբ հոգին Աստու-
ծոյ, ի հօրէ՞ միայն բղխեալ եւ երեւեալ, թէ՞ ի հօրէ եւ յորդ-
ւոյ, քանզի հոռմայեցիք այսպէս խոստովանին ի հօրէ եւ
յորդւոյ»։ Նմանապէս գրեցին եւ առ թագաւորն հայոց Հե-
թում եւ պատասխանի պահանջէին:

Եւ նոցա ժողովեալ զիմաստունս իւրեանց աշխարհին
ի քաղաքն Սիս՝ որ ի Կիլիկիա, ի հայոց եւ ի յունաց եւ յա-
սորւոց եւ յայլ ազգաց քրիստոնէից, որք գտան անդ:
Յոյնք ի հօրէ միայն ասացին, եւ յասորւոց ոմանք՝ ա՛յլ:
Իսկ հայոցն ժողով գրեցին ի կողմանս Արեւելից՝ ի Մեծ
Հայք եւ առ գիտնական վարդապետն Վանական, քանզի
ի ժամանակին երեւելի էր, եւ առ Վարդան վարդապետն,
եւ առ Յովսէփ, եւ առ այլս, թէ նոքա զի՞նչ ասեն. եւ ապա
պատասխանի արասցեն հոռմայեցւոցն:

Եւ նոցա քննեալ զԱստուածաշունչ գիրս առաքելոց
եւ մարգարէից եւ սրբոց վարդապետաց եկեղեցւոյ, որք
մաքրեցին զեկեղեցի ի հերձուածողաց, ըստ պիտոյիցն
վարեցեալ երկոքումբք ձայնիւք եւ ուղղակի զհոռմայեցւոց
խոստովանութիւնն. եւ լի են ամենայն Աստուածաշունչ
գիրք այսպիսի ձայնիւք:

192

L

REGARDING THE PROBLEM WHICH AROSE AMONG CHRISTIANS CONCERNING THE HOLY SPIRIT OF GOD, WHETHER IT SHOULD BE SAID TO ORIGINATE SOLELY FROM THE FATHER, OR FROM THE FATHER AND THE SON.

This problem was raised among Christians by the Latins, for the Pope of Rome wrote to the great Catholicos of Armenia lord Kostand (who at that time sat in Hrhomkla since the throne of Saint Gregory was there from the time of Grigor and Nerses, two blessed brothers of the Arsacid line, learned men and avengers of the laws of God). [The Pope asked]: "How do you confess the most Holy Spirit of God? Does it spring from and appear only from the Father or from the Father and the Son, for this is how the Latins confess it, from the Father and the Son." They also wrote to the king of Armenia, Het'um, and demanded a reply.

They assembled all the learned men of their country in the city of Sis in Cilicia: Armenian, Greek, Syrian and other Christian peoples located there. The Greeks said "only from the Father" and some of the Syrians, said it otherwise. Now the Armenian assembly wrote to the East, to Greater Armenia to the learned vardapet Vanakan, since at the time he was venerable, and to vardapet Vardan, to Yovsep' and others to see what they would say and then to make a reply to the Latins.

They examined the Bible, the writings of the Apostles and the prophets and holy doctors of the Church who had cleansed the Church of heretics. They followed [using] the expression of two [natures], as the Latin confession. All the books of the Bible are full of such expressions.[29]

---

29 There follow several lengthy sections on doctrine, which we omit. This includes the remainder of Chapter 50, as well as Chapter 51 (Confession of the Faith) and Chapter 52 (Vanakan *Vardapet*'s Advice on Dogma).

ԾԴ

Վասն վախճանի սուրբ վարդապետին Վանականայ:

Աստուածահաճոյ եւ մեծ վարդապետն Վանական՝ հասեալ ի բարւոք ծերութիւնն, այեւորեալ եւ լի աւուրբք՝ ըստ օրինակի նահապետին Աբրահամու, առ տէր փոխեցաւ, զընթացս կատարեալ եւ զհաւատս պահեալ ուղղափառ խոստովանութեամբ, որ ի սուրբ երրորդութիւնն եւ ի տնօրէնութիւնն Քրիստոսի: Ի տղայական տիոցն աստուածածագործ ծառայութեամբ կեցեալ, բազում քրտունս եւ աշխատութիւնս ցուցեալ ի բանն վարդապետական, բազում որդիս ի փառս ածեալ, եւ ազգի ազգի ճգնութիւնս կրեալ, եւ սպանեալ զանդամս երկրաւորս, ըստ խրատու առաքելոյն՝ զմարմինն ի խաչ հանեալ կարեօք եւ ցանկութեամբն հանդերձ: Զի նման էր այրն Աստուծոյ անսպառութեան թոշնոյն մեղուի, որ՝ թոչելով ի վերայ բազում եւ ազգի ազգի ծաղկանց, ժողովէ ի նոցանէն զպիտանին եւ զոգտակարն ի պէտս ինքեանց եւ ի կերակուր, եւ ի բժշկութիւն թագաւորաց եւ ռամկաց: Նոյնպէս եւ սա յանձն իւր հաւաքեալ զամենայն սրբոցն զվարս եւ զառաքինութիւնս, անկանէր զգործ խորսխին ի պէտս անձին իւրոյ եւ յայլոց օգուտ. քանզի ստացեալ ունէր զարդարութիւնն Աբելի, եւ զգեղեցկութիւնն Սեթայ, եւ զյոյսն Ենովսայ, եւ զհաւատն Ենովբայ, եւ զկատարելութիւնն Նոյի, եւ զհաւատն եւ զգործն Աբրահամու, եւ զհնազանդութիւնն Իսահակայ, եւ զաստուածատեսութիւնն Իսրայէլի, եւ զողջախոհութիւնն Յովսեփու, եւ զհամբերութիւնն Յոբայ, եւ զհեզութիւնն Մովսիսի, եւ զնախանձն Փենեհեսի, եւ զկուսութիւնն սրբութեան Յեսուայ, եւ զանմեղութիւն յատակամտութեանն Սամուէլի, եւ զխոնարհութիւնն սրտին Դաւթի, եւ զիմաստութիւնն Սողոմնի, եւ զհամարձակութիւնն Եսայեայ, եւ զվրէժխնդրութիւնն Եղիայի, եւ զախտակցութիւնն Երեմիայի.

194

LIII

CONCERNING THE DEATH OF THE BLESSED VARDAPET VANAKAN.

The great vardapet Vanakan who was pleasing to God, passed to the Lord after reaching old age, in goodness, with white hair and full of years, like the patriarch Abraham. He completed his life holding to the confession of orthodoxy in the Holy Trinity and the dispensation of Christ. From his boyhood he occupied himself with holy service and displayed much labor and effort in doctrine, directing many sons to glory. He occupied himself with manifold asceticisms and, killing his corporeal limbs, according to the advice of the Apostle, he crucified his body with need and longing. For this man of God was like a bee with fine wings, flying over many different flower gardens, collecting from them the useful and beneficial for his needs and food and for the healing of kings and commoners. Similarly, he undertook to collect the lives and virtues of all the saints, making this honeycomb for his own and others' needs. For he had received the justice of Abel, the beauty of Seth, the hope of Enovs, the faith of Enoch, the perfection of Noah, the faith and work of Abraham, the obedience of Isaac, Israel's ability to see God, the sound judgment of Joseph, the patience of Job, the meekness of Moses, the zeal of Phineas, the holy chastity of Jese, the clear-minded innocence of Samuel, the humility of soul of David, the wisdom of Solomon, the bravery of Jeremiah the avenging nature of Elijah and the compassion of Jeremiah.

Ըստ Դանիէլի եւ Եզեկիէլի ի գերութիւն երթեալ ընդ ժողովրդեանն Աստուծոյ, ըստ Զորաբաբելի եւ Յեսուայ նորոգող լեալ տաճարի Աստուծոյ, ըստ Պտղոմեայ բազում գրեանս հաւաքեալ յազգաց եւ ի լեզուաց. Յովհաննու նրման յանապատի բնակեալ եւ տեառն հրամանաւ զապաշխարութիւն քարոզեալ, ի հին եւ ի նոր կտակարանս վայլեալ. Պետրոսի հանգոյն զոտերն որդի Աստուծոյ դաւանեալ եւ գլուխ եկեղեցւոյ լեալ: Ընդ որդւոցն Որոտման զինզ- գետորն որոտացեալ եւ Աստուածաբանեալ, ընդ Պօղոսի եւ յընդհանուրս սերմանեալ զկենաց բանն եւ գրով հաստատեալ. ընդ վարդապետս եկեղեցւոյ հանդիսացեալ եւ զգայլուն վանեալ. կիսոց կաթն ջամբեալ եւ կատարելոցն զհաս- տատուն կերակուրն:

Արդ նա որ զայս ամենայն բարիս ստացեալ ունէր յանձին, ինքն առնէր եւ այլոց զնոյն վարդապետէր, առ տէր փոխեցաւ, զքնութեանս պարտն հատուցեալ: Եւ եղեւ վախճան նոր այսպիսի օրինակաւ:

Ի վանսն՝ զոր իւր իսկ շինեալ էր, որ կոչի Խորանաշատ վասն յոլով եկեղեցեացն, որ ի նմա, ընկալաւ զանունն, որ կայ հանդէպ Երգեւանից բերդին եւ ի թիկանց Գարդմանայ, առնէր նա շինուածս երեւելիս, զաւիթ շինելոյ ի կողաշոյ վիմաց ի դուռն մեծ եկեղեցւոյն, զոր իւր իսկ շինեալ էր. եւ զբան վարդապետութեանն ուսուցանէր այնողիկ, որ ժո- ղովեալ էին առ նա յամենայն ժամանագ:

Յաւուրս սուրբ ադուհացիցն հիւանդացաւ նա հիւան- դութիւն, որ եւ մեռաւ իսկ: Եւ նախ զաւանդել սուրբ հոգ- լոյն իւրոյ ի ձեռս Աստուծոյ ըստ գրեցելոյն՝ կոչեցեալ զեղ- բարան, քաղցր եւ ախորժ բանիւ մխիթարէր զնոսա եւ ա- ղաչէր կալ հաստատուն ի կարգս եւ ի կրօնս ուղղափա- ռութեան եւ աստուածապաշտութեան:

Like Daniel and Ezekiel, he went into slavery among the people of God, like Zorababel and Joshua he was a renovator of the temple of God, like Ptolemy he collected many writings from different peoples and languages. Like John [the Baptist] he lived in the desert and preached repentance by the Lord's command, possessing knowledge of the Old and New Testaments. Like Peter he professed the Lord, son of God and was the head of the Church. Among the Sons of Thunder he wrote and thundered forth the spiritual. With Paul he disseminated to the whole world the Word of Life and confirmed it in writing. He appeared among the vardapets of the Church and chased away the wolves. He gave milk to the small; and to adults, substantial food.

Now he, who had his personality endowed with all these good things, who took others and instructed them in the same doctrine, passed to the Lord, paying the debt of nature. And his death happened as follows.

In the monastery (which he himself had built) named Xoranashat because of the numerous churches there (which is located opposite Ergevank' fortress and by the side of Gardman) he made a venerable structure, creating a portico out of polished stone at the door of the very church he himself had built. And he taught doctrine to those who gathered by him from all districts.

During the days of Lent he became ill, with an illness which in fact caused his death. Before his holy soul was consigned to the hand of God, he called the brothers and consoled them with sweet and agreeable words. He implored them to remain firm in order, in orthodox faith and pious.

Եւ ապա քաղցր շնչմամբ մաքուր հոգին արձակեցաւ
ի կապանաց մարմնյն, արեգ ամսոյ ի տասն՝ ըստ նոր յե-
դանակի ճշմարտութեան, եւ յութ եւ տասն մարտի, ըստ
հոռոմայեցւոցն, երկու օրով յառաջ քան զզատ նանամունն,
յաւուր շաբաթու, յորում աւուր յիշատակ էր երանելւոյն
Կիւրղի Երուսաղեմի հայրապետին, որ զընթերցուածսն
կարգեաց եւ զԿոչման գիրսն գրեաց եւ զվկայութիւն սրբ-
բոյն Օրէնդի եւ վեց եղբարցն իւրոց, որք նահատակեցան
ի Մաքսիմիանոսէ ամբարշտէ: Նոցին վարուցն լեալ հետեւ-
ող, վասն այնորիկ եւ յիշատակի նոցին արժանացաւ:

Եւ ժողովեցան անթիւ բազմութիւնք ի թաղումն նորա,
եւ մեծաւ սգով եւ տրտմութեամբ ողբային յոյժ, զի գրկե-
ցան ի լուսաւոր վարդապետութենէն երանելւոյն եւ ի հո-
գեշահ բանիցն: Եւ տարեալ թաղեցին զնա ի գլուխ վա-
նիցն յարեւելից կուսէ, մօտ ի փոքրագոյն եկեղեցին, ուր էին
գերեզմանք աղքատացն, զի ինքն այսպէս հրամայեաց:

Անդր էր եւ եպիսկոպոս զաւադին տէր Սարգիս բա-
զում վարդապետօք եւ երիցամբք: Ջողաւ եւ կաթողիկոսն
Աղուանից տէր Ներսէս, եւ եպիսկոպոսն տէր Յովհաննէս
յետ միոյ աւուր յիշատակի նորա. եւ ողբացեալ եւ լացեալ
յոյժ ի վերայ գերեզմանի նորա, եւ մխիթարեալ զեղբարսն
որ անդ՝ դարձան յիւրաքանչիւր տեղիս:

Եւ կալաւ զառաջնորդութիւն վանից եղբօրորդի նո-
րա Պօղոս քահանայ, եւ զվարդապետական ուսումն՝ Գրի-
գորիս վարդապետն, նորին աշակերտ եւ ազգական:

Եւ այս եղեւ ի թուին եօթն հարիւր: Արդ աղօթիւք նո-
րա տացէ Աստուած խաղաղութիւն ամենայն աշխարհի եւ
մեզ մասն ի յարութեան նորա եւ ի պսակին:

And then with a sweet breath his clean soul was freed from the fetters of the body on the tenth of the month of Areg, according to the new [calendrical] system on March 18th, according to the Roman [calendar] two days before the beginning of spring, on Saturday, the day of the remembrance for the venerable Cyril, patriarch of Jerusalem (who arranged the passages which are read [in Church], who wrote the book entitled *The Call* and the martyrdom of saint Orend and his six brothers, who were martyred by the impious Maximian). [Vanakan] was a follower of their ways and thus he was worthy of [dying on the day of their] remembrance.

A countless multitude assembled at his burial, and with great sorrow and grief they lamented exceedingly, for they were deprived of the venerable one's luminous doctrine and salutary words. They took and buried him at the head of the monastery on the eastern side, close to the smaller church where the graves of the poor were located, for [Vanakan] himself had so ordered.

Lord Sargis, bishop of the district, was there with many vardapets and priests. Also lord Nerses, Catholicos of Aghuania went and the bishop lord Yovhannes, one day after the burial. [There was] lamenting and heavy weeping over his grave and [there was] comforting of the monks there, [after which] each returned to his place.

The directorship of the monastery was taken by [Vanakan's] brother's son, the priest Poghos, while doctrinal teaching was taken over by vardapet Grigoris, Vanakan's student and relative.

And this occurred in the year 700 A. E. [1251]. Through his prayers may God grant peace to the whole world and to us a part in his resurrection and crowning.

ՃԴ

Վասն Յովհաննիսի Գառնեցւոյ:

Այր ոմն առաքինի, զարմանալի վարուք, գործող պատուիրանացն Աստուծոյ եւ լծաբարձ ի մանկութենէ, արժանացեալ քահանայական պատուոյ, կուսակրօն, Յովհաննէս անուն, ի քաղաքագիւղէն Գառնւոյ, ուր զարմանալի սարաւույթն է Տրդատայ, ի սուրբ ուխտէն Այրիվանաց: Սա ի մանկական տիոցն արհամարհեալ զամենայն ինչ կենցաղոյս, լքեալ զազգ եւ զտուն, յանապատ տեղիս բնակէր. սիրէր առանձին լինել եւ անգբաղապէս խօսել ընդ Աստուծոյ՝ տուեալ զինքն ազգի ազգի ճգնութեան, պահոց եւ աղօթից գետնատարած անկողնօք եւ անհանգիստ աշխունժութեամբ՝ շրջելով ի տեղւոջէ ի տեղիս եւ լուսաւորելով զպատահեալսն:

Տուան նմա եւ շնորհք բժշկութեանց, զի ձեռն դնելով եւ աղօթելով՝ բժշկէր զբազում ախտաճեռս: Խնդրէին ի նմանէ եւ զիր պահապան անձանց իրեանց, եւ նա անյապաղ տայր ամենայն խնդրողացն: Եւ զայս ոչ միայն հաւատացեալքն առնէին, այլ եւ բազումք յանհաւատիցն: Եւ նա գրելով զանուն սրբոյ երրորդութեանն եւ խորհրդական բանս աղօթից, տայր նոցա: Եւ նոցա առեալ հաւատով՝ կապէին յանձինս իրեանց:

Վասն սորա բազումք բազում ինչ պատմէին, բայց առաւել հարազատն մեր եւ սքանչելին Վարդան վարդապետն, որոյ բանքն արժանի էին հաւատարմութեան, զի նորա սիրով կապեալ էին ընդ միմեանս: Զի մեք մարմնով զնա ոչ տեսաք վասն հեռաւորութեան, նա ի միջթապրութիւն մեզ պատմեաց ինչ ի վարուց նորա մասնաւոր եւ ասաց. թէ՝ Ինքն իսկ Յովհաննէս ասաց մեզ. թէ՝ Զոգայ ես ի սուրբ քաղաքն Երուսաղէմ երկրպագել տնօրինական տեղեացն, եւ յամեցի անդ աւուրս՝ իջաւան կալեալ ի սուրբն Յակոբ:

LIV

CONCERNING YOVHANNES GARHNETS'I.

There was a virtuous man by the name of Yovhannes from the town of Garhni (where the edifice built on a high terrace by Trdat stands) belonging to the blessed congregation of Ayrivank'. [Yovhannes] was a man of wondrous behavior, a worker of the commands of God, obedient since childhood, made worthy of the honor of the priesthood; he was a celibate priest. From childhood he scorned all of this world, left his family and home, lived in a desert, liked to be alone and to converse with God undisturbed, giving himself up to manifold asceticisms, fasting, praying, sleeping on the floor and with a tireless spirit, traveling from place-to-place illuminating those he chanced upon.

The power of healing was given to him, for by putting on his hand and by praying he cured many illnesses. They further requested from him a written protection[30] for their persons and he always gave this to all who sought it. Not only did the Christians do this, but many of the non-believers as well. Thus, he wrote the name of the Holy Trinity and profound words of prayer and then gave it to them; and they took it in faith and attached it to their persons.

Regarding [Yovhannes] many people have much to say, but especially our brother the wonderful vardapet Vardan, whose words are worthy of belief, since they were bound to each other in friendship. For we did not see him in person because of the distance, yet [Vardan] in consolation related to us things from his life especially saying that [Yovhannes] himself had said: "I went to the holy city of Jerusalem to worship in the Holy Land, and I stayed there some days, lodging in [the monastery of] Saint James.

---

30 *i.e.,* a charm.

«Եւ ի գիշերի միում կանխեալ նախքան զհարկանել ժամուն ազդարարի, որ յառoթս զարթուցանէր զամենեսեան. եւ մինչդեռ աղoթէի ի սուրբ եկեղեցին, վարդապետն, որ իշխանն էր սուրբ Յակոբայ, կոչեաց զիս եւ ասէ. «Ե՛կ, լո՛ւր զարմանալի իրս, զոր պատմէ քահանայս իմ մանկագոյն»:

Եւ իբրեւ չոգայ առ նա, կոչեաց զերէցն, որ եւտես զտեսիլն զարմանալի, եւ ասէ. «Արդ ասա՛, զոր յառաջագոյն պատմեցեր ինձ, զի լուիցէ եւ սա»:

Եւ երէցն սկսաւ պատմել, թէ՛ «Նախ քան զզալդ ձեր յեկեղեցիս՝ էի ես յառoթս ի վերնատան սուրբ եկեղեցւոյն, եւ յանկարծակի նկարեալ պատկերն Գաբրիէլի հրեշտակապետի, որ կայ հանդէպ պատկերի ամենասրբուհւոյ Աստուածածնին, բարբառեցաւ եւ ասէ. «Ուրախ լեր բերկրեալդ, տէր ընդ քեզ». Օրհնեալ ես դու ի կանայս, եւ օրհնեալ է պտուղ որովայնի քո»:

Սկսան եւ ամենայն սրբոց նկարեալ պատկերքն զնոյն բարբառել ցմէծ ժամս՝ «Ուրախ լեր բերկրեաղ, տէր ընդ քեզ»:

«Եւ իմ զարմացեալ՝ փաստ եттու Աստուծոյ եւ քննեալ զտի տոմարական արուեստի, զի երեսուն էր այն oր արեգ ամսոյ, եւ եoթն ապրիլ ամսոյ, եւ հնգետասան նիսանay: Վկայէ այս տեսիլ եւ ցուցմունք հրաշիցս՝ հայոց անսուտ տoնին, որ ասեմք զoր աւետեաց սուրբ կուսին յերեսուն արեգի, եւ ապրիլի եoթն, եւ հնգետասան նիսանու եւ ոչ որպէս հակառակին այլ ազգք, եւ մանաւանդ յոյնք՝ ասելով ի քսան եւ հինգն մատի՝ անխորհուրդ»:

Զայս պատմեաց ճշմարтախoնի այրն ի հաստատութիւն ուղղափառ հաւատոյս:

"One evening before the ringing of the bell which summons everyone to prayer, while I was praying in the blessed Church, the vardapet who was the director of St. James called me and said, 'Come and hear the marvelous events which my youngest priest relates.'

When I went to him he called the priest who had seen the wondrous vision and said: 'Now say what you related to me earlier so that he too may hear it.'

And the priest began to speak, saying: 'Before your coming to the church, I was praying in the gallery of the holy church and suddenly the picture of the archangel Gabriel (which is drawn opposite the picture of the most blessed Mother of God) began to speak and said, 'Rejoice and be glad, for the Lord is with you. Blessed art thou among women and blessed is the fruit of thy womb.'

Then all the pictures of the saints began to utter the same [phrase] for a long while: 'Rejoice and be glad, for the Lord is with you.'

"Astonished, I glorified God and examined the calendar, for that day was the 30th day of the month of Areg, the seventh of April, and the 15th of Nisan. That vision and the marvellous demonstrations testify to the correctness [of the date] of the Armenian [observance of the] feast. We say that the blessed Virgin received the glad tidings on the 30th of Areg, April 7th, and the 15th of Nisan, not as other peoples (especially the Greeks) thoughtlessly say, on the 25th of March."

The honest man related this in the firmness of Orthodox faith.

Դարձեալ միւս եւս ամին հանգոյն, զոր պատմեալ է սուրբ այրն այն Յովհաննէս. «Էի ես, ասէ, ի կողմանս Յորդանան գետոյ՝ աղօթելով ի տեղւոջ մկրտութեան տեառն եւ սրբոյն Յովհաննու Կարապետի»: Եկին առ իս արք երեք, տաճիկ տոհմաւ, եւ խնդրէին զկնիք սուրբ մկրտութեանն: Եւ ես յապաղի տալ յայլում աւուր, եւ կամ առ- ցեն յայլոց, զիտեսանէի զնոսա արս խուժադուժս եւ հա- մարձի կեղծաւորիլ:

Եւ որ ալագն էր ի նոցանէ, պատմեաց ինձ եւ ասէ. «Մեք ի Ջանգիանայ եմք, ի քաղաքէ Պարսից, եւ եմք մուդ- րի դենիւ: Շինեցաք մեք մինարայ մեծ եւ գեղեցիկ եւ պատրաստեցաք, որ ինչ պետք են նաւակատեացն: Եւ ելի ես ի ծայր գմբեթին ըստ դենին տաճկաց տալ զանարժան ձայնն: Եւ ահա տեսի յարեւելից կուսէ զերկինս պատառ- եալ եւ զվայրն լի անբաւ լուսով, եւ թագաւոր մի ահեղ եւ զարմանալի՝ յաթոռ փառաց նստեալ, եւ շուրջ զնովաւ բազմութիւն լուսեղինաց, որք օրհնէին զնա անճառելի ձայնիւ: Գային նմա յերկրպագութիւն ամենայն ազգք քրիստոնէից իւրաքանչիւր առաջնորդօք ուսմանն, որք զարդարեալ էին երեւելի փառօք. եւ յորժամ երկրպագէին նմա, ընդունէր զողջոյն նոցա: Ի վերջոյ եկին այլ ազգ մի, որ կարի առաւել էին փառօք քան զառաջինսն, եւ առաջ- նորդքն նոցա կարի զարմանալիք: Եւ յորժամ եկին եւ եր- կրպագին թագաւորին, նա յարեաւ յաթոռոյն ընդ առաջ նոցա, եւ համբուրեաց զնոսա՝ առաջնորդօքն իւրեանց, եւ մեծարեաց քան զամենայն ազգն:

That holy man Yovhannes related something else of a similar nature: "I was," he said, "in the area of the Jordan River, praying where the Lord and St. John the Baptist had been. Three men, Tachiks by background, approached me and besought the seal of holy baptism. I postponed giving it until another day, so that they would be baptized by others, for I saw that they were rough men, and I judged them to be insincere.

"The eldest of them said to me: 'We are from the Iranian city of Zangi and Muslim by faith. We built a large and beautiful minaret and readied whatever was necessary for the opening celebration. I ascended to the top of the dome in order to give the worthless cry according to Tachik belief. And lo, I saw to the east that the earth was torn asunder and one spot was filled with unbounded light and a king, awesome and wondrous sat on a throne of glory and about him a luminous multitude who blessed him with inexpressible sounds. Coming to worship him were all the Christian peoples, each with the leaders of its faith, adorned in venerable glory; and as they worshipped him, he accepted their greetings. At last, another people came with much greater glory than those preceding, and their leaders were quite remarkable. When they approached and worshipped the king, he arose from his throne before them and kissed them together with their leaders and honored them more than all the other peoples.

«Եւ մինչ ես հիացեալ կայի զարմացմամբ եւ ապշեալ, եկն առ իս ի վեր այս աւագ որդի իմ եւ ասէ. «Ընդէ՞ր յամեցեր, զի քեզ մնան ամենայն ժողովուրդն»: Հայեցաւ եւ սա յարեւելս, եւ ետես զնոյն տեսիլ, եւ եկաց յիմարեալ: Ապա իբրեւ կարի յամեցաք, նեղացաւ ամբոխն ընդ յամելն մեր. եկն ել այս կրտսեր որդի իմ եւ մեղադրէր մեզ վասն յամելոյն մերոյ: Եւ քանզի անցեալ էր տեսիլն ի զալ սորա, պատմեցաք սմա զպատճառն յամելոյն եւ զիրս տեսլեանն, եւ իսկոյն կամեցաք ի բարձանց անտի քարոզել զՔրիստոս ճշմարիտ Աստուած եւ զմեզ քրիստոնեայս: Սա արգել զմեզ եւ ասէ. «Որովհետեւ այդպէս է, իմաստութեամբ գործեցուք. թէ այժմ քարոզեմք մեք զՔրիստոս, իսկոյն սպանանէն զմեզ ամբոխս տաճկաց եւ դնէն բարուրս, թէ վասն յանցանաց իրիք սպանաք, եւ ո՞վ զիտէ զմէնջ, այլ երթիցուք, տացուք նոցա զկերակուրն, զոր պատրաստեցաք, եւ ապա մեք երթիցուք ի սուրբ քաղաքն Երուսաղէմ եւ անդ լիցուք կատարեալ քրիստոնեայք ի ձեռն կնքոյ աւազանին, եւ մանաւանդ յայնց քրիստոնէից, զոր դուք ասէք, եթէ կարի խնդութեամբ ընկալալ զնոսա թագաւորն եւ նշանակեցաւ ձեզ ի տեսլեանն, եթէ ազգն հայոց էին այնոքիկ, որք վիճակ հասին Թադէոսի եւ Բարդուղիմէոսի եւ սրբոյն Գրիգորի»:

Եւ մեր ունկնդիր եղեալ բանից սորա, իջաք առ նոսա՝ ոչ ինչ պատմելով ումեք: Թողաք զամենայն զոյս մեր՝ զշարժուն եւ զանշարժուն, եւ եկաք յԵրուսաղէմ, եւ աղաչեաք զԱստուած պատահիլ մեզ այն ազգի, որ փառաւորք էին ի տեսլեանն: Եւ եցոյց մեզ Աստուած զքեզ, եւ զնոյն նշան տեսաք ի վերայ քո: Արդ աղաչեմք զքեզ, տո՛ւր մեզ զկնիքն Քրիստոսի եւ արա՛ զմեզ կատարեալ ծառայս Աստուածոյն քո»:

"'And while I was standing there awestruck, dumbfounded and amazed, my elder son here ascended [the minaret] to me and said: 'Why do you delay? All the people are waiting.' He too looked to the east and saw the same vision and was stunned. Now as we had delayed a very long while, the crowd became annoyed and my younger son here came and reproached us for our delay. But since the vision had vanished at his arrival, we related to him the cause of our delay and the substance of the vision, and immediately we wished to preach from that height Christ as the true God and [to announce] ourselves as Christians. He stopped us, saying: 'Since this is the way things are, let us act wisely. If we now confess Christ, the mob of Tachiks will kill us and will say that as a result of our wrongful deeds we were killed by them, who knows? Instead, let us go and give them the food which we have prepared, and then let us go to the holy city of Jerusalem and there become complete Christians, and be baptized especially by those Christians whom you say that the king received with great joy and pointed out to you in the vision. They are the Armenian people who were the lot of Thaddeus, Bartholemew and Saint Gregory.'

'We listened to his words and descended to the people, not relating anything to anyone. We left all our property movable and immovable and came to Jerusalem. And we beseeched God to let us encounter that people who were glorified in the vision. God showed us you and we saw the same sign above you. Now we implore you, give us the seal of Christ and make us complete servants of your God.'

Եւ իմ տեսեալ զյօժարութիւն նոցա, եւ թէ ի տեառնէ է կոչումս, մկրտեցի զնոսա ի սուրբ զետն Յորդանան յանուն հօր եւ որդւոյ եւ հոգւոյն սրբոյ, եւ հաղորդեցուցի զնոսա ի պատուական մարմին եւ արիւն որդւոյն Աստուծոյ։ Եւ ողջունեալ զմեզ, ելին ի քաղաքէն՝ գնալ ի մեծն Հռոմ ի տեսութիւն գերեզմանի սուրբ առաքելոցն Պետրոսի եւ Պօղոսի՝ ի փառս Քրիստոսի»։

Ասէր եւ զայս նոյն սքանչելին Յովհաննէս, եթէ՝ «Արք քառասուն, հայ ազգաւ, չոգան յանապատն Սինայ, ի լեառն, ուր երեւեցաւ Աստուած Մովսիսի եւ ետ զտախտակական քարեղէնս, յոր գրեալ էին տասն պատգամքն, երկիր պագանել Աստուծոյ եւ տեսանել զսուրբ տեղիսն։

Եւ էր ի ստորոտ լերինն վանք մի, հոռոմ ազգաւ, խրստակրօն վարուք անդ օթեւանս կալան։ Եւ մինչ կամէին ելանել ի լեառն, պատուիրեցին նոցա բնակիչք վանիցն եւ ասեն. «Զգիշերս մի՛ ագանիք անդ, քանզի ահագին արհաւիրս տեսանեն անդ, որք օթագային. այլ եւ կորուստ անձանց բազմաց պատահեալ է»։

Իսկ նոքա ելին համարձակութեամբ, ոչ ինչ կերակուրս բարձեալ ընդ իրեանս. եւ յամեցին անդ աւուրս։ Եւ զարմացեալ էին բնակիչք վանիցն, թէ զի՛նչ եղեն, զի ընդ այլ անց ոչ կայր. եւ համարէին, եթէ կորեան յարհաւրաց անտի։

Իսկ նոքա յետ կատարելոյ զպաշտօնն իրեանց՝ իջին ի լեռնէ անտի, փառաւորեալ եւ հրաշալի երեսօք։ Եւ էին քառասուն եւ երկու։ Եւ զարմացեալք բնակիչք վանիցն, ելին ընդ առաջ նոցա ջահիւք եւ լապտերօք, եւ մեծաւ պատուով տարեալ հանգուցին։ Եւ զարմանային, զի, յորժամ ելին ի լեառն՝ քառասուն էին, եւ իբրեւ իջին՝ քառասուն եւ երկու, զի գիտէին, թէ այլ ոք ոչ չոգաւ ի վեր՝ բա՛ց ի նոցունց։

"And when I saw their joy and that the call had come from the Lord, I baptized them in the holy Jordan River in the name of the Father and of the Son and of the Holy Spirit and I gave them communion in the honored Body and Blood of the Son of God. Greeting us, they arose from the city and went to the great city of Rome to see the tombs of the holy Apostles Peter and Paul, to the glory of Christ."

This same wonderful Yovhannes said that "There were forty men of Armenian nationality who went to the Sinai desert to the mountain where God appeared to Moses and gave him the stone tablets on which were written the Ten Commandments, to worship God and to see the holy places.

"At the base of the mountain there was a Latin monastery maintaining a rigorous discipline, and it was there that they lodged. Although they wanted to ascend the mountain, the residents of the monastery enjoined them, saying: 'Do not spend the night up there, for those who have done so have seen frightful horrors, and destruction has encompassed many of them.'

"But [the Armenians] ascended boldly, taking no food with them, and they stayed several days. The residents of the monastery were amazed, wondering what had happened since there was no other way up [than the one traversed] and they assumed that the Armenians had died there from the terrors.

"But [the Armenians], after completing their worship descended the mountain with glorious and wondrous visages. And there were forty-two of them. The astonished residents of the monastery went before them with torches and lanterns and gave them refreshment with great honor. And they wondered greatly, since when the party had ascended the mountain there were forty men, and yet when they descended there were forty-two, and they knew that no one else had gone up except for the forty.

Եւ իբրեւ եղին սեղան առ ի կերակուրս, յարեան երկու արքն փառաւորք, որք աւելի էին քան զքառասունսն, պաշտել զնոսա ի սեղանն եւ ոչ տային թոյլ արանց վանիցն ծառայել նոցա, այլ ասէին. «Մեր սովորութիւն է զեղբարս մեր մեզ պաշտել»:

Եւ իբրեւ կերան, որ ինչ պատշաճն էր, ողջունեալ զնոսա, եղեն աներեւոյթ. որք էին Մովսէս եւ Եղիա: Եւ ահիւ մեծաւ ըմբռնեալ բնակիչք վանիցն, պատուէին զնոսա իբրեւ զիրեշտակս. եւ յուղակեցին մեծաւ պատուով»:

Զայս պատմէր սրբասէրն Յովհաննէս ի դէմս այլոց վասն անձին խոնարհութեան, զի մի՛ գիտասցեն, թէ եւ ինքն ընդ նոսա էր:

Յետ այսորիկ շրջեալ նորա ընդ բազում զաւառս եւ ընդ քաղաքս, եհաս ի քաղաքն Կողոնիա: Եւ բազումք ի թուրքացն եւ ի տաճկացն զային առ նա եւ մկրտէին վասն սքանչելի վարուց նորա եւ բժշկութեանցն, զոր առնէր:

Ապա նախանձեցան ընդ նա պարսիկքն, եւ իշխան քաղաքին Կողոնիայ ըմբռնեաց զնա եւ զերծց մի, եւ կուտեալ փայտ չոր, եղեալ զնոսա ի միջի՝ վառեաց հրով: Եւ լայր երէցն՝ որ ընդ նմա, եւ նա քաջալերէր զնա եւ ասէր. «Մի՛ երկնչիր, կարող է Աստուած ապրեցուցանել զմեզ ի հրոյս, որպէս զերիս մանկունսն»:

Եւ մինչ բորբոքէր բոցն, մանուկ իշխանին անկաւ ընդ պարիսպ բերդին եւ յարեաւ անվնաս: Եւ ի հարցանէլն, թէ՝ «Ո՞րպէս կաս կենդանի»: Պատասխանի ետ, թէ՝ «Այրն այն, զոր ընկեցիք ի հուրն, նա եբարձ զիս ձեռօք իւրովք եւ ոչ ետ ինձ անկանիլ յերկիր»: Եւ առժամայն առաքեաց իշխանն, եւ հրամայեաց հանել զնոսա ի հրոյն, եւ թոյլ ետ երթալ, ուր եւ կամեսցի:

"When they set the table the two additional glorious men arose and cared for those at the table and would not permit any of the men from the monastery to serve them, saying: 'It is our custom to care for our brethren.'

"And as soon as they had eaten what was seemly, the two saluted the forty and disappeared. They were Moses and Elias. Seized with great awe the residents of the monastery honored the forty like angels and set them on their way with great honor."

The saint-loving Yovhannes narrated this speaking in the third person out of humility, so that no one knew that he himself was with them.

After this he traversed many districts and visited many cities and reached the city of Colonia. And many, many Turks and Tachiks came to him and were baptized because of his wonderful conduct and the healings he performed.

But the Iranians were jealous of him and the prince of Colonia seized him and a priest, gathered dry wood, placed them in the midst of it and set the wood afire. The priest with him wept, and Yovhannes exhorted him to be brave, saying: "Fear not, God may rescue us from the fire, as He rescued the Three Infants."

And while the flames rose higher, a young prince fell from the wall, yet arose unharmed. When they asked: "How is it that you are alive?" He replied: "That man whom you have thrown into the fire lifted me up in his arms and did not allow me to hit the ground." At once the prince sent and ordered that they be removed from the fire and permitted to go wherever they pleased.

Եւ նորա շրջեալ ընդ բազում գաւառս, գնաց ի Հռոմկլայն առ մեծ կաթողիկոսն Հայոց տէր Կոստանդին. եւ նա ուրախութեամբ ընկալաւ զնա մեծաւ պատուով եւ ոչ եւս թոյլ երթալ յայլ ուրեք: Եւ անդ եկաց մինչեւ փոխեցաւ առ Քրիստոս եւ թաղեցաւ ի նմին. զընթացս իւր կատարեալ եւ զհաւատս պահեալ՝ եհաս անթառամ պսակին եւ անվախճան կենացն: Աղօթք նորա մեզ ի սատարութիւն եւ ի թողութիւն մեղաց, եւ յիշատակ նորա ընդ սուրբս ամենայն ի Քրիստոս Յիսուս, ի տէր մեր, որում փառք յաւիտեանս:

[Yovhannes] passed through many districts and went to the great Catholicos of the Armenians, lord Kostandin, at Hrhomkla. The latter received [Yovhannes] joyfully with great honor and did not let him depart. [Yovhannes] remained there until he passed to Christ, and he was buried there. Having completed his life holding to his faith, he achieved the garland which never fades, and life everlasting. May his prayers support us and forgive our sins and may his memory be among all the saints in Jesus Christ our Lord, to Whom glory forever.

ՃԵ

Վասն Սարթախին որդւոյ Բաթուին:

Մեծ զօրավարն Բաթու, որ ի կողմանս հիւսիսոյ, առեալ
իւր բնակութիւն առափն Կասբից ծովուն եւ Աթլ գետոյն
մեծի, որ ոչ գտանի հանգոյն նմա ի վերայ երկրի, քանզի
ծովօրէն ընթանայ վասն հարթայատակութեան երկրին, ի
մեծ եւ ի լայնանիստ դաշտին Խբչախաց գետեղէր նա բա-
գում եւ անթուելի զօրօքն, որ ընդ նմա, քանզի խորանօք
բնակէին, եւ ի չուելն զխորանսն սայլիք տանէին՝ բազում
եզինս եւ ձիս լծեալ ի սայլսն:

Սա զօրացաւ յոյժ եւ մեծացաւ քան զամենեսին, եւ հռ-
նազանդեաց զոհիեզերս, եւ ի հարկի կացոյց զաշխարհն ա-
մենայն, այլ եւ իւր ազգայինքն զնա քան զամենեսին մեծ
ունէին, եւ որ թագաւորէր ի նոցունց, զոր դանն կոչէին, հռ-
րամանաւ նորա նստէր յաթոռն: Զի եղեւ մեռանել Գիուգ
դանին, եւ ընդ միմեանս անկեալ ազգատոհմն նորին, թէ
ն'վ ոք նստցի յաթոռն: Եւ ամէնեքեան զնա արժանացուցին
նստիլ եւ կամ զով եւ կամեցցի նա, այն լիցի թագաւոր:

Եւ կոչեցին զնա ի կողմանցն հիւսիսոյ գալ յաշխարհն
իւրեանց եւ թագաւորել ի վերայ ամենից: Եւ չոգաւ նա
հաստատեալ զթագաւորութիւնն, եւ եթող զլուխ զօրացն
զորդին իւր, որում անուն էր Սարթախ, եւ ինքն երթեալ ո'չ
նստաւ յաթոռ թագաւորութեանն, այլ զայլ ոմն կարգեաց
յազգայնցն, որում անուն էր Մանգու, եւ ինքն դարձաւ առ
զօրս իւր:

Իսկ յազգականացն ումանք տհաճ եղեն ընդ գործն, զի
ակն ունէին կամ ինքեանք թագաւորել եւ կամ թագաւորե-
ցուցանել զորդին Գիուգ դանին, որում անուն էր Խոճա
դան, բայց յերես ոչ իշխեցին բերել զիրս անհաճութեան:
Իսկ յորժամ դարձաւ նա առ զօրս իւր, նոքա սկսան ցուցա-
նել իրս ապստամբութեան առ Մանգու դանն, եւ սկսան
խոռվել:

LV

REGARDING SARTAKH, SON OF BATU.

The great general Batu who was in the northern regions had taken his habitation by the shores of the Caspian Sea and the great At'l River[31] which has no equal on earth, since it courses like a sea due to the flatness of the land. [Batu] situated himself in the great and wide plain of the Qipchaqs with countless troops under him. [The Mongols] dwelled in tents and when not living in tents, they went about in carts yoked up to many oxen and horses.

He became extremely strong and grew more powerful than all, made the world obedient to him and placed all lands in tribute. Furthermore, his relations held him to be greater than anyone else, and their king, whom they call Khan, sat on his throne by [Batu's] command. For Guyuk-Khan had died and his clan debated as to who among them should be enthroned. They all deemed him worthy of sitting on the throne or of choosing who should be king.

They summoned him from the north to come to their land and rule over all. [Batu] went to firm up the kingdom, and left as the head of the troops his son, named Sartakh. He himself did not take the throne but seated there one of his relations named Mongke. Then he returned to his troops.

Now some of the relatives were dissatisfied with the affair since they had in mind either that they themselves be enthroned or else to have enthroned Guyuk-Khan's son, whose name was Xocha-Khan. They dared not reveal their dissatisfaction at the time, but when Batu had returned to his troops, they began to be rebellious toward Mongke-Khan and to agitate.

---

31 *At'l River:* Volga River.

215

Եւ լուեալ Բաթոյի, հրամայեաց կոտորել զքաղցումս յազգականացն եւ ի մեծամեծացն, ընդ որս եւ զմեծ ումն գլխաւոր, որում անուն էր Էլչի-Գաղա, որ հրաման առեալ էր ի Գիուգ դանէն զօրավար լինել թաթար զօրուն, որ յԱրեւելս եւ յաշխարհս Հայոց, փոխանակ Բաչու-նուինին: Եւ մինչդեռ ի ճանապարհի էր յաշխարհին Պարսից, եհաս նմա համբաւ մահու Գիուգ դանին: Եւ անդէն զետող առեալ մնայր, թէ ով առնու զաթոռ թագաւորութեան:

Ջմանէ ամբաստան եղեն առ Բաթոյն գլխաւորք զօրում՝ որ յԱրեւելս, զի ոչ կամէին նմա իշխել ի վերայ ինքեանց, զի այր մեծամիտ էր, եւ ասեն, թէ՝ Եւ սա եւս յանհնազանդիցն է Մանգու դանին: Եւ հրամայեաց առ ինքն ածել. զոր ընբռնեալ տարան կապանօք, զոր եսպան չարապէս:

Ապա սկսան առ նա երթալ թագաւորք եւ թագաւորազունք, եւ իշխանք, եւ վաճառականք, եւ ամենայն վշտատեսք, որք զրկեալ էին ի հայրենեաց իւրեանց: Եւ նա արդար դատաստանաւ տայր զիւրաքանչիւր զաւառ եւ զհայրենիս եւ զիշխանութիւնս ամենայն ումեք երթողացն առ նա եւ զիրս նշանաւորս, եւ ոչ ոք իշխէր ընդդէմ դառնալ հրամայելոցն ի նմանէ:

Սորա էր որդի մի, որում անուն էր Սարթախ, զոր վերազգյան լիշեցաք, որ անաւ քրիստոնեայ դայեկօք, եւ ի չափի հասեալ՝ հաւատաց ի Քրիստոս եւ մկրտեցաւ յասրրւցն, որք անուցին զնա: Սա բազում դիւրութիւն արար եկեղեցւոյ եւ քրիստոնէից, եւ կամաւ հօր իւրոյ գրեաց գիր ազատութեան քահանայից եւ եկեղեցւոյ եւ առաքեաց յամենայն կողմանս սպառնալիս եւ մահ, եթէ ոք հարկ առնու յեկեղեցւոյ, կամ ի նորին պաշտօնէից, զինչ ազգ եւ իցէն, այլ եւ ի տաճկաց մզքիթացն եւ ի նորին սպասաւորաց:

When Batu heard of this he ordered many relations killed including grandees among whom a certain great chief named Elch'i-Gada. The latter previously had been ordered by Guyuk-Khan to be general of the T'at'ar army in the east and the land of Armenia in place of Baiju. But while he was on the road in Iran, he received news of the death of Guyuk-Khan. And he stayed where he was to see who would take the throne of the kingdom.

The chiefs of the army in the East rebelled [from Elch'i-Gada] and came to Batu since they did not want the former to rule over them, as he was a conceited man. They said: "This man also has rebelled from Mongke-Khan." And [Batu] ordered that [Elch'i-Gada] be sent to him. He was seized and taken in fetters and wickedly killed.

Then [many people] started coming [to Batu]: kings and royal offspring, princes and merchants, and all who were distressed, who had been deprived of their patrimonies. And [Batu] through just decisions gave to each who came to him his districts, patrimonies and principalities as well as written documents. And no one dared to oppose what he had commanded.

[Batu] had a son named Sartakh whom we mentioned above. He was nourished by Christian tutors and when he reached maturity, he believed in Christ and was baptized by the Syrians who had nourished him. He granted many liberties to the Church and to Christians and with the acquiescence of his father he wrote a decree of freedom for the priests and the Church and sent it everywhere threatening death to anyone collecting taxes either from the Church or its servitors, no matter what their nationality; [this also applied to] the Tachik mosques and their attendants.

Աստուստ ապա համարձակութիւն առեալ չոգան առ
նա վարդապետք եւ եպիսկոպոսունք եւ երիցունք։ Եւ նա
սիրով ընդունէր զամենեսին, եւ կատարէր զխնդրուածս
նոցա։ Եւ ինքն երկիւղածութեամբ եւ Աստուածպաշտու-
թեամբ կեայր հանապազ՝ եկեղեցի խորանեայ ընդ իր շըր-
ջեցուցանելով եւ զԱստուածային խորհուրդն անյապաղ
կատարելով։

Ընդ որս չոգաւ առ նա եւ մեծ իշխանն Խաչենոյ եւ
կողմանցն Արցախու Հասան, զոր Ջալալն կոչէին զգուա-
նօք, այր աստուածապաշտ եւ երկիւղած, եւ պարկեշտ հայ
ազգաւ։ Եւ նա սիրով եւ մեծարանօք ընկալաւ զնա, եւ զորս
ընդ նմայն էին՝ զիշխանն Գրիգոր, զոր սովորութեամբ Տը-
րայն կոչէին, եւ էր ծեր յայնժամ, եւ զԴեսում իշխանն՝
պարկեշտ պատանի, եւ զվարդապետն Մարկոս, եւ զեպիս-
կոպոսն Գրիգոր։

Եւ տարեալ առ հայրն իւր, մեծապատիւ արար եւ ետ
ի նա զհայրենիս իւր զՋարաբերդ եւ զԱկանայ եւ զԿար-
կառն, զոր հանեալ էին յառաջագոյն ի նմանէ ազգն թուր-
քաց եւ վրաց։ Առ եւ զգիր ազատութեան կաթողիկոսին
Աղուանից տէր Ներսիսի, եւ ամենայն զոյից նորա եւ ստաց-
ուածոց, զի ազատ եւ անհարկ լիցի եւ համարձակ շրջեսցի
ի վիճակս իշխանութեան իւրոյ ամենայն ուրեք, եւ մի՛ ոք
դիմադարձ լիցի ասացելոցն ի նմանէ։

Եւ եկն Ջալալն ի տուն իւր ուրախութեամբ, բայց զկնի
աւուրց ներեալ ի հարկապահանջացն եւ յԱրդունէն՝ զնաց
առ Մանգու դանն։

Եւ թագաւորեաց Մանգու դանն յեօթն հարիւր թուա-
կանին հայոց։

Hence, taking courage, vardapets, bishops, and priests went to him and [Sartakh] received them all with affection and fulfilled their requests. He himself lived piously and religiously, taking a tent-church about on his travels and always performing the divine service.

Among those who went to him was Hasan, the great prince of Xach'en and the Artsakh region, whom they endearingly called Jalal, a pious religious man and a modest Armenian by nationality. [Sartakh] received [Hasan] with affection and honor as well as those accompanying him: prince Grigor (customarily called Tghay) who was then an old man, prince Desum a modest lad, vardapet Markos and bishop Grigor.

[Sartakh] took [Hasan] to his father [Batu] who honored him greatly and returned to him his patrimony, Ch'araberd, Akanay, and Karkarhn, which the Turks and Georgians previously had stripped from him. He also received a document guaranteeing freedom for lord Nerses, Catholicos of the Aghuans, for all his properties and goods, that he be free and untaxed and freely travel everywhere in the diocese of his authority and that no one disobey what he said.

Jalal returned to his home joyously, but after some days being harassed by tax collectors and by Arghun, he went to Mongke-Khan.

And Mongke-Khan ruled in the year 700 A.E. [1251].

Վասն մարախին, որ եկեր գաշխարհս:

Յեօթն հարիւր եւ մի թուականին հայոց եկն մարախ սաստիկ, ա՛յնքան՝ մինչ զի ի վերանայն ստուեր գործէր, եւ նրւաղ երեւէր լոյս արեգականն: Եւ եկեալ ի կողմանցն Պարսից, եկեր գաշխարհս Հայոց, ո՛չ միայն զբոյսս դալարոյ,
այլ եւ զհող երկրի եւ զաղբս լափէր. եւ մտանէր ի տունս
ընդ երդս եւ ընդ դրունս, թէ պատահէր ի բաց: Զահի հարաւ երկիր, եւ եղեւ սղութիւն հացի: Եւ հասեալ ի ձմերան
եղանական, արկ ձու յերկիր եւ մեռաւ, եւ նեխեցաւ երկիր
ի հոտոյն: Եւ ի գալ գարնանն յեօթն հարիւր եւ երկու թուականին բուսոց երկիր գձազգ մարախոյն յոյժ թանձրութեամբ, մինչ զի ծածկեցաւ հող եւ քարինք երկրի. եւ ի ժամ
երեկոյին կուտէին ի վերայ միմեանց բլրաձեւ. եւ սկաւ ուտել զդալարի եւ զհող:

Եւ խորհեցան մարդիկ թողուլ զբնակութիւնս իւրեանց
եւ երթալ յօտարութիւն, ուր եւ գոցեն կերակուր: Եւ զի յառաջագոյն կերեալ էր գզրջակայ զաւառսն՝ սկսեալ ի Սպահնոյ, եւ յԱսիոյ, եւ ի Պարսից եւ ի Միջագետաց, վասն այնորիկ տարակուսեալք ոչ գիտէին՝ զի՞նչ գործեսցեն: Սկրսան այնուհետեւ ապաւինել յամենակարող ձեռն եւ ի բազուկն հզոր, որ յոչէէ գոյացոյց զարարածս եւ ողորմութեամբ իւրով խնամէ զստա միշտ, որոյ եւ անհնարինքն
հնարաւորք են նմա, եւ արտասուօք եւ ուխտիւք հայցէին ի
նմանէ բառնալ զպատուհասն յաշխարհէ:

Իսկ ողորմածն Աստուած խնստ վիրացն ետ ապեղանիս արագ, եւ «որ եհարն, նոյն եւ բժշկեաց»: Քանզի եկն
բազմութիւն մանր հաւուցն պիսակաց, զոր վասն բազմութեանն տարմ անուանեն սովորաբար, եւ կարգ կալեալ յեզերացն, առ հասարակ սպառեալ եկեր գամենայն բազմութիւն մարախոյն, ա՛յնքան, զի եւ մի ոչ գտանիւր: Եւ անդ
էր տեսանել զամենայն բերան ի գովութիւն Աստուծոյ, եւ
ամենայն միտք՝ ի զարմացման: Բայց զրոյց, որ վասն հաւուցս այսոցիկ է, սպանցացման արժանի է:

LVI

CONCERNING THE LOCUSTS WHICH
DEVOURED THE LAND.

In 701 A.E. [1252] a severe plague of locusts came, so severe that in flight they created a shadow and the light of the sun was reduced. Coming from Iran, they devoured the land of the Armenians, not only the green plants, but the very earth; and they even consumed dung. They entered homes from windows and doors, should they happen to be open. The land was thrown into terror and bread became dear. When wintertime came and snow fell on the ground, the locusts died, and the ground putrefied from the smell. But on the arrival of spring in 702 A.E. [1253] the land blossomed forth with the offspring of the locusts in such density that the ground and rocks of the country were covered, and at evening they piled one atop the other mound-like and commenced eating plants and soil.

People thought about leaving their abodes and going to foreign lands wherever they might find food. But since all the surrounding districts from Spain to Asia to Iran to Mesopotamia had already been eaten through, people were in a quandary as to what to do. They then started to take refuge in the hand and powerful arm of the Almighty, which created life from nothing, and which always cares for them with His pity, for Whom the impossible is possible. With tears and vows they looked to Him to end the scourge in the land.

Now merciful God quickly gave ointment to a bad wound and "the same one who was stricken, him He healed." For there came multitudes of small spotted birds, usually called *tarm*[32] because of their numbers. Ranging themselves on the edges, they ate the whole multitude of locusts, to the point that not one could be found. Then one could see all mouths uttering praises of God and all minds were astonished. But this following tale about the birds is worthy of awe.

---

32 *tarm:* flock.

Ասեն, թէ ի կողմանս Պարսից աշխարհին, որ կոչի Քիրման, է ջուր ինչ, զոր երթեալ՝ առնուն ի ջրոյն ի շիշս ապիկիս եւ բերեն անյետս դառնալի. եւ զջուրն յերկիր ոչ դնեն, այլ կապեն ի ձողս եւ ցցեն. եւ անդ է դաղարք հալուցն։ Զհետ ջրոյն՝ որ տանին, ելանեն հաւքն ըստ թուոյ խնդրողին. եւ այսպէս զան հաւքն զկնի մարախոյն։ Այլ մեք հաւատամք զամենայն գործ լեալ ի խնամոցն Աստուծոյ, որ ըստ մեղաց աշխարհի թոյլ տայ զալ պատուհասին, եւ դարձեալ բժշկէ ողորմութեամբն իւրով որպէս եւ կամի. որ եւ այս պատուհաս մարախոյս զայս ետ դեղ եւ սպեղանի՝ զբազմութիւն ձագուցս ծախողի:

They say that in the Iranian area, in a land called K'irman, there is a certain water. Those who go there put it into glass bottles and take it, without looking back. And they do not put the water on the earth, but instead tie the bottles to poles and shake them; and the birds perch there. As many birds as are desired come after this water, and so the birds came after the locusts. However, we believe the whole affair was due to the concern of God, that on account of the sins of the land He allowed the scourge to come and then out of His mercy healed [the land] as He saw fit and gave [this water] as medicine and ointment for the scourge of locusts [which caused] the gobbling up of the multitude of their young.

ԾԷ

Վասն աշխարհագրին, որ եղեւ հրամանաւ
Մանգու դանին:

Արդ յեօթն հարիւր եւ երեք թուականին հայոց առաքեաց
Մանգու դանն, եւ մեծ զօրավարն Բաթու, այր մի ոստի-
կան, Արղուն անուն, որ ի Գիուգ դանէն առեալ էր հրա-
ման վերակացութեան հարկացն արքունի ի հնազանդեալ
աշխարհացն, եւ միւս եւս գլխաւոր այր ի տանէ Բաթուին,
որում անուն էր Թօրա աղա, հանդերձ այլովք բազմօք, որ
ընդ նոսա, աշխարհագիր առնել յամենայն ազգս, որ ընդ
ձեռամբ նոցա էին հնազանդեալ:

Եւ նոցա առեալ զայս հրաման, եղին ընդ աշխարհս
ամենայն կատարել զգործն: Հասին եւ յաշխարհս Հայոց
ե՛ւ Վրաց ե՛ւ Աղուանից, եւ որ շուրջ զնոքօք զաւառք, սկս-
եալք ի տասնամենից եւ ի վեր՝ ընդ գրով համարոյ արկա-
նել զամենեսին, բաց ի կանանց: Եւ յամենեցունց պահանջ-
եալ խստագոյն հարկս, աւելի քան զկար մարդոյն, սկսան
չքաւորիլ. եւ նեղէին անհնարին կոտանօք եւ չարչարանօք
եւ զեղցop: Եւ որ թաքչէր՝ ըմբռնեալ, սպանանէին, եւ որ
ոչ կարէր հատուցանել զսակն, զմանկունս նոցա առնուին
ընդ պարտուցն, քանզի պարսիկ տաճկահաւատ սպասա-
ւորօք շրջէին:

Այլ եւ իշխանքն՝ տեարք զաւառացն, նոցուն գործա-
կից լեալ ի նեղելն եւ ի պահանջելն վասն իրեանց չահե-
լոյ: Եւ այսու ոչ բաւականացան, այլ եւ զամենայն արուես-
տագէտս, եթէ ի քաղաքս եւ եթէ ի գիւղս, զամենայն ի
հարկի կացուցին: Այլ եւ զծովակս, եւ զլիճս ձկնորսաց, եւ
զերկաթահանս, եւ զղարբինս, եւ զշպարարս: Եւ զի՞ պիտոյ
է մանրամասնաբար ասել, զամենայն դուռն շահից հատին
ի մարդկանէ, եւ ինքեանք միայն շահէին. եւ զամենայն ա-
դահանան առին, որ ի Կողբ եւ որ յայլ կողմանս կողմանս:

LVII

THE CENSUS UNDERTAKEN AT THE ORDER OF MONGKE-KHAN.

In 703 A.E. [1254] Mongke-Khan and the great general Batu sent an *ostikan* named Arghun, who [earlier] had been ordered by Guyuk-Khan to oversee the court taxes levied from subjugated countries. There also was another chief from Batu's house named T'ora-*agha*, who was sent out with many others under their sway to make a census of all peoples subject to them.

They took this command and went throughout all the lands to complete the work. They also reached the lands of the Armenians, Georgians, Aghuans and the districts surrounding them. They began recording everyone from age eleven up excepting the women. And they demanded the most severe taxes, more than a man could bear; and people became impoverished. They harassed the people with unbelievable beatings, torments and tortures. Those who hid were seized and killed. Those who were unable to pay the rate had their children taken to pay their debt, for they circulated about with Iranian Muslim attendants.

Furthermore, the princes, lords of the districts, became their coworkers in harassing and demanding taxes for their own profit. Nor were they content with just this. Instead, all the artisans whether in the cities or the villages were taxed. Furthermore, fishermen of the seas and lakes, miners and blacksmiths and painters/plasterers [were taxed]. Is it necessary to explain in detail the level of profit which they extracted from people? And they alone profited. They took all the salt mines, in Koghb and other areas.

Նա եւ ի վաճառականաց բազում ինչ շահեալ, կուտե-
ցին զանձս սաստիկս ոսկւոյ եւ արծաթոյ եւ ականց պատ-
ուականաց: Եւ այսպէս զամենեսին սպացուցեալ եւ վայիւ
եւ աշխարով լցեալ զաշխարհս, թողին չար ոստիկանս ի
վերայ աշխարհիացս զնոյն պահանջել յամենայն ամի, նո-
վին համարով եւ գրով:

Բայց մեծարեցաւ ի նոցանէ այր մի մեծատուն վաճա-
ռական, Ումեկ անուն, զոր ինքեանք Ասիլ կոչէին. այր բա-
րեգործ, զոր երբեմն յիշատակեցաք, որ ապրեցաւ յաւե-
րին Կարնոյ քաղաքի ի թաթարէն հանդերձ որդւովբն
Յովհաննաւ, Ստեփանոսիւ եւ եղբարբք իւրովբ: Եւ էր
յայնժամ ի Տփխիս քաղաքի բնակութիւն կալեալ, եւ հայր
անուանեալ թագաւորին վրաց Դաւթի, եւ մեծարեալ ի
դանէն գրով, եւ յամենայն աւագանոյն: Սա առատ տուրս
ետ Արղունին եւ որ ընդ նմա, եւ մեծարեցաւ յոյժ ի նոցունց:

Բայց յեկեղեցականացն ոչինչ առին հարկս, զի չունէ-
ին հրաման ի դանէն: Նոյնպէս եւ որդիքն Սարաւանին՝
Շնորհաւորն եւ Մկրտիչն՝ ընչաւէտք եւ մեծատունք:

They similarly profited greatly from the merchants and heaped up vast quantities of gold, silver, and precious stones. Thus, everything became expensive and the lands became filled with lamentation and complaints. Then they left in charge of the lands wicked ostikans who demanded the same amount every year by list and in writing.

But one wealthy merchant was respected by them. He was Umek whom they called Asil, a benevolent man whom we sometimes recalled [above], who lived through the T'at'ars' destruction of the city of Karin together with his sons Yovhannes, Step'anos, and his brothers. At this time, he was dwelling in the city of Tiflis and was called "father" of the king of the Georgians, Dawit'. He was honored by the Khan in writing and by all the [Mongol] nobility. He gave generous gifts to Arghun and those with him and was much esteemed by them.

However, [the tax collectors] took nothing from the clergy as they had no order from the Khan to do so. The sons of Sarawan, named Shnorhawor and Mkrtich', were also prosperous and wealthy.

ՃԲ

Վասն երթալոյն բարեպաշտ թագաւորին Հայոց
Հեթմոյ առ Բաթոյն եւ Մանգու դանն:

Մեծահաւատ եւ քրիստոսասէր արքայն հայոց Հեթում, որ
ի կողմանս Կիլիկեցող, նստէր ի քաղաքն Սիս: Նա յառա-
ջացգոյն առաքեաց զեղբայր իւր զՍմբատ, որ զօրավարն էր
նորին, առ դանն Գիուգ ընծայիւք եւ պատարագօք, եւ
դարձաւ ի նմանէ պատուով եւ հրովարտակօք ընդունե-
լութեան: Իսկ յորժամ թագաւորեաց Մանգու դանն, առաք-
եաց մեծ թագաւորահայրն եւ զօրապետն Բաթու, որ ի
կողմանս հիւսիսոյ զետղ առեալ կայր՝ անթիւ բազմու-
թեամբն, որ ընդ նմա՝ առ ափն մեծ եւ անհուն զետոյն,
զոր Եթիլ կոչեն, որ մտանէ ի ծովն Կասբից, առ թագա-
ւորն Հեթում զալ տեսանել զնա եւ զՄանգու դանն: Եւ նա
երկուցեալ ի նմանէ՝ զայ զաղտագողի, այլակերպեալ զին-
քն վասն ահին թուրքաց, որք սահմանակիցք նորա էին,
զոր հոռոմոց սուլտանն անուանեն, որում անուն էր Ազա-
դին, զի ոխս մտերեալ ունէին ընդ նմա վասն ձեռն տալոյ
նորա ի թաթարն:

228

LVIII

CONCERNING THE TRIP OF THE PIOUS KING OF THE ARMENIANS, HET'UM, TO BATU AND MONGKE-KHAN.[33]

The devout, Christ-loving king of the Armenians in the Cilicia area had his seat in the city of Sis. Previously he had sent his brother Smbat, who was his general, to Guyuk-Khan with presents and gifts and [Smbat] returned thence with honor and edicts of acceptance. Now when Mongke-Khan ruled, Batu the great "king's father" and general sent to King Het'um so that he would come to see him and Mongke-Khan. [Batu] dwelled in the northern regions with an incalculable multitude [of troops] under him by the shore of the great, fathomless river Et'il[34] which runs into the Caspian Sea. [Het'um] who feared the sultan of Rum whose name was 'Izz al-Din[35] travelled [through Rum] secretly and in disguise since he feared the Turks who were his neighbors. Now [the Turks] had an inveterate hatred [for Het'um] for allying with the T'at'ars.

---

33   For a scholarly commentary on this chapter see Boyle (1964). The Journey of Het'um I, King of Little Armenia, to the Court of the Great Khan Mongke. *Central Asiatic Journal, 9,* 175-89.

34   *Et'il:* Volga.

35   *'Izz al-Din:* Kaykaus II (Azadin), 1246-59.

229

Եւ փութով անցեալ ընդ երկիր նորա յաւուրս երկոտասան, եկն ի Կարս քաղաք: Եւ տեսեալ զԲաչու-նուինն, որ զօրապետ էր թաթար զօրուն՝ որ յԱրեւելս, եւ զայլ մեծամեծսն, եւ պատուեալ ի նոցունց, գտեղի առ յոտն Արագածու՝ հանդէպ լերինն Արայի, ի գիւղն որ կոչի Վարդենիս, ի տանն իշխանին, զոր Քուրդ անուանէին, հայ ազգաւ, կրօնիւք քրիստոնեայ. եւ որդիք իւր Վաչէ եւ Հասան, եւ կին նորա Խորիշահ՝ յազգէ Մամիկոնէից, դուստր Մարզպանայ՝ քոյր Ասլան բեկին եւ Գրիգորոյ, մինչեւ բերաւ նրմա ինչք ի տանէ իւրմէ ի պէտս ընծայից եւ պատարագաց, զոր առաքեաց հայր նորա իշխանաց իշխանն Կոստանդին, յայնժամ ծեր գոլով, եւ որդիք նորա Լեւոն եւ Թորոս, զոր եթող փախանորդ իւր, զի փոխեալ էր առ Քրիստոս բարեպաշտ թագուհին նորա, Զապէլ անուն, որ թարգմանի Եղիսաբէթ, այս է՝ Աստուծոյ եօթներեակ, զի արդարեւ ըստ անուանն եւ հանգիստ էր նա կամացն Աստուծոյ, բարեգործ եւ ողորմած եւ աղքատասէր, դուստր մեծ թագաւորին Լեւնի՝ առաջին պսակաւորին:

Եւ իբրեւ գիտաց մեծ կաթողիկոսն Կոստանդին, եթէ գնաց նա խաղաղութեամբ եւ դադարեալ է ի Մեծն Հայք, առաքեաց զմեծ վարդապետն Յակոբ՝ զայր բանաւոր եւ իմաստուն, զոր յառաջագոյն առաքեալ էին վանն սիրոյ եւ միաբանութեան առ թագաւորն յունաց Յովհաննէս, որ ունէր զկողմանս Ասիոյ եւ մեծացեալ էր յաւուրսն, եւ առ պատրիարքն նոցուն:

[Het'um] speedily traversed ['Izz al-Din's] territory in twelve days and arrived at the city of Kars. He visited Baiju-noyin, the commander of the T'at'ar army in the East, as well as other grandees, and he was honored by them. Then he stayed in the village of Vardenis at the foot of mount Aragats, opposite Aray mountain, in the home of a prince of Armenian nationality named K'urd. [This prince] was a Christian [and lived in the village with] his sons Vach'e and Hasan, and his wife Xorishah. [Xorishah] was of the Mamikonean line, a daughter of Marzban, and sister to Aslan-bek and Grigor. [Het'um] stayed there until goods from his house, useful presents and gifts were brought to him from his father, the prince of princes Kostand. At this time [Kostand] was old and had left his sons, Lewon and T'oros, as his substitute. His own pious queen [Zapel] already had passed to Christ. Zapel translates Elisabeth, the "seventh day of God," and her name suited her, for she was at rest in the will of God: benevolent, merciful and a lover of the poor. [Zapel] was the daughter of the great King Lewon, the first to wear the crown [in Cilician Armenia].

As soon as the great Catholicos Kostand learned that [Het'um] had travelled safely and now had stopped in Greater Armenia, he sent to him the great vardapet Yakob, a wise and learned man. [The Catholicos] previously had sent this same man to the Byzantine emperor John (who was ruling in Asia and who had grown strong) and to their patriarch to achieve friendship and unity.

Եւ երթեալ իմաստախոհ բանիւք աստուածային գրոց ընդդիմացաւ հարցափննութեան ժողովոյն յունաց, որ յաղագս մի բնութիւն ասելոյ ի Քրիստոս բամբասէին զմեզ եւտիքեանս լինել։ Եւ նա խոհեմ բանիւք եցոյց գրովք յերկուց միացեալ զՔրիստոս՝ Աստուած եւ մարդ կատարեալ, երկորումք անճառ միաւորութեամբ՝ զաստուածութիւնն ոչ կորուսեալ, եւ զմարդկութիւնն ոչ շփոթեալ. ի մի բնութիւն փառատրեալ՝ գործելով աստուածաբար եւ մարդկապէս։ Նոյնպէս եւ վասն «Սուրբ Աստուածին» էին բանք, զոր մեք ասեմք ի դէմս որդւոյ՝ ըստ Յովհաննու ալեքսանդրացին վկայութեան։ Եւ որ այլ զայթակղութիւնք կային առ նոսա սակս դաւանութեան մերոյ, զամենայնն աստուածիմաստ բանիւք եւ գրոց վկայութեամբ հաստատեալ՝ շինեաց զմիտս նոցա ի սէր եւ ի միաբանութիւն ընդ ազգս մեր, եւ դարձաւ ի նոցանէն պատուով։ Եւ եպիսկոպոսն տէր Ստեփանոս եկն, եւ Մխիթար վարդապետն, որ լինէր ի Սկեւռային, զնացեալ անդ ի կողմանցս Արեւելից, եւ Բարսեղ քահանայ, որ դեսպանն էր Բաթուին, ընդ նմա իսկ եկեալ էր եւ Թորոս քահանայ կուսակրոն, եւ Կարապետն, որ դրան երէց էր արքային, հեզ բարուք եւ զիտնական, այլ եւ իշխանք յոլովք։

Զորս ընդ իւր առեալ արքայի, չոգաւ ընդ աշխարհն Աղուանից եւ ընդ դուռն Դարբանդայ, որ է պահակն Ճորայ, առ Բաթոյն եւ առ Սարթախն, որդի նորա, որ էր քրիստոնեայ հաւատով. եւ մեծարեալ ի նոցունց բազում պատուասիրութեամբ։ Ապա առաքեցին զնա առ դանն Մանգու ընդ երկայնաձիգ ճանապարհին յայնկոյս ծովուն Կասբից։

[Yakob] went there armed with the prudent words of Scripture and, in the Greek council of inquiry, repudiated the Byzantines who accused us of being Eutychians for saying that there is one nature in Christ. [Yakob] rationally demonstrated through Scripture that the two [natures] are united in Christ, completely divine and completely human, two [natures] in ineffable unity, not losing divinity, not confusing the humanity, glorified in one nature working divinely and humanly. Similarly concerning [the hymn] *Surb Astuats*[36] there are words which we say about the Son, according to the witness of the evangelist John. [Yakob] refuted theologically and on the testimony of Scripture other similar slanders which [the Greeks] had regarding our doctrine. He turned their minds toward friendship and unity with our people, and departed from them in honor. Lord Step'anos the bishop came [to Het'um]; vardapet Mxit'ar who was at Skewrha where he had travelled from the Eastern areas came as did the priest Barsegh who was an emissary to Batu. With him came the celibate priest T'oros as well as Karapet who was the king's court priest, a man of mild and scholarly manner; and many princes also came.

The king took all these men with him to the land of the Aghuans and through the Darband gate (which is the Chora pass) to Batu and his son Sartakh who was a Christian. [Het'um] was honored by them with many privileges. Then they sent him to Mongke-Khan on a long journey on the other side of the Caspian Sea.

---

36 *Surb Astuats*: Holy God.

Եւ ելեալք ի նմանէ ի վեցն մարերի ամսոյ, եւ յերեքտասանն մայիսի, անցեալ ընդ Այելս գետ, եկին յՕրն, որ է մեջ ճանապարհին՝ ընդ Բաթոյն եւ ընդ Մանգու դանն. եւ անցեալ ընդ Երթիճ գետ, մտին յաշխարհն Նայիմանին. եւ եկեալ ի Խարախորտայն, եւ անցեալ ի Թաթարաստան ի չորսն հողի ամսոյ, յերեքտասանն սեպտեմբերի, ի տօնի նաւակատեաց խաչին, տեսին զՄանգու դանն՝ երեւելի փառօք նստեալ։ Եւ մատուցեալ զրնծայսն, մեծարեցաւ ի նմանէ րստ արժանւոյն. եւ կացեալ յուրդոյն աւուրս յիսուն, եւ տուեալ նմա հրովարտակ նշանաւոր, զի մի՛ ոք իշխեսցէ նեղել զնա եւ զաշխարհ նորա. ետ եւ զիր ազատութեան եկեղեցեաց ընդ ամենայն տեղիս։

Եւ ել ի նմանէ յաւուրն յիսներորդի ի քառերեքն սահմի ամսոյ, եւ ի մէկն նոյեմբերի, եւ յերեսուն օրն հասին ի Ղումսղուրն։ Եւ եկեալ ի Պերպալեխն եւ ի Պէշպալեխն եւ յաւագուտ երկիրն, յորում կային մարդիկ վայրենիք, մերկք, մազ ունելով միայն ի գլուխն. եւ ստինք կանանցն մեծ յոյժ եւ երկայն, եւ էին անբանք. յորում կան եւ ճիք վայրիք դեդին եւ սեաւ գունով, եւ ջորիք սպիտակ եւ սեաւ գունով եւ մեծ քան զձի, եւ քան զէշ. եւ ուղտք վայրենիք, որք ունին երկու կուտկենս։

Եւ անտի եկին յԱոլեխն, եւ ի Քուլլուկն եւ յՇնկախն, եւ ի Ճանպալեխն եւ ի Խութափայն եւ յԱնկիպալեխն։

Եւ ապա մտին ի Թուրքաստան. եւ անտի յԵկովիրուկն եւ ի Դինկապալեխն եւ ի Ֆուլատն. եւ անցեալ ընդ Սուտբոլն եւ ընդ Կաբն-ծովն, եկին յԱլուալեխն եւ յԻլանապալեխն. եւ անցեալ ընդ գետն՝ որ կոչի Իլանսու, եւ անցեալ ընդ բազուկ լերինն Տօրոսի եւ եկեալ ի Դալաս, եւ եկեալ առ Հուլաւուն, որ էր եղբայր Մանգու դանին, եւ առեալ էր իւր բաժին զկողմանս Արեւելից։

Those who departed [from Batu] left on the sixth of the month of Marer, and on the thirteenth of May crossed the Ayex [Ural] river and came to Or which is midway between Batu and Mongke-Khan. Then crossing the Ert'ich [Irtysh] river they entered the Nayiman [Naiman] country. They came to Xaraxeta [Khara-Khita] and crossed into T'at'arstan on the fourth of the month of Horhi, the thirteenth of September on the celebration of the feast of the Cross, and they saw Mongke-Khan seated in venerable glory. [Het'um] gave the Khan gifts and was honored by him according to his dignity. He remained at the *urdo* for fifty days and [Mongke-Khan] gave him a noteworthy edict that no one dare harass him or his country. He also gave him a document proclaiming freedom for the Church everywhere.

[Het'um] left [Mongke-Khan] on the fiftieth day, on the twenty-third of the month of Sahmi, on November first. In thirty days [the party] reached Ghumsghur. And they came to Perpalex and Peshpalex and to the sandy country where there are naked wild men with hair on their heads only. The women there have very large and long breasts and the people are mute. In that land are found wild horses of black and yellow colors, and mules of white and black colors, larger than horses or asses, as well as wild camels with two humps.

From there they came to Arhlex, to K'ulluk and Enkax, to Chanpalex, Xut'ap'ay and Ankipalex.

They then entered T'urk'astan. Thence to Ekop'ruk, Dinkapalex and P'ulat. They crossed Sut-k'oln and K'atntsov[37] and came to Alualex and Ilanpalex. Then they crossed the Ilan-su river and over a branch of the Taurus mountains to Dalas and came to Hulegu, who was Mongke-Khan's brother, and who had taken the Eastern regions as his portion.

---

37 *K'atntsov:* "Milk Sea."

Եւ ապա դարձեալք յարեւմտից ի հիւսիս, եկին ի Խութուխչինն, եւ ի Պերբանթն, եւ ի Սուղուղանն, եւ յՈւրոսողանն, եւ ի Քայիքանթն, եւ ի Խուզախն, որ է Քամոց, եւ ի Խնդախոյրն, եւ ի Սղնախն, որ է Խարչուխ լեառն, յորմէ Սալչուբիքն են, որոյ սկիզբն ի Տօրոս լեռնէ, եւ երթայ մինչ ի Փարչինն եւ հատանի:

Եւ անտի եկին առ Սարթախն՝ որդի Բաթուին, որ երթայր առ Մանգու դանն. եւ անտի ի Սղնախն եւ ի Սաւրանն, որ է սաստիկ մեծ, եւ ի Խարաչուխն, եւ յԱսոն, եւ ի Սաւրի, եւ յՕթրարն, եւ ի Զուռնուխն, եւ ի Դիզակն եւ անտի երեսուն օր ի Սամարղանդն, եւ ի Սարիփուլն, եւ ի Քրման, եւ ի Բուխարայ: Եւ ապա անցին ընդ գետն մեծ Ջեհուն եւ եկին ի Մրմրն եւ ի Սարախս եւ ապա ի Տուս, որ կայ ընդդէմ Խորասանայ, որ կոչի Ռոխաստան. եւ մտեալ ի Մազանդարանն, անտի ի Պատան, եւ ապա յաշխարհն Էրաղոյ ի սահմանս մուլհեդին, եկեալ ի Տամղայն, եւ յՈւ՝ մեծ քաղաք, եւ ի Խզուինն. եւ անտի յԱւահր, եւ ի Զանգիան, եւ ի Միանա, յերկուտասան օրն Թաւրէժ: Եւ յետ քասն եւ վեց աւուր անցեալ ընդ գետն Երասխ եւ եկեալ ի Սիսիան առ Բաչու-նուինն, որ գլխաւոր էր թաթար զօրունն. եւ նա յուղարկեաց զնա առ Խոճանուինն, զոր թողեալ էր փոխանակ իւր գլխաւոր զօրունն, եւ ինքն առեալ զգլխաւորս զօրունն, զնաց ընդ առաջ Հուլաուին՝ եղբօր Մանգու դանին, որ գայր յԱրեւելս:

Իսկ թագաւորն բարեպաշտ Հեթում՝ եկեալ ի տուն իշխանին Քրդին, ի գիւղն Վարդենիս, ուր թողեալ էր զադս իւր եւ զկարասի, եւ մնայր զալստեան Բարսղ քահանայի, զոր յուղարկեալ էր առ Բաթոյն վերստին, զի ցուցցէ նմա զգիրս եւ զիրաման Մանգու դանին, զի եւ նա ըստ նըր-մին օրինակի՝ գրեսցէ հրամանս:

[The party] then turned from a westerly direction north-ward and reached Xut'uxch'i, Perk'ant', Sughulghan, Uro-soghan, K'ayik'ant', Xuzax, to Xndaxoyr and to Sghnax[38] where the Saljuqs are from, [which] begins at the Taurus mountain and goes as far as P'arch'in where it ends.

They traveled from there to Sartakh, the son of Batu, who was travelling to Mongke-Khan. Then [they went] to Sghnax and Sawran (which is extremely large) to Xarach'ux, Ason, Sawri, Ot'rar, Zurhnux, and Dizak and then after thirty days [came] to Samarqand, Sarhip'ul, K'rman and Bukhara. Then they crossed the great Jehun river [Amu-Darya; Oxus], and arrived at Mrmen, Saraxs, and Tus which is opposite Khurasan (which is called Rhoghastan). They entered Mazandaran and [travelled] thence to Pstan, then to the land of Iraq which is in the borders of the Assassins. Then [they travelled] to Tamgha and the great city of Ray and to Qazvin to Awahr, to Zangian, to Miana, thence to Tabriz after twelve days. After twenty-six days they crossed the Erasx river to Sisian to the chief of the T'at'ar army, Baiju-noyin. Now [Baiju] sent [Het'um] to Xo-cha-noyin, a man he had left as his substitute as head of the forces. Meanwhile he himself took the chiefs of the army and went before Mongke-Khan's brother Hulegu, who was coming to the East.

The pious King Het'um came to the home of prince K'urd in Vardenis village where he had left his goods and baggage, and awaited the return of the priest Barsegh whom he had sent to Batu once more to show him the documents and orders of Mongke-Khan so that [Batu] also would write orders of the same sort.

____

38 Xarchux mountain.

Ապա եկին առ նա վարդապետքն իւր՝ Յակոբ, զոր ե-
թող աստէն ի պետս գործոյ եկեղեցւոյ, եւ Մխիթար, զոր
դարձոյց ի Բաթունէն, մինչեւ երթեալ էր առ Մանգու դանն.
այլ եւ եպիսկոպոսք եւ վարդապետք եւ քահանայք եւ իշ-
խանք քրիստոնէից, որք գային առ նա, սիրով ընդունէր
զամենեսին, զի այր քաղցր էր եւ իմաստուն եւ զինաւոր
գրովք: Եւ տայր պարգեւս ըստ կարին եւ ուրախ արձակէր
զամենեսին. տայր եւ հանդերձս քահանայականս ի զարդ
եկեղեցեացն, զի յոյժ սիրող էր պատարագի եւ եկեղեցւոյ:
Ընդունէր զամենայն ազգաց քրիստոնէայ եւ աղաչէր սի-
րով կալ ընդ միմեանս, իբրեւ զեղբարս եւ զանդամս Քրիս-
տոսի, որպէս պատուիրեաց տէր, թէ՝ «Յայսմ ծանիցեն, թէ
իմ աշակերտք էք, եթէ զմիմեանս սիրիցէք»:

Բազում իրս զարմանալիս եւ անծանօթս պատմէր
նա մեզ զբարբարոս ազգացն, զոր տեսեալ էր եւ լուեալ:
Ասէր, թէ՝ «Կայ աշխարհ մի անդր քան զՂատայիքն, որ
կանայքն են ի ծեւ մարդոյ բանականք, եւ արքն ի կերպա-
րանս շանց. եւ են անբանք, մեծք եւ մազեղք: Եւ ոչ ումեք
թողուն մտանել յաշխարհն իւրեանց շունքն, եւ որսան
որսս շունքն, եւ այնու կերակրին շունքն եւ կանայքն: Եւ
ի խառնակիլ շանցն ընդ կանանցն, արուքն շանց կերպիւ
ծնանին եւ էգքն՝ կանանց:

Կայ եւ կղզի մի աւազուտ, յորում բուսանի ծառօրէն
ոսկր ինչ պատուական, զոր ձկնատամն կոչեն. եւ ի հատա-
նելն, այլ բուսանի ի տեղին ըստ նմանութեան եղջերաց:

Կայ եւ աշխարհ բազում կռապաշտից, որ պաշտեն
կուռս կաւեղէնս մեծ յոյժ, անուն Շակմունիա. եւ ասեն
Աստուած երեք հազար եւ քառասուն ամաց: Եւ կայ այլ եւս
երեսուն եւ հինգ դուման ամս, որ է մին դումանն տասն
հազար, եւ ապա հանէ զնա յաստուածութենէն: Այլ միւս
եւս ումն, որում անուն էր Մաղրին. արարեալ են եւ նմա
պատկերս կաւեղէնս աննմարին մեծութեամբ ի գեղեցիկ
տաճարի:

Then there came to Het'um his *vardapets*: Yakob whom he had left [in Greater Armenia] for church work, and Mxit'ar (who had returned from Batu before [the latter] travelled to Mongke-Khan); and other bishops and *vardapets* and priests and Christian princes. [Het'um] received them all with affection for he was an agreeable man, wise and literate. He gave gifts as he could and sent them all off happy. He gave priestly garments to adorn the Church, for [Het'um] greatly loved mass and the Church. He received all the Christian peoples and beseeched them to deal with one another affectionately as brothers and members of Christ, as the Lord commanded: "By this you shall be recognized as my pupils, that you love one another."[39]

[King Het'um] told us many marvelous and unknown things about the barbarian peoples, things he had seen and heard about. He said: "There is a land beyond Ghatayik'[40] where women have the forms of natural women, while the men have the forms of dogs. They are mute, large, and hairy. The dogs let no one enter their land and the dogs hunt from which prey they and the women eat. From the comingling of dogs and women, the males are born in the shape of dogs, the females in the shape of women.

"There is, too, a sandy island where a type of bone (which is prized) grows like a tree. It is called Dzknatam[41] and when one is cut, another grows in its place, like horns.

"There is, too, a land of many idol-worshippers who worship extremely large clay idols named Shakmonia [Shakiamuni] and say that he is god for 3,040 years. Then another thirty-five *duman*[42] years [elapse] after which [Shakiamuni] is removed from godship. Then there is another one named Madri [Matreya] of whom they also made a clay image of unbelievable size in a beautiful temple.

---

39 John 13:35.
40 Ghatayik': Cathay.
41 *Dzknatam:* "Fish Tooth".
42 One *duman:* 10,000.

Եւ են ազգն ամենայն հանդերձ կանամբք եւ մանկտովք բուրմբ, եւ անուանին Տոյինք, զերծածր հերոք եւ մորուոք. ունին եւ փիլոն դեղին ըստ նմանութեան քրիստոնէից, բայց զլանջօրն ունին եւ ոչ զթիկամբքն։ Եւ են պարկեշտք ի կերակուրս եւ յամուսնութիւնս. առնեն կին ի քսան ամին, եւ մինչեւ յերեսուն ամն՝ շաբաթն երեք անգամ մերձենան ի նա. եւ մինչեւ ի քառասուն՝ յամսեան երեք հետ. եւ մինչեւ յիսուն ամն՝ ի տարին երեք հետ. եւ յորժամ անցանի ընդ յիսուն ամն, այլ ոչ մօտին ի նա:

Բազում եւ այլ ինչ պատմէր թագաւորն իմաստասէր ի խժական ազգացն, զոր թողաք մեք, զի մի աւելորդ ումեք թուեսցի:

Յութ ամիսն ապա եհաս յերկիրս Հայոց յետ ելանելոյ ի Մանգու դանէն. եւ էր թուականս հայոց եօթնհարիւր եւ չորս:

"An entire people, women and children included, are priests. They are called Toyink', and have their heads and beards shaven. They wear cloaks like Christian [priests] but [fastened] at the breast, not at the shoulder. They are moderate in eating and marriage. [Men] marry at twenty years of age and until age thirty approach their wives three times a week. From age thirty to age forty they approach them three times a month; from forty to fifty, three times a year; and after fifty, not at all."

The wise king related much else about the barbarian peoples which we omit, lest it seem extraneous to anyone.

Eight months after leaving Mongke-Khan, Het'um reached Armenia. This was in 704 A.E. [1255].

Վասն կոտորածի յերկրին Հոռոմոց:

Արդ ի սկսանել թուականին հայոց եօթն հարիւր եւ հինգ մեռաւ Բաթոյն՝ զօրապետն հիւսիսոյ, եւ որդի նորա Սարթախն ի ճանապարհի էր, զի երթայր առ Մանգու դանն: Եւ ոչ դարձաւ ի տուն իւր թաղել զհայրն իւր, այլ զնաց զառաջի եղեալ ճանապարհին: Ընդ որ յոյժ ուրախացեալ դանն, եւ ընդ առաջ նորա, եւ մեծարեաց զնա ի պատիւ յոյժ մեծ, եւ ետ նմա զիշխանութիւն հօրն իւրոյ՝ իշխել ամենայն զօրացն, այլ եւ ամենայն հնազանդելոց իշխանութեան նորա, եւ երկրորդ իւր կոչիլ, եւ տալ հրաման տիրաբար. եւ յուղարկեաց զնա ի տուն իւր:

Ընդ նմա էր եւ բարեպաշտ իշխանն Խաչենոյ Ջալալն, որ երթեալ էր ցուցանել զադկոս իւր տեառնն տիեզքեաց, զոր կրեաց նա յԱրդուն ոստիկանէն, որ հացիւ զերծաւ ի մահուանէն ի սադրելոյ տաճկացն: Եւ ետ նմա զիր իշխանութեան իւրոյ տիրել սեփականապար եւ ոչ երկնչել յումեքէ, զի սիրէր զնա Սարթախն վասն քրիստոնէութեան, զի եւ նա քրիստոնեայ էր:

Եւ եհաս յիշխանութիւն իւր Սարթախն երեւելի փառօք. ազգականքն իւր տաճկահաւատ՝ Բարաքայն եւ Բարքաչայն, եттун նմա մահադեղ եւ լուծին ի կենացս: Եւ մեծ տրտմութիւն եղեւ քրիստոնէից ամենայն, այլ եւ զլխովին իսկ Մանգու դանին եւ եղբօր իւրոյ Հուլաւուին, որ տիրէր ամենայն կողմանցս Արեւելից:

LIX

THE DESTRUCTION OF THE LAND OF THE ROMANS [RUM].

Now at the beginning of the year 705 of the Armenian Era [1256], Batu, the commander of the north, died while his son Sartakh was en-route to Mongke-Khan. [Sartakh] did not return home to bury his father but instead continued on his journey. Mongke-Khan was exceedingly happy at this and came before [Sartakh] honoring him with very great gifts and giving him his father's authority, to rule over all the troops as well as over all the subjects of his realm. [Mongke-Khan gave Sartakh the right] to be called his second, and [the right] to issue orders absolutely. Then he sent him home.

With [Sartakh] was the pious prince of Xach'en, Jalal, who had gone to reveal to his supreme lord the disasters he had endured from ostikan Arghun, from whom he had barely escaped death because of the provocation of the Tachiks, He gave him a document [entitling him] to rule his principality independently and to fear no one. For Sartakh liked [Jalal] on account of his Christianity, since he too was a Christian.

Sartakh arrived in his principality with venerable glory. But his Muslim relatives, Barak'a and Barkach'ay, gave [Sartakh] poison and killed him. Then there was great sorrow among all the Christians. Even Mongke-Khan mourned as did his brother Hulegu who ruled over all parts of the East.

Բայց մինչդեռ եղեալ էին այս իրք, մեծն ի զօրավարս դանաձեւն Հուլաւու հրաման ետ ամենայն թաթար զօրուն՝ որ յԱրեւելս, որոց գլխաւոր էր Բաչու-նուինն, ամենայն աղխիւք իւրեանց եւ ընչիւք թողուլ զերկիր կալուածոյ բնակութեան իւրեանց՝ զՄուղան եւ զաշխարհն Աղուանից եւ զՀայոց եւ զՎրաց, եւ երթալ յաշխարհն Հոռոմոց, զի ինքն նստցի փոխանակ նոցա ի բարի երկիրն. զի յոյժ բազմութեամբ եկեալ է նա, մինչ զի ասեն, թէ ամիս մի հազիւ բովանդակեցաւ զօր նորա անցանել ընդ մեծ գետն Ջեհուն: Այլ եւ ումանք յազգականաց նորա ի կողմանց Բաթոյի եւ Սարթախին եկին անցին ընդ դուռն Դարբանդայ յայսկոյս՝ բազում եւ անթիւ զօրօք, արք մեծամեծք եւ զրլխաւորք իշխանութեամբ, որոց անուանքն էին՝ Բալախա, Տութար, Ղուլի, զոր մեք իսկ տեսաք, թոռունք Ջանգըզ դանին, զոր եւ աստուածորդիս ասէին: Որք հարթեցին, դիւրացուցին զամենայն անցս ճանապարհաց, ընդ որ անցանէին, զի սայլիւք իսկ գային:

Եւ բազում տառապանս հասուցանէին ամենայն աշխարհաց հարկապահանջութեամբ եւ յափշտակութեամբ, ուտելով եւ ըմպելով անյագաբար եւ ի դրունս մահու հասուցին զամենայն ազգս: Այլ եւ միւս ընդ այլ բազուման, որ եղաւ յԱրղունէն՝ մալի եւ խափչուրի, եղաւ հրաման ի Հուլաւունէն պահանջման հարկի, զոր թագարն ասեն, յամենայն գլխոյ, որ մտեալ էր ի գիրն արքունի, պահանջէին հարիւր լիտր ցորեան, յիսուն լիտր գինի, երկու լիտր բրրինձ եւ ծնծատ, երեք տոպրակ, երկու չուան, մի սպիտակ, մի նետ, մի նալ՝ թող զայլ կաշառսն. եւ ի քան անասնոյ՝ մի անասուն եւ քան սպիտակ. եւ ոյր ոչ գոյր՝ զուստերս եւ զդստերս առնուին ընդ պահանջմանն: Եւ այսպէս նեղեցաւ եւ տառապեցաւ երկիրն ամենայն:

However, before these events had occurred, the great general, the khan-like Hulegu, gave an order to all the T'at'ar troops in the East whose chief was Baiju-noyin that they leave the land of their residence and dominion, Mughan, and the lands of the Aghuans, Armenians, and Georgians and go with all their bags and baggage to the land of the Romans [Rum] so that he [Hulegu] occupy their place in the good land. [Hulegu] had come with such a vast multitude that it was said one month was scarcely sufficient time for his troops to ford the great Jehun river [Amu-Darya]. Now some of his relatives from the area of Batu and Sartakh had crossed through the Darband Gate to this side with many, countless troops, great men, chiefs with authority, whose names were Balaxa, Tuthar, and Ghuli whom we even saw, grandsons of Chingiz-Khan whom they call the sons of God. They levelled and made easy [for travel] all the passes on the route they travelled, for they were coming by cart.

They brought many misfortunes to all lands through tax-collecting and plundering, eating and drinking insatiably and bringing everyone to death's door. In addition to the numerous [taxes], the *mal* and *qubchur*[43] which Arghun had levied, Hulegu commanded that the tax called *t'aghar* be collected from each individual listed in the royal register. From such they demanded one hundred *litrs* of grain, fifty *litrs* of wine, two *litrs* of rice and husks three sacks one *spitak*,[44] one arrow, to say nothing of the bribes; and of twenty animals they demanded one, plus twenty *spitaks*. From those who could not pay they took their sons and daughters [as payment]. And thus, they harassed and overturned the entire country.

---

43 *Mal* is believed to have been a tax on large animals with horns; *qubchur* was a tax on sheep.
44 *Spitak:* silver coin.

Իսկ թաթար զօրն, թէպէտ դժուարեցան թողուլ զերկիր կալուածոյ իւրեանց, յակամայ թողին յահէ նորա, զի յոյժ երկնչէին ի նմանէ՝ իբր ի դանէն. եւ զնացին յաշխարհն Հոռոմց: Եւ սուլտանն հոռոմց եւ ընդդէմ նոցա պատերազմաւ եւ ոչ կարաց ընդդիմանալ, այլ փախստական անկաւ նա յԱլայիա կողզի: Եւ նորա ի սուր սուսերի մաշեցին զզաւառս իշխանութեան նորա մինչ ի ծովն Ովկիանու եւ Պոնտոսի՝ կոտորելով եւ յափշտակելով. կոտորեցին եւ զԿարնոյ քաղաք, եւ զԵզնկայն, եւ զՍեւաստ, եւ զԿեսարիա, եւ զԿօնն, եւ որ շուրջ զնոսոք զաւառք. եւ զաղխս իւրեանց դարձուցին յետս՝ զնալ յիջաւանս իւրեանց հրամանաւ Հուլաուին, եւ ինքեանք ասպատակ սփռեալ ընդ կողմանս կողմանս:

Գնաց ընդ նոսա եւ թագաւորն հայոց Հեթում, որ եկեալ էր ի Մանգու դանէն, ի Բաթոյէն, եւ ի Սարթախէն, եւ ի Հուլաուէն, եւ էր առ Բաչու-նուինին, զոր բազում զօրօք առաքեաց նա յերկիր իւր ի Կիլիկիա, ի քաղաքն Սիս. որ եւ բազում ընծայիք եւ զօրօք սպասաւորութիւն կատարէր Բաչու-նուինին եւ զօրացն՝ որ ընդ նմա, մինչեւ թուղթ գոհութեան եւ գովութեան գրեալ վասն նորա առ Հուլաուին: Իսկ մեծն Հուլաու, զի այր պատերազմող էր, ժողովեաց զամենայն բազմութիւն զօրացն եւ զնաց յերկիրն մուլհետաց, յԱլամութ, եւ կալաւ զնա, զի ի բազում ամաց պաշարեալ էր զնա զօրն արքունի, զի որդիք Ալադնին սպանին զհայրն իւրեանց եւ ինքեանք եկին առ Հուլաուն, եւ նա հրաման ետ թակել զամենայն բրդորային ամուր, որ կային յԱլամութ: Եւ ինքն պատուէր հրամանի ետ ամենայն զօրացն եւ ամենայն ճնազանդելոցն ընդ ձեռամբ նոցա զումարել ի միասին ի վերայ մեծ քաղաքին իշխանութեան տաճկաց, որ կոչի Բաղդատ, այս է միջոց պարսից եւ ասորոց, զի դեռ չեւ եւս էին առնել զնա:

Now the T'at'ar army, though it was angry at having to leave the land of its dominion, nevertheless did depart, reluctantly, out of dread [of Hulegu], for they feared him exceedingly, as though he were Khan. So they went to the land of the Romans. The sultan of Rum offered war against them, but was unable to resist. Instead he fled to the island of Alayia. [The Mongols] put to the sword districts of the sultan's realm to the Ocean and Pontus, killing and ravishing. They destroyed the cities of Karin,[45] Eznka,[46] Sewast,[47] Caesarea and Konya and the surrounding districts. Then, sending their goods back to their lodgings at Hulegu's order, they spread out, raiding in various directions.

The king of the Armenians, Het'um, went along with them. He had come from Mongke-Khan, Batu, Sartakh and Hulegu and was with Baiju-noyin who sent [Het'um] with many soldiers to his country, Cilicia, to the city of Sis. [Het'um] had attended Baiju-noyin and the troops with him with numerous gifts and performed military service, so much so that a letter expressing satisfaction and praising him was written to Hulegu. Now the great Hulegu, since he was a military man, assembled the entire multitude of troops and went to the country of the Assassins, Alamut, and seized it. For royal troops had besieged it for many months, since the sons of 'Ala-al-Din[48] had slain their father and gone over to Hulegu. [Hulegu] commanded that all the secure fortresses in Alamut be pulled down. Then he ordered all his soldiers and everyone subject to them to assemble against the great city of the Tachik realm called Baghdad, which is located between Iran and Syria. For they had not yet taken it.

------

45 *Karin:* Erzurum.
46 *Erznka:* Erzinjan.
47 *Sewast:* Sebastia.
48 (Aladin) of Alamut.

Եւ խալիֆայն, որ նստէր ի նմա, էր յազգէն Մահմետի, զի խալիֆայն յետնամնաց ասի, որում հնազանդեալ էին ամենայն տաճկահաւատ սուլտանքն, որ յազգէն թուրքաց, եւ քրդաց, եւ պարսից, եւ էլամացոց, եւ յայլոց ազգաց: Եւ նա էր գլխաւոր հրամանատու իշխանութեան նոցա. եւ նոքա դաշամբք հնազանդէին եւ պատուէին զնա, որպէս զազգակից եւ զհամազգի օրէնսդրին իւրեանց՝ առաջին մոլորեցուցչին իւրեանց: Գնացին յայս դալան եւ մեծամեծ գլխաւորք կողմանցն Բաթոյի՝ Դուն, եւ Բալադայն, եւ Տունhարն, եւ Ղատաղանն, զի ամենեքին պատուէին զՀուլաւուն, որպէս զդրանն, եւ հնազանդէին նմա, եւ երկնչէին ի նմանէ:

The caliph who sat in Baghdad was of the line of Mahmet (for caliph means descendant), and all the Muslim sultans obeyed him, be they Turks, Kurds, Iranians, Elamites or other nationalities. [The caliph] was the chief commander of their dominions, and they submited to him by treaty and honored him as a descendant and relative of their lawgiver, their first deceiver. To this fortress went the very greatest chiefs of Batu's [northern] region: Qul, Balagha, Tuthar, Ghataghan, for everyone honored Hulegu like a khan; they obeyed him and they feared him.

Կ

Վասն աւերածոյն Բաղդատայ:

Մեծն ի թագաւորս երկրի եւ տիեզերականն Մանգու դանն
յեօթն հարիւր եւ եօթն թուականին հայոց զօր զումարեաց
անթիւ եւ անհամար եւ չնաց ի հեռաւոր աշխարհն ընդ
կողմանս արեւելից հարաւու ի վերայ ազգին, որ կոչի
նայնզաս, զի ապստամբ էին ի նմանէ, եւ ոչ տային նմա
հարկս, իբրեւ զայլ աշխարհիսն: Զի էին արք պատերազ-
մողք, եւ ամրացեալք աշխարհիաւ, եւ կռապաշտք: Եւ ու-
տէին զձերս իւրեանց եւ զպառաւունսն. զի ժողովէին ցեղ-
քն ամենայն որդիք եւ թոռունք եւ թոռնիայք, եւ զձերաց-
եալ ծնողսն իւրեանց մորթէին ընդ բերանն, եւ հանեալ
զմիսն եւ զոսկերսն, եւփէին եւ ուտէին առանց մնացուածի.
եւ զմորթն՝ հանեալ տիկ, լնուին գինով եւ ընդ առնացի ան-
դամն ընպէին ամենեքեան, որյազգէն էին եւ ոչ օտարա-
ցեղքն, իբր թէ ի նմանէ են սերեալք, եւ նոցուն սեփական
է զայն ուտել եւ ընպել. եւ զոսկր զազզթան՝ պատեալ ու-
կով, նովաւ ընպէին զբովանդակ տարին:

Չոգաւ ի վերայ նոցա ի մարտ պատերազգմի դանն
Մանգու, եւ կոտորեաց, եւ ինազանդեաց զօրեղապէս: Եւ
դառնալն ի տուն, կալաւ զնա ցաւ մահու եւ վախճանեցաւ:
Եւ կալաւ զաթռոն եղբայր իւր Արիք Բուղայն:

Իսկ մեծն Հուլաւու, որ է եղբայր նորուն եւ գլխաւոր
ի նմանէ կարգեալ ի վերայ զօրուն՝ որ յԱրեւելս, հրաման
ետ ամենայն ինազանդելոց իւրոց առ հասարակ զնալ ի
վերայ մայրաքաղաքին տաճկաց Բաղդատայ, որ էր նիստ
արքայութեանն տաճկաց:

LX

THE DESTRUCTION OF BAGHDAD.

In the year 707 of the Armenian Era [1258], Mongke-Khan, the great king of the kings of the earth, conqueror of the world, mustered a countless host and went to a distant land in the southeast against a people called the Nayngas. For this people had rebelled from him and did not pay him taxes like the other lands. The Nayngas were warlike men, fortified by their land; and they were idol-worshippers. Furthermore, they devoured their old men and women. The whole clan of sons, grandsons and great grandsons would assemble and would skin their aged parents through the mouth. They would remove the flesh and bones, cooking and eating them, leaving no leftovers. Out of the skin they make a bag which they fill with wine and from which all of them drink using the [deceased's] male member. However, only relatives do this, and none other, since they alone were sired by the deceased and it is theirs alone to eat and drink of him. The skull they encase in gold and drink from it for an entire year.

Mongke-Khan went against them in battle, crushed and forcibly subjugated them. But on the way home, death pangs gripped him and he died. His brother Arigh Boke seized the throne.

Now Hulegu (who was his brother and had been appointed head of the troops in the East by him) commanded all those subject to him to go against the Tachik capital, Baghdad, which was the seat of the Tachik dominion.

Եւ զթագաւորն, որ նստէր ի նմա, ոչ կոչէին սուլտան կամ մելիք, որպէս սովոր էին զայլսն անուանել, որ ի թուրքաց եւ ի պարսից, եւ ի քրդաց էին բնացեալք, այլ խալիֆայ անուանէին, այսինքն՝ յետնամնաց ի Մահմետէ: Ի վերայ նորա խաղաց մեծն Հուլաւու անհամար բազմութեամբ ամենայն ազգօքն ճնազանդելովք յեղանակս աշնան եւ ձմերան վասն սաստիկ տօթոյ երկրին: Եւ նախ քան զերթալն իր հրաման ետ Բաչու-նուինին եւ զօրացն, որ ընդ նմա էին յաշխարհին Հոռոմոց, զնալ պատել զգետն մեծ Տիգրիս, յորոյ վերայ շինեալ է Բաղդատ քաղաք, զի մի ոք փախիցէ նաւուք ի քաղաքէն՝ երթալ մտանել ի Կատիսբոն, կամ ի Բասրա ամրագոյն: Եւ նոցա անյապաղ կատարեալ զհրամանն, կապեցին կամուրջս նաւեալ ի վերայ գետոյն մեծի եւ ընկեցին ցանցս ամուրս հանդերձ երկաթի կոռք եւ շամփրօք ի մէջ գետոյն եւ յատական, զի մի ոք լողալով զերծանիցի. եւ հերի ի քաղաքէն, զի մի զիտասցեն:

Իսկ խալիֆայն Մուսթասար, որ նստէր ի քաղաքին, հպարտացեալ եւ յանձնապաստան՝ առաքեաց զօր բազում ի վերայ այնոցիկ, որ պահէին զգետն, ի ձեռն առն միոյ գլխաւորի, որում անուն էր Դաւդար, ոստիկան տանն նորա: Որ երթեալ յարթեաց զառաջինն եւ կոտորեաց ի թաթարէն արս իբրեւ երեք հազար, եւ երեկոյին հասելոյ նրստաւ յուտել եւ յրմպել անհոգութեամբ: Եւ առաքեաց աւետաւորս առ խալիֆայն Մուսթասար, թէ «Հարի զամենեսեան եւ զաակաւ մնացորդս սպատեմ ի վաղիւն»:

Իսկ զօրն խորամանկ եւ բազմահնար թաթարին՝ զգիշերն ամենայն սպառազինեալք եւ կազմեալք, պատեցին շուրջանակի զբանակն տաճկաց, ընդ որս էր եւ Զաքարէ իշխանն՝ որդին Շահնշահի: Եւ ընդ լուսանալ առաւօտուն սուր ի գործ արկեալ՝ առհասարակ կոտորեցին զամենեսին եւ զգետամոյն արարին. եւ ոչ ոք մնաց ի նոցանէ ապրեալ բաց ի սակաւուց:

The king who sat in Baghdad was not called sultan or melik as the Turkish, Iranian or Kurdish autocrats customarily are, but caliph, that is, a descendant of Mahmet. The great Hulegu went against the caliph with a countless multitude [composed] of all the peoples subject to him. This was done in the autumn and winter seasons because of the severe heat of that country [in the summer]. Prior to his departure he ordered Baiju-noyin and the troops with him in the land of [the sultan of] Rum to go and surround the great Tigris River on which the city of Baghdad was built, so that no one flee by boat from the city to Ctesiphon or to the more secure Basra. They immediately obeyed the command, tying pontoon bridges across the great river and sinking between [the surface of the] river and its bed sturdy fences with iron hooks and pipes so that no one depart the city swimming without them knowing about it.

Now Caliph Must'asar,[49] who resided in the city proudly and presumptuously sent many troops against those guarding the river. [The caliph's men] were under the command of a chief named Dawdar,[50] ostikan of his house. Dawdar went and first triumphed, killing some three thousand T'at'ars. When evening fell he sat eating and drinking without a care. And he sent messengers to Caliph Must'asar saying: "I defeated all of them, and tomorrow I will do away with the few survivors."

Now the crafty and ingenious T'at'ar army spent the entire night arming and organizing. They surrounded the Tachik army. Among the T'at'ars was prince Zak'are, son of Shahnshah. At daybreak they put their swords to work, destroying the entire group and throwing them into the river. Only a few men escaped.

---

49 In fact, the last caliph was al-Musta'sim.
50 Dawdar: *davat-dar* ("vice-chancellor").

Ի նմին առաւotnu եւ մեծն Հուլաւu շուրջանակի պատեաց զքաղաքն Բաղդատ՝ տուեալ ամենեցուն գիրկ մի ի պարսպէն փլուցանել եւ պահել զգուշութեամբ, զի մի՛ nք փախիցէ. եւ զքաջն Պnoշ եւ զայլս առաքեաց դեսպանu առ խալիֆայն՝ գալ նմա ի հնազանդութիւն եւ հարկել դանին: Նա խստութեամբ ետ զպատասխանին եւ անարգանoք, գրեալ զանձնէ ջահանգիր, եւ տէր ծովու եւ ցամաքի, պարծելով ի դրoշն Մահմետի. զի՛ «Աստ է, ասէ, եւ թէ շարժեմ զնա, առ հասարակ կորնչիս դու եւ տիեզերք: Եւ դու շուն մի ես, ասէ. թուրք ես, զիա՞րդ տաց քեզ հարկս, կամ հնազանդեցայց»:

Իսկ Հուլաւun n՛չ ըմբոստացաւ վասն անարգանացն եւ n՛չ գրեաց ինչ զմեծաբանութիւն, այլ միայն զայս ասաց. «Աստուած զիտէ՛ զինչ առնէ»: Եւ հրաման ետ փլուցանել զպարիսպն: Եւ փլուցին առ հասարակ: Եւ ասաց դարձեալ շինել եւ պահել զգուշութեամբ: Եւ այնպէս արարին:

Եւ լի էր քաղաքն զoroք եւ ամբոխիւ: Եւ զէoրն որ կացին ի վերայ պարսպին, եւ ոչ nք նետաձիգ եղեւ ի նոսա, կամ սուր ի գործ էարկ՝ ոչ ի քաղաքէն եւ ոչ ի թաթար զorացն: Եւ յետ եoրն աւur սկսան քաղաքացիքն խնդրել զխաղաղութիւն եւ ելանել առ նա սիրով եւ հնազանդութեամբ:

Եւ հրամայեաց Հուլաւun այնպէս առնել: Եւ ելանէին ընդ դրունս քաղաքին անթիւ բազմութիւնք՝ զմիմեամբք ելելելu առնելով, թէ n՛ յառաջ հասցէ առ նա: Եւ նա զեկtaլն բաժանէր զorացն, եւ հրամայէր հեռացուցանել ի քաղաքէն, եւ կոտորել ի ծածուկ, զի մի՛ զիտասցեն այլքն: Եւ կոտորէին զամենեսին:

That same morning the great Hulegu surrounded the city of Baghdad, stationing everyone an arm's length from the wall [and telling them] to demolish it and guard well that none escape. He sent the valiant Prhosh [Xaghbakean] and others as emissaries to the caliph, so that he would come out obediently and pay taxes to the Khan. [The caliph] gave a stern reply full of insults, claiming to be lord of sea and land, and boasting about the [magical] banner of Mahmet, saying: "It is here and, if I touch it, you and the entire world will be destroyed. You are a dog, a Turk. Why should I pay taxes to you or obey you?"

However, Hulegu did not become aggravated because of the insults nor did he write any boasts. He merely said: "God knows what He does." Then he ordered the wall demolished; and they demolished it. He said to rebuild it again and guard it carefully. And they did so.

The city was full of soldiers and people. For seven days they stood on the walls but no one shot arrows at them nor were swords used, either by the citizens or by the T'at'ar soldiers. But after seven days the citizens began to request peace and to come [to Hulegu] with affection and submission.

And Hulegu ordered that this be done [that peace be made]. Then countless multitudes came through the city gates, climbing over each other to see who would reach him first. [Hulegu] divided up among the soldiers those who came out and ordered [the soldiers] to take them far from the city and to kill them secretly so that the others would not know. They killed all of them.

Եւ յետ չորս աւուրն ել եւ խալիֆային Մուսթասար եր-
կու որդւովք եւ ամենայն մեծամեծօքն, բազում ոսկի եւ
արծաթ եւ ականս պատուականս եւ մեծագին հանդերձս
բարձեալ ընդ իւր ի պէտս պատարագաց Հուլաւին եւ
մեծամեծացն։ Եւ նա զառաջինն մեծարեաց զնա՝ մեղա-
դրելով ընդ յամելն եւ ոչ գալ առ նա վաղվաղակի, ապա
եհարց զնա. «Զի°նչ ես դու, աստո°ւած ես՝ թէ° մարդ»։

Եւ նա ասաց. «Մարդ եւ ծառայ Աստուծոյ»։

Ասէ Հուլաւուն. «Ապա Աստուած ասա°ց քեզ անար-
գել զիս եւ շուն կոչել, եւ ոչ տալ շանս Աստուծոյ կերա-
կուր եւ ըմպելի։ Արդ ի քաղցնուլս՝ շունս Աստուծոյ կերիս-
ցէ զքեզ»։ Եւ սպան զնա ձեռօք իւրովք. «Այդ, ասէ, պա-
տիւ քեզ, զի ես սպանի զքեզ, եւ ոչ ետու այլ ումէք սպա-
նանել»։

Եւ զմի յորդւոցն խալիֆային հրամայեաց որդւոյ իւ-
րում սպանանել, եւ զմիւս որդին տալ զետոյն Տիգրիսի սա-
դաւաթ. «Զի ոչ մեղաւ մեզ, ասէ, այլ գործակից մեզ եղեւ ի
կոտորել զանգգամս»։ Եւ ասաց. «Այս այրս բազում արիւն
ետ հեղուլ հպարտութեամբն, երթիցէ, տացէ պատասխա-
նի Աստուծոյ, եւ մեք անպարտ լիցուք»։ Կոտորեաց եւ զայլ
մեծամեծսն։

Եւ ապա հրաման ետ զօրացն, որ պահէին զպարիս-
պն, իջանել կոտորել զքնակիչս քաղաքին՝ ի մեծաց մինչեւ
ի փոքունսն։ Եւ նոցա կարգ առեալ ըստ օրինակի ոճոյ
արտոյ, կոտորեցին անթիւ եւ անհամար բազմութիւն ա-
րանց եւ կանանց եւ տղայոց։ Եւ զաւուրս քառասուն ոչ
դադարեաց սուրն ի գործոյ. եւ նեղեցան, լքան սպանողքն,
եւ վաստակեցան ձեռք իւրեանց, եւ զայլս ի վարձու ունէ-
ին, եւ կոտորէին աննդորմաբար։

Բայց կինն Հուլաւուին՝ աւագ խաթունն, քրիստոնեայ
էր, որում անունն էր Տօղուզ խաթուն։ Սա խնայեաց ի
քրիստոնեայսն, որք էին ի Բաղդատ, նեստորական աղան-
դով, եւ թէ յայլ ազգաց, եւ խնդրեաց յառնէ իւրմէ ոչ սպա-
նանել զնոսա։ Եւ եթող զնոսա ընչիւք եւ ստացուածովք։

Four days later Caliph Must'asar[51] also emerged with his two sons, with all the grandees and much gold, silver, and precious stones as fitting gifts for Hulegu and his nobles. At first [Hulegu] honored him, reproaching him for dallying and not coming to him quickly. But then he asked the caliph: "What are you, God or man?"

And the caliph responded: "I am a man, and the servant of God."

Hulegu asked: "Well, did God tell you to insult me and to call me a dog and not to give food and drink to God's dog? Now in hunger the dog of God shall devour you," and killed him with his own hands. "That," he said, "is an honor for you, because I killed you myself and did not give you to another for killing."

He ordered his own son to slay one of the caliph's sons while he gave the other son as a sacrifice to the Tigris River, saying: "It did not harm us but was our collaborator in killing the senseless ones." And he said: "This man caused much blood to flow through pride. Let him go and answer to God and may we be innocent." He also killed other grandees.

[Hulegu] then ordered the troops guarding the walls to descend and kill the inhabitants of the city, great and small. [The Mongols] organized as though harvesting a field, and cut down countless, innumerable multitudes of men, women, and children. For forty days they did not stop. Then they grew weary and stopped killing. Their hands grew tired; they took the others for sale. They destroyed mercilessly.

However, Hulegu's wife, the senior Khatun, named Doquz Khatun was a Christian. She spared the Christians of Baghdad, Nestorians and other denominations and beseeched her husband not to kill them. And he spared them with their goods and property.

---

51 *i.e.,* al-Musta'sim.

Եւ հրաման ետ ամենայն զօրուն առնուլ զինչս եւ զբռտացուածս քաղաքին: Եւ լցան ամենեքեան ոսկւով եւ արծաթով, եւ ականբք պատուականօք, եւ մարգարտով, եւ
մեծագին հանդերձիւք, զի էր քաղաքն փարթամ յոյժ, որ ոչ
գտանիւր նման նմա ի վերայ երկրի:

Եւ ինքն Հուլաւու կալաւ իւր բաժին զզանձս խալիֆային. եւ եբարձ ի նմանէ երեք հազար եւ վեց հարիւր բեռինս ուղտու. ե'ւ ձիոյ, եւ ջորւոյ, ե'ւ իշուց ո'չ գոյր թիւր. եւ
զայլ տունսն լի զանձիւք կնքեաց մատանեաւ իւրով եւ եթող պահապանս, զի ո'չ կարաց բառնալ զամենայն, զի
անչափ էր շատութեամբ: Զի հինգ հարիւր եւ ճնգետասան ամ էր, յորմէ հետէ շինեցաւ քաղաքն ի Ջափրէ իսմայելականէ ի ՃՂԴ թուականին հայոց ի վերայ Տիգրիս գետոյ, ի վեր քան զԿատիսբոն, հետի ի Բաբելոնէ իբր հինգ
աւուր ճանապարհ ի վեր, եւ զամենայնն կացեալ էր ի թագաւորութեանն, իբր անյագ տոգրուկ կլեալ զամենայն տիեզերս: Եւ այժմ ի բաց փոխեաց յեօթն հարիւր եւ եօթն
թուականիս հայոց՝ տալով վրէժս արեանցն, զոր եհեղ, եւ
չարեացն, զոր գործեաց: Յորժամ լցաւ չափ մեղացն իւրոց
առաջի ամենա գիտին Աստուծոյ, որ հատուցանէ արդար
իրաւամբք՝ անաչառ եւ ստուգութեամբ: Եւ դադարեաց զօր
եւ մոլեկան թագաւորութիւնն տաճկաց, որ տեւեաց ամս
վեց հարիւր քառասուն եւ եօթն: Եւ առաւ Բաղդատ յառաջնում աւուր աղուհացիցն, յերկուշաբաթ օրն յամսեանն
նաւասարդի, որ օր քսան էր ամսոյն ըստ շրջագայութեանս:

Եւ զայս ամենայն պատմեաց մեզ իշխանն Հասան, զոր
Պռոշն անուանէին, որդին Վասակայ բարեպաշտի, որդւոյ
Հաղբակայ, եղբայր Պապաքին եւ Մկդեմայ, հայր Մկդեմայ
եւ Պապաքին, եւ Հասանայ, եւ Վասակայ, որ ականատես
եւ ականջալուր էր իրացս, մեծ պատուով պատուեալ յաչս
դանին:

[Hulegu] ordered all his soldiers to take the goods and property of the city. They all loaded up with gold, silver, precious stones, pearls, and costly garments, for it was an extremely rich city, unequaled on earth.

[Hulegu] himself took as his share the caliph's treasures—three thousand camel loads; and there was no counting the horses, mules and asses. Other houses, full of treasure, he sealed with his ring and left guards. For he was unable to take everything, since there was so much. Five hundred fifteen years had elapsed since that city was built by the Ishmaelite Jap'r in 194 A.E. [A.D. 745] on the Tigris River above Ctesiphon, about five day's journey above Babylon, and it had taken everything into its kingdom like an insatiable blood-sucker, swallowing up the entire world. It was destroyed in 707 A.E. [1258] paying the blood price for the blood it had caused to flow and for the evil it had wrought. When its measure of sin was filled up before Omniscient God, He repaid it justly, strictly, and truthfully. And the arrogant and fanatical kingdom of the Tachiks ended after a duration of six hundred and forty-seven years. Baghdad was taken on the first day of Lent, on Monday of the month of Nawasard, the twentieth of the month by the movable [calendrical system].

All this was narrated to us by prince Hasan called Prosh, son of the pious Vasak, son of Haghbak, brother of Papak' and Mkdem, father of Mkdem, Papak', Hasan and Vasak who was an eyewitness to the events and also heard about events with his own ears, [a man] enjoying great honor in the Khan's eyes.

ԿԱ

Վասն աւերածի մարտիրոսաց քաղաքին:

Արդ ի նոյն ամի աւերելոյն Բաղդատայ մեծն Հուլաւու ի զալ գարնան ժամանակին գոր գումարեաց եւ եւտ ի ձեռն որդւոյ իւրոյ կրսերոյ, որոյ անուն էր Ջիասմուք, եւ զմեծ վերակացու տանն իւրոյ զԻլիգիա-նուինն առաքեաց ընդ նմա գնալ ի կողմանս Եփրատ գետոյ զբոսանաց ապաqu յառ յաւար եւ ի հնազանդեցուցանել զկողմանսն զայնոսիկ: Եւ մինչդեռ անցանէին ընդ քաղաքն Մարտիրոսաց, որ կոչի Մուֆարղին, կոչեցին զնոսա ի հնազանդութիւն՝ տալ զորս եւ հարկս եւ կեալ անհոգութեամբ: Եւ սուլտանն, որ ի նմա էր յազգէն Եղբեանց, ոչ առ յանձն, այլ զորս ժողովեալ, եւ զկնի նոցա, եւ սպան զոմանս ի նոցանէ, եւ եմուտ ինքն ի քաղաքն, եւ ամրացաւ յերեսաց թաթար զօրուն: Եւ նոցա թողեալ զորս ի վերայ քաղաքին, ինքեանք չոգան մինչ ի գետն մեծ Եփրատ եւ ի կողմանս Միջագետաց, առին աւար, գոր ինչ գտին, եւ դարձան յաւելին ի զօրսն, որ պաճէին զքաղաքն Մարտիրոսաց: Եւ եկեալ առ Հուլաւուն, պատմեցին, զոր ինչ արարին, եւ զապստամբութիւն քաղաքին:

Եւ նա յղեաց զօր բազում ի վերայ քաղաքին. եւ զլխատուրս կացոյց ի վերայ զօրացն զՋաղատայ ոմն, որ զօրավար էր յառաջ եկեալ թաթար զօրուն, եւ ի քրիստոնէից՝ զիշխանն Պռոշ, զոր Հասան կոչէին, արք քաջք եւ անուանիք, երթալ պաշարել զքաղաքն յամենայն կողմանց եւ ո՛չ տալ թոյլ մտողի եւ ելողի:

Եւ երթեալ նոցա հզօրապէս մարտնչէին, եղեալ բրբանս եւ փիլիկունանս. հատին եւ զջուրն, որ մտանէր ի քաղաքն: Նոյնպէս եւ քաղաքացիքն կռուէին ընդ նոսա զօրեղապէս եւ զբազումս սպանին ի թաթարէն եւ ի քրիստոնէիցն, որ ընդ նոսա:

LXI

THE DESTRUCTION OF THE CITY OF MAR-TYROPOLIS.

Upon the arrival of spring in the same year that Baghdad was destroyed, the great Hulegu mustered troops and entrusted them to his younger son named Jiasmut' and he sent the great overseer of his house, Iligia-noyin, along with him to the area around the Euphrates River for diversion, to loot, and to subjugate those regions. While they were passing the city of Martyropolis, called Mufarghin, they summoned the people to submission, to provide troops, pay taxes and live free from care. But the sultan in the city who was of the line of the Edleants' [note: the Ayyubids] did not accept this. Instead, he assembled soldiers, pursued them, killed some of them, returned to the city and fortified himself against the T'at'ar army. [Jiasmut' and Iligia-noyin] left troops around the city and went as far as the great Euphrates River and to the area of Mesopotamia, took whatever they found as booty and returned again to the troops besieging Martyropolis. Then they went to Hulegu and told him what they had done and about the city's rebelliousness.

[Hulegu] sent many soldiers against the city, appointing as their head a certain Chaghatai, a general from the T'at'ar army, and from the Christians, prince Prhosh called Hasan, brave and distinguished men. They went and besieged the city on all sides preventing entrance or exit.

[Chaghatai and Prhosh] went and battled forcefully, installing ballistas and catapults. They also cut off the water which entered the city. The citizens likewise fought them forcefully, killing many T'at'ars and many of the Christians with them.

Եւ այսպէս զամս երկու եւ աւելի կրեալ պաշարումն, սասատկացաւ սովն ի քաղաքին: Կերան զուրբք եւ զանսուրբք կենդանիս, եւ ապա սկսան զմարդիկ ուտել առ ի չգոյէ կերակրոյն, զի զօրաւորքն զտկարսն ուտէին: Եւ յորժամ սպառեցան աղքատքն, դարձան ի միմեանս եւ ուտէին հարբ զորդիս, եւ կանայք՝ զդստերս. եւ ոչ գթային ի ծնունդս որովայնի իւրեանց. եւ ուրացան սիրելիք զսիրելիս, եւ բարեկամք՝ զծանօթս: Եւ այնպէս պակասեաց կերակուրն, զի զմին լիտր մարդոյ մսն վաճառէին ընդ եօթանասուն դահեկանի: Եւ ամենեւին սպառեաց մարդ եւ կերակուր ոչ միայն սոցա, այլ եւ բազմաց այլոց զաւակաց եհաս վտանգ, զի աշխարհ, որ հնազանդեալ էին թաթարին, նեղեցան ի հարկապահանջութեանց եւ ի բեռնակրութեանց, որք տանէին զկերակուր եւ զրմպելի պաշարողաց քաղաքին: Եւ յոլովք մեռանէին ի սաստիկ ցրրտոյ ձեանն, որ ունէր զլերինս յեղանակս ձմեռնային:

Այլ եւ ամրագոյն երկիրն Սասնու եկին ի հնազանդութիւն ծառայութեան թաթարին, ապաինեալք յիշխանն Սադուն՝ յորդի Շէրբարոքին, ի թոռն Սադունին, քրիստոնեայ հաւատով եւ մեծ պատուով առ Հուլաւուն. զի այր անձնեայ եւ քաջամարտիկ էր, մինչ զի ընդ առաջին ախոյանիցն կարգեալ էր զնա Հուլաւուն: Սմա ետ զգաւառն Սասնոց, զոր յետոյ ստեցին երդմանն, եւ կոտորեցին զբազումս ի նոցանէ:

Իսկ յորժամ թափուր եղեւ քաղաքն ի մարդկանէ վասն սաստիկ սովուն, առին զքաղաքն եւ կոտորեցին, զորս գտին ներգեւեալս ի սաստիկ սովոյն. այլ եւ զուլտանն եւ զեղբայր իւր աձին կենդանի առ Հուլաւուն: Եւ նա հրամայեաց սպանանել զնոսա սրով, իբրեւ զչարժանիս կենաց եւ զարեանապարտս ամենայն բազմութեան, որք կոտորեցան ի պատճառս նոցա:

Thus the city withstood the siege for more than two years while hunger grew more acute within. They ate clean and unclean animals and then started to eat people when there was no more food. The strong ate the weak. When the [supply of] poor people was exhausted they turned against one another. Fathers ate sons, and women ate their daughters; and they did not spare the fruit of their wombs. Lovers renounced their loved ones and friends, their acquaintances. And the food supply had so diminished that one *litr* of human flesh sold for seventy *dahekans*. Men and food were entirely exhausted, and not just there [in the city], but danger threatened many other districts for those who were besieging the city harassed the land already subjugated by the T'at'ars with tax collecting and with conveying food and drink for them. Many people died from the extreme cold of the snow which covered the mountains in wintertime.

Then the secure land of Sasun came out in service to the T'at'ars, placing their hopes on prince Sadun, son of Sherbarok' and grandson of Sadun,[52] a Christian who was greatly esteemed by Hulegu. For he was a personable man and a valiant fighter whom Hulegu appointed among the foremost champions. The district of Sasun was given to him, but later they broke the oath and killed many of them.

Now when the city was emptied of people because of severe hunger, [the Mongols] took it and killed those survivors they found, faint from hunger. However, they sent to Hulegu the sultan and his brother. [Hulegu] ordered them killed by the sword as beings undeserving of life and guilty of the bloodshed of the entire multitude killed on their account.

---

52 Artsruni/Mahkanaberdeli.

Բայց զեկեղեցիսն ոչ քակեցին, եւ ոչ զանթիւ նշխարս սրբոցն, զոր ժողովեաց սուրբն Մարութայ յամենայն ազգաց եւ եդ անդ, զի քրիստոնեայքն, որ ի զօրուն, ծանուցին թաթարին զպատիւ նոցա. այլ եւ ինքեանք իսկ բազում տեսիլս պատմէին զսրբոցն՝ ի վերայ պարսպին լոյս սաստիկ ծագեալ, եւ արս լուսատեսիլս երեւեալ։

Եւ առաւ քաղաքն յՉԹ թուականին հայոց, ի մեծ պահս քառասնորդաց աղուհացից։

But they did not pull down the churches or [disturb] the countless relics of the saints which Saint Marut'a had gathered from all peoples and deposited there. For the Christians in the army told the T'at'ars about their venerability. And they themselves even related many visions of saints, bright light rising over the walls, and luminous men appearing.

The city was taken in 709 A.E. [1260] during the great forty day feast of Lent.

Վասն որ ինչ գործեցաւ ի կողմանս Միջագետաց
եւ խորին Ասորւոց:

Դարձեալ մեծն Հուլաւու ժողովեաց զբազմութիւն զօրաց
իւրոց եւ չոգաւ յԱսորիս, ի Հալապ, եւ ի Դմիշկ, եւ ի Խարան, եւ յՈւռհա, եւ յԱմիթ, եւ յայլ զաւառս. ասպատակ
սփռեալ ի կողմանս կողմանս, եւ ինքն նստաւ ի վերայ
Հալպայ պատերազմել ընդ նմա: Եւ սուլտանն, որ ի նմա,
էր Յուսուփի յազգէ Սալահադինն, որ աւերեաց զԵրուսաղէմ, դիմացաւ նմա եւ ոչ եկն ի հնազանդութիւն, այլ փակեաց զդրունս քաղաքին ընդդէմ նորա եւ կռուէր զօրութեամբ: Եւ մեծն Հուլաւու պաշարեաց զքաղաքն յամենայն
կողմանց, եւ յետ յոլով աւուրց կալաւ զնա բռնութեամբ. եւ
սկսան կոտորել զքաղաքն:

Ապա սուլտանն եւ որք ընդ նմա մեծամեծքն, որ ամրացեալ էին ի բերդն, սկսան աղաչել զնա եւ զալ ի հրնազանդութիւն նմա: Եւ յանձն առ, եւ հրամայեաց դադարել
ի կոտորելոյ զքաղաքն, եւ կալ նմա ի հնազանդութեան եւ
հարկել:

Գնաց եւ ի Դմիշկ, եւ նոքա բազում պատարագօք եւ
մեծամեծ ծախիւք ելին ընդ առաջ նորա: Եւ նա սիրով ընկալաւ զնոսա, յիւր անուն գրաւեալ կալաւ զՀէմս եւ զՀամա. եւ զայլ քաղաքս բազումս: Առաքեաց զօրս ի վերայ ամուր քաղաքին Մերտինայ, որ հազիւ կարացին առնուլ
զնա յետ բազում աւուրց: Կոտորեցին եւ զբազում յեղուզակս՝ վնասիչս ամենայն ազգաց եւ ճանապարհորդաց,
զորս դաճարիս անուանէին, թուրք ազգաւ, ամրացեալք ի
թալ մայրիս եւ ի դժուարին վայրս ամրոցաց. անթիւ բազմութիւնք ոչ ումեք հնազանդ, ժողովածու յամենայն կողմանց, արք սրիկայք եւ ապականիչք, եւ մանաւանդ քրիստոնէից: Զբազումս կոտորեցին ի նոցունց, եւ զե՛ւս բազմագոյնս զերեցին. եւ թողեալ ի զօրացն իբրեւ քսան հազար
արս կողմնապահս՝ ինքն դարձաւ ձմերել ի դաշտն Հեմանայ:

LXII

CONCERNING WHAT WAS DONE IN MESOPOTAMIA AND LOWER SYRIA.

Once again the great Hulegu assembled the multitude of his forces and went to Syria, to Aleppo, Damascus and Harran, to Edessa, Amida and other districts, raiding in various directions. He himself besieged Aleppo, to fight with the city. The sultan in Aleppo, Yusuf (who was of the line of Saladin, who destroyed Jerusalem) resisted [Hulegu] and did not submit; rather he closed the city's gates against him and battled forcefully. The great Hulegu besieged the city on all sides, captured it after many days, and then commenced destroying it.

Then the sultan and his grandees who had secured themselves in the fortress began to plead with him and come out in submission. [Hulegu] accepted this and ordered the destruction of the city halted, that they submit to him and pay taxes.

He went also to Damascus where [the citizens] came before him with many gifts and great sums of money. He received them affectionately and then captured in his name Hems, Hama, and many other cities. He sent many troops against the secure city of Mardin which they were barely able to capture after many days. He also killed many brigands, who were a danger to all peoples and travelers. [Such were the brigands] called Ghacharik' [who were] of Turkish nationality [and lived] fortified in dense forests and in fastnesses difficult of access. They were a countless multitude, not subject to anyone, an assemblage gathered from all regions, rascals and corrupters, especially of Christians. He killed many of them and enslaved even more, and, leaving some twenty thousand soldiers as guards, [Hulegu] returned to the plain of Hemian to winter.

Իսկ սուլտանն Մսրայ ժողովեալ զօրս բազումս, եկն ի վերայ կողմնապահաց թաթար զօրուն, որոց գլխաւոր էր այր մի, Քիթբուղա անուն, հաւատով քրիստոնեայ, նայիման ազգաւ, այլ մեծ պատուով, որ էլ պատերազմաւ ընդդէմ սուլտանին. եւ քաջապէս մարտուցեալ՝ կոտորեցաւ ամենայն զօրօքն, որ ընդ իւր, զի յոյժ բազումք էին եգիպտացիքն։ Եւ կռուեցան ի դաշտն Թաբորական լերինն։ Կայն ընդ Քիթբուղայն ի պատերազմի անդ յոլովք ի հայոց եւ ի վրաց, որք ընդ նմա կոտորեցան։ Եւ եղեւ այս յՉԹ թուականին հայոց։

Now the sultan of Egypt gathered many troops and came against the guards of the T'at'ar army whose chief was a man named Ket-Bugha, a Christian and a Naiman by nationality, a man of great respect who warred valiantly against the sultan. But he was killed with his entire army because the Egyptians were very numerous. They battled in the plain of Mt. T'abor-akan. Among Ket-Bugha's warriors were many Armenians and Georgians who were killed with him. This took place in 709 A.E. [1260].

Վասն մահուան բարեպաշտ իշխանին Ջալալին:

Իսկ թագաւորն վրաց Դաւիթ՝ որդի Լաշային, որ կայր ի
հնազանդութեան թաթարին, ելեացաւ, ձանձրացաւ ի բա-
զում հարկապահանջութեանցն, որ նեղէին զնա ե՛ւ զամե-
նայն իշխանսն, ե՛ւ զամենայն աշխարհս անհնարին ձան-
րութեամբ, զոր ոչ կարէին բառնալ: Եւ այնպէս տագնա-
պաւ փախեաւ, զի զկին իւր՝ զԳոնցա թագուհի, եւ զնոր ծն-
եալ որդի իւր՝ զԴեմետրէ, ոչ կարաց ընդ իւր տանել, բայց
միայն զԳիորգի, զանդրանիկ իւր:

Իսկ մեծ ոստիկանն Արղուն՝ զոր բազում զումարեալ,
զնաց զհետ փախուցեալ թագաւորին Դաւթի, զի ընբռնես-
ցէ զնա: Եւ իբրեւ ո՛չ կարաց ժամանել զնա, զբազում զա-
ւառս վրաց կոտորեաց եւ գերեաց անխնայաբար. այլ եւ
զգերեզմանատունս թագաւորացն վրաց՝ զԳելաթ, սաստ-
կապէս կոտորեաց եւ քանդեաց. եւ զկաթողիկոսարանն՝
զԱձղոր, նոյնպէս կոտորեաց անողորմաբար:

Բայց յանկարծակի եկին զունդ մի հեծելոց ի վրաց եւ
ցուցին մեծ քաջութիւնս, զի զբազումս կոտորեցին ի զօրաց
Արղունին՝ իբրեւ հուր ընդ եղէգն ընթացեալ, եւ ինքեանք
զնացին ողջանդամ. եւ էին արք իբրեւ չորս հարիւր:

Եւ երկուցեալ Արղունին, ոչ իշխէր այնպէս համար-
ձակ մտանել խուզել զվայրսն: Ապա դարձաւ առ Հուլաւուն,
եւ նիւթեաց ի սրտի իւրում չարութիւն, եւ ի կալանս արար
զթագուհին վրաց՝ զԳոնցայն, եւ զղուստր իւր՝ զԽոշաքն,
եւ զիշխանն մեծ զՇահնշահ, եւ զՋալալն Հասան՝ զտէրն
Խաչենոյ, եւ զայլս բազումս՝ պատճառանօք պարտուց եւ
հարկի, յորոց բազում զանձս առեալ, հազիւ զերձան ի մահ-
ուանէ:

LXIII

THE DEATH OF PIOUS PRINCE JALAL.

Now the king of the Georgians, Dawit' son of Lasha, who was subject to the T'at'ars was placed into straits and he had mortgaged cities and districts but was still unable to satiate the evil, leech-like appetite [of the Mongols]. So fraught, [Dawit'] fled, but was unable to take along his wife, Queen Gonts'a[53] and his newborn son, Demetre. He took along only his firstborn son, Giorgi.

Now the great ostikan Arghun mustered numerous troops and went after the fugitive King Dawit', to catch him. Unable to reach him, [Arghun] destroyed and enslaved many Georgian districts. Furthermore, he fiercely destroyed and demolished the mausoleums of the Georgian kings at Gelat'i. Similarly, he pitilessly destroyed the Catholicosate at Atsghor.

But suddenly a detachment of Georgian cavalry appeared and exhibited great valor, for they killed many of Arghun's soldiers—like fire burning through reeds—and then departed safe and sound. There were about four hundred of them.

Arghun became frightened and did not dare to enter and search places so brazenly. He returned to Hulegu planning wickedness in his heart. He seized the Georgian queen Gonts'a, her daughter Xoshak', the great prince Shahnshah, Hasan Jalal, the lord of Xachen, and many others because of debts and taxes [owed]. [These people] gave much treasure and barely saved their lives.

---

53 Kaxiberidze (Awagean).

Իսկ զբարեպաշտ եւ զառաքինի իշխանն Ջալալ նեղէր անհնարին կտտանօք, բազում հարկս պահանջելով ի նմանէ՝ առաւել քան զկարն. եղեալ փայտ ի պարանոց նորա եւ երկաթ յոտս նորա։ Եւ զայս առնէր ընդ նմա վասն առաւել քրիստոնէութեան նորա, զի թշնամիք էին նորա ամենայն տաճկահաւատքն, որք յորդորէին զԱրղունն ի սպանութիւն նորա, զի ասէին. «Սա առաւել թշնամի է դենիս մերոյ եւ օրինաց»։ Զի եւ Արղունն եւս տաճկակրօն էր. եւ առեալ տարաւ զնա ի Ղազուինն։ Իսկ նա զոհութեամբ տանէր ամենայնի, զի յոյժ տեղեակ էր աստուածային գրոց, եւ պահող, եւ աղօթական, եւ պարկեշտ ի կերակուր եւ յըմպելի, եւ ցանկայր մարտիրոսական մահուան։ Իսկ դուստր Ջալալին, Ռուզուքան անուն, որ կին լեալ էր Բորա-նուինին՝ որդոյ Չարմաղունին, առաջին գլխաւոր թաթարին, զնաց առ Տօղուս խաթունն՝ կին Հուլաւուին, զի թափեսցէ զհայր իւր ի ձեռաց Արղունին։ Եւ զիտացեալ անօրէն ոստիկանին, առաքեաց վաղվաղակի դահիճս եւ ի գիշերի ետ սպանանել զուրբ եւ զարդար այրն։ Եւ երթեալ անօրէն դահճացն՝ անդամ անդամ յօշեցին զնա ըստ նմանութեան սուրբ վկային Յակովկայ՝ նորին չարչարանացն հաղորդեալ, եւ պսակի նորուն արժանացեալ լիցի ի Քրիստոսէ Աստուծոյ մերոյ։ Այսպէս կատարեցաւ այրն անարատ եւ Աստուածապաշտ՝ զրնթացան կատարեալ եւ զհաւատն պահեալ, յՉԺ թուականին հայոց։ Եւ առաքեաց որդի նորա Աթաբէկն արս հաւատարիմս եւ ետ գողանալ զնշխարս հօր իւրոյ, զի ընկեցեալ կայր ի զրհոր մի ցամաք, զի պարսիկն, որ ի տան իւրում ունէր զնա ի կապանս, տեսեալ նշանս աստուածայինս ի վերայ նորա, զի իբրեւ սպանին զնա՝ իջեալ լոյս սաստիկ ի վերայ, խնամարկեալ ընկէց զնշխարս նորա ի զրհորն, զի յետ աւուրց թաղեսցէ զնա պատուով։ Նա եցոյց խնդրողացն զմարմին նորա, եւ պատմեաց զքանչելի երեւումն։

But the pious and virtuous prince Jalal was harassed by impossible tortures, as they demanded more taxes from him than he could pay. They put wood on his neck and irons on his feet. They dealt with him in this manner because of his strong Christianity, for all the Muslims were inimical to him and urged Arghun to kill him, saying: "He more [than others] is hostile to our religion and laws." For Arghun also was Muslim. He took [Jalal] to Qazvin. Meanwhile [Jalal] bore everything contentedly, for he was extremely well versed in Scripture, fasting and praying, modest in food and drink, and desirous of a martyr's death. Now Jalal's daughter Rhuzuk'an, wife of Bora-noyin (Charmaghun's son, foremost leader of the T'at'ars) went to Hulegu's wife Doquz Khatun to free her father from Arghun's clutches. When the impious ostikan learned this he immediately sent executioners and had the blessed and just man killed during the night. The impious executioners went and tore [Jalal's] body into pieces like the blessed martyr Yakovk in whose torments [Jalal] shared. May he achieve his crown in Christ, our God. So perished the unblemished and pious man, ending his life, keeping the faith, in 710 A.E. [1261]. His son, At'abek, sent trusted men to go and steal his father's remains for they had been thrown into a dry well. The Iranian in whose home [Jalal] had been fettered had observed divine signs over him, since as soon as they killed [Jalal] a dazzling light descended protecting his remains (which were thrown into the well), so that afterwards he be buried in honor. The Iranian showed the body to those searching for it, and related to them the wondrous apparition.

Եւ նոցա ժողովեալ խնդութեամբ եւ բարձեալ տարան զնա ի տուն իւր, եւ թաղեցին ի վանքն Գանձասար ի գերեզմանս հարց իւրոց։ Այլ եւ բերող ն²խարացն տեսին ի ճանապարհի զնոյն տեսիլ լուսոյն ի վերայ ն²խարացն։

Եւ կալաւ զիշխանութիւն նորա Աթաբէկն՝ որդի նորա, հրամանաւ Հուլաւուին եւ Արղունին, այր սրբասնունդ, պարկեշտ եւ խոնարհամիտ եւ աղօթական, որպէս զմի ի սուրբ միայնակեցաց, զի ծնողքն նորա այսպէս սնուցին զնա։ Սպան Հուլաւուն զիշխանն Զաքարէ՝ զորդին Շահն²²հի, բարուրս եդեալ ի վերայ նորա։

Յայսմ ամի փոխեցաւ առ Քրիստոս մարդասէր եւ ñեզ կաթողիկոսն Աղուանից՝ տէր Ներսէս, կալեալ զկաթողիկոսութիւնն ամս քառն եւ եօթն. եւ յաջորդեաց զաթոռն տէր Ստեփանոս՝ մանուկ տիովք։

They joyously gathered the relics and took [Jalal] to his home, burying him in his ancestral cemetery at Gandzasar monastery. Furthermore, those bringing the relics back also saw that same luminous vision above the relics as they travelled.

[Jalal's] son, At'abek, occupied his father's principality on the order of Hulegu and Arghun. [At'abek] was a man raised in piety, modest, prudent, and prayerful, like a holy hermit, for his parents had brought him up that way. Hulegu killed prince Zak'are (son of Shahnshah), falsely accusing him.

In this year [1261], lord Nerses the meek Catholicos of Aghuania passed to Christ, having occupied the Catholicosate for twenty-seven years. He was succeeded by lord Step'anos, a youth.

Վասն մահուան իշխանին Շահնշահի եւ որդւոյ նորա Զաքարէի:

Մեծ իշխանն Շահնշահ, որդին Զաքարէի, ետ զիշխանու֊
թիւնն յաւագ որդին իւր Զաքարէ, զի որդիք բազումք էին
նորա՝ Զաքարէ եւ Աւագ, Սարգիս եւ Արտաշիրն, եւ Իւա֊
նէ: Եւ ինքն խնամէր զտուն իւր. եւ Զաքարէ ընդ թաթար
զօրուն երթայր ի գործ պատերազմի, եւ արիութիւն քա֊
ջութեան ցուցեալ, մեծարեալ լինէր ի մեծէն Հուլաւուէն եւ
յԱրղուն ոստիկանէն:

Դէպ եղեւ, զի Արղունն զօրօք բազմօք էր ի կողմանս
Վրաց, ընդ նմա էր եւ Զաքարէ: Եւ զաղտ յԱրղունէն եւ
յայլ զօրացն զնաց Զաքարէ ի տեսութիւն կնոջ իւրոյ, որ
էր առ հօր իւրում Սարգսի՝ իշխանին Ուխտեաց, որ ապս֊
տամբ էր ընդ թագաւորին վրաց Դաւթի: Եւ իմացեալ Ար֊
ղունին, ազդ առնէ Հուլաւուին: Եւ նա առ ինքն հրամայեաց
տանել կապանօք. եւ այլ բարուրս կուտեաց ի վերայ նո֊
րա, եւ հրամայեաց սպանանել զնա եւ անդամ անդամ յօ֊
շել, եւ արկանել շանց:

Եւ յորժամ լուաւ զգոյժն հայր նորա Շահնշահ ի զիւղն
Օձուն, ի նեղասրտութիւն անկեալ՝ ի տրտմութենէն մեռաւ:
Եւ տարեալ թաղեցին զնա ի Քոբայրն, զոր առ կինն նորա
ի հայոց:

LXIV

THE DEATH OF PRINCE SHAHNSHAH AND HIS SON ZAK'ARE.

The great prince Shahnshah, son of Zak'are, gave his authority/ principality to his senior son, Zak'are, for he had many sons: Zak'are, Awag, Sargis, Artashir and Iwane. He himself looked after his home. Zak'are went to war among the T'at'ar troops and displayed such brave manliness that he was honored by the great Hulegu and by ostikan Arghun.

Now it happened that Zak'are was with Arghun and his many troops in Georgia. Unbeknownst to Arghun and the other soldiers, Zak'are went to see his wife, who was with her father, Sargis, prince of Uxtik', one of the rebels with the Georgian king, Dawit'. When Arghun learned about this he notified Hulegu who himself ordered that [Zak'are] be taken shackled. He heaped other false accusations upon him, ordered him killed, dismembered and thrown to the dogs.

When [Zak'are's] father, Shahnshah, heard the bad news in the village of Odzun, he became heart-broken and died of sorrow. They took him and buried him in K'obayr, which his wife had bought from the Armenians.

Վասն մեծ պատերազմին, որ եղեւ ընդ միմեանս
Հուլաւուին եւ Բերքային:

Աշխարհակալք եւ մեծ զօրավարքն, որ կային յարեւելս եւ
ի հիւսիս, ազգականք էին դանին Մանգուի, որ մեռաւ յետ
պատերազմին Նեանգրանայ: Եւ երկու եղբարք նորա հա-
կառակէին ընդ միմեանս վասն թագաւորութեանն՝ Արիք
Բուղայն եւ Ղուբիլայն: Եւ յաղթեաց Ղուբիլայն՝ կոտորելով
եւ սպանելով զզօրս Արիք Բուղային, եւ փախստական հա-
նելով զնա յաշխարհէն, եւ ինքն թագաւորելով:

Եւ Հուլաւուն եղբայր էր նոցունց եւ Մանգու դանին.
օգնէր նա Ղուբիլային: Եւ Բերքայն, որ ի կողմանս հիւսի-
սոյ, օգնէր Արիք Բուղային. եւ միւս եւս ազգական նոցին,
այլ զօրագլուխ՝ որդի դան Չաղատային՝ անդրանիկ որդ-
ւոյն Չանգրզ դանին, Ալղու անուն, նա պատերազմէր ընդ
Բերքային, թէ նոցունց խրատովն կոտորեաց Մանգու
դանն զազգս նորա. եւ առաքեաց առ Հուլաւուն օգնել
նմա յայսմ կողմանէ ընդ դուռն Դարբանդայ: Իսկ մեծն
Հուլաւու էլ զմեծամեծ եւ զփառաւորագոյն իշխանսն՝ հան-
գոյն ինքեան, որ կային առ նմա, ի կողմանց Բաթոյին եւ
Բերքային՝ զՂուլն, զԲալախային, զՏութարն, զՄեղանն, զոր-
դի Ղուլին, զՂատաղանն, եւ զայլս բազումս՝ հանդերձ զօ-
րօք իրեանց, կոտորեաց յանխնայ անողորմաբար զծերս
եւ զտղայս, եւ սպառեաց զնոսա կոտորմամբ սրոյ, զի առ
նմա կային եւ խառնէին ընդ միմեանս իշխանութեամբ: Եւ
սակաւք ի նոցանէ մազապուրծ զերծեալ առանց կանանց
եւ մանկանց եւ ընչից, զնացին փախստական առ Բերքայն
եւ առ այլ ազգականսն:

LXV

CONCERNING THE GREAT WAR WHICH OCCURRED BETWEEN HULEGU AND BERKE.

The conquerors and great generals in the East and the North were relations of Mongke-Khan, who had died after the Nengrana war. His two brothers contested with each other concerning the kingdom; they were named Ar'igh Boke and Qubilai. Qubilai triumphed, killing and threatening the forces of Ar'igh Boke, and causing him to flee the land, while he himself ruled.

Hulegu, who was their brother and Mongke-Khan's brother, aided Qubilai, while Berke, who was in the north, aided Ar'igh Boke. There was yet another relation, a commander named Alghu, who was the son of Chaghatai-Khan (eldest son of Chingiz-Khan). Alghu fought with Berke, for at their urging, Mongke-Khan had killed his family. [Alghu] sent to Hulegu saying that he would aid him on this side of the Darband Gates. Now great Hulegu arose, taking the grandee and most glorious princes like himself who were with him from Batu's and Berke's area: Qul, Balaghai, Tutar, Meghan, the son of Ghul, Chaghatai and many others with their troops, and mercilessly cut them down, old and young and eliminated them with the sword, since they were with him and meddled in the authority with one another. A few of them escaped by a hairsbreadth (without their women, children or goods) and went as fugitives to Berke and other relatives.

Եւ լուեալ զայն Բերքային, ժողովեաց զօրս անթիւ եւ անհամարս զալ առնուլ զվրէժ արեան ազգականացն ի Հուլաուէն։ Իսկ մեծն Հուլաու ժողովեաց նոյնպէս զզօրս իւր բազմածենն եւ արար երիս յառաջս. զմինն եաղ ի ձեռս որդւոյն՝ Աբադա դանին, զումարեաց ընդ նմա եւ զոստիկանն Արղուն, եւ առաքեաց ընդ Խորասան օգնել Ալղուին յայնմ կողմանէ. եւ զմի բաժինն զումարեաց ի դուռն Ալանաց, եւ զայլ զօրսն ընդ իւր առեալ՝ զնաց եմուտ ի ներքս քան զդղուռն Դարբանդայ, զի այս երկու մուտք են յԱլանս եւ ի Դարբանդ։ Եւ աւերելով զմասն բաժնի Բերքային, ե֊հաս մինչ ի գետն մեծ եւ անհուն, ասպանջական յոլովից զետոց, զոր կոչեն Թերքն Եթիլ, որ ծովորէն ընթանայ եւ մտանէ ի ծովն Կասբից։

Եւ եղ ընդդէմ նորա Բերքայն հզոր ձեռամբ. եւ եղեւ խառնուրդ պատերազմին առ մեծի գետոյն։ Եւ բազումք անկան յերկոցունց կողմանցն. եւս առաւել ի կողմանէ Հուլաուին, զի պաղեցան ի սառնկութենէ ձեանն եւ ցրրտին, եւ բազումք զետամոյն եղեն։

Եւ ապա դարձաւ Հուլաուն եւ եկն եղ ի դուրս քան զդղուռն Դարբանդայ։ Եւ մի ոմն ի զօրազլխաց Հուլաուին, այր քաջ եւ պատերազմող, զօրօքն իւրովք, Սիրաման ա֊նուն, որդի Չարմաղունին, առաջին զլխաւորի թաթարին, ընդդէմ կացեալ զօրացն Բերքային՝ յետս նահանջեաց. եւ ի նա պատսպարեցան փախուցեալքն եւ ապրեցան։ Եւ մեղմով ընդդէմ կալով, եղ եւ նա ի դուրս քան զԴարբանդն։ Եւ կացուցին պահակս ի դրանն Դարբանդայ, եւ ինքեանք եկին ի դաշտն Մուղան ի ձմերոց։

Եւ այսպէս զամս հինգ պատերազմեալք ընդ միմեանս՝ սկսեալք ի ՉԺ թուականէն մինչ ի ՉԺԷ թուականն հայոց՝ յա֊մենայն ամի զօր ժողովելով եւ ընդ միմեանս բախելով ի յեղանակս ձմեռնային, զի յամարայնի ոչ կարէին վասն տօթոյն եւ զետայարոյց լինելոյն։

When Berke heard about this, he assembled countless troops and came to exact blood-vengeance from Hulegu for his relations. Now the great Hulegu similarly assembled a powerful army, dividing it into three fronts. One was entrusted to the son of Abaqa-Khan. He gathered with him *ostikan* Arghun and sent them through Khurasan to help Alghu from that direction. He assembled one detachment at the Alan Gate [Darial Pass], and he took the other with him and entered south of the Darband Gate; for these are the two entrances—the Alan and the Darband Gates. He destroyed part of Berke's area, reaching as far as the great and fathomless river called T'erk'n Et'il,[54] a reservoir of many rivers which courses like a sea and enters the Caspian Sea.

Berke came against him with a mighty force and they joined battle by the great river. Many fell on both sides but more on Hulegu's side, since they chilled from the coldness of the snow, and froze to death. Many fell into the river.

Then Hulegu departed, passing through the Darband Gate. One of Hulegu's commanders, a brave and warlike man named Siraman (son of Chormaghun, the first T'at'ar general) remained after the retreat with his troops and battled Berke's forces. The fugitives took refuge with him and survived. Resisting mildly, [Siraman] too went out through the Darband Gate. They left guards at Darband and went to their winter quarters in the Mughan plain.

Thus they warred against each other for five years, from 710-715 of the Armenian Era [1261-1266], mustering troops each year and clashing, but only in the wintertime, since they were unable to fight in the summer due to the heat and the flooding of the river.

---

54 Volga River.

Յաւուրս յայսոսիկ սկսաւ մեծն Հուլաւու շինել քաղաք բազմատար եւ բազմամարդ ի դաշտին Դառնոյ. եւ եդ հարկս ի վերայ ամենայն հնազանդելոցն՝ բազմութիւն փայտից բերել յամենայն կողմանց ի պէտս շինուածոյ տանց եւ ապարանից քաղաքին, զոր շինէր ի տեղի հովւցաց իւրոց յաւուրս ամարայնոյ:

Եւ տառապէին մարդ եւ անասուն ի խիստ եւ ի դառն վերակացուացն, որ դառնագոյնք էին քան զփարաւնին ի վերայ որդւոցն Իսրայելի, քանզի լուծս հարիր եզանց լլ֊ ծէին ի փայտ մի յամէնայն կողմանց եւ ոչ կարէին շարժել վասն մեծութեան եւ հաստութեան փայտիցն, եւ հեռաւ֊ րութեան եւ դժուար ճանապարհացն ընդ գետս եւ ընդ լե֊ րինս. եւ յանխնայ հարկանելով՝ մեռանէին մարդիկ եւ ա֊ նասունք:

Այլ եւ տունս մեծամեծս կռոց շինեաց՝ անդր գումար֊ եալ զամէնայն արուեստաւորս՝ քարանց եւ փայտից եւ նկարուց. զի ազգ մի, զոր տոյինքն ասեն, են դիւթք եւ կախարդք, որք տան խօսել ձիոց եւ ուղտուց, եւ մեռելոց, եւ թաղեայ պատկերաց, դիւթական արուեստիւ: Եւ են ա֊ մենեքին քուրմք, գերծեալք զլխսոք եւ մօրուօք, եւ ունին փիլոն դեղին զկրծօքն. եւ պաշտեն զամէնայն ինչ, եւ առա֊ ւել զՇակմունիա եւ զՄադրին:

Նոքա խաբեցին զնա եւ ասէին պահել զնա անմահ. եւ բանիւ նոցա կայր եւ շարժէր, եւ հեծնոյր՝ տուեալ զինքն ամենեւին կամաց նոցա: Եւ խոնարհեալ երկիր պագա֊ նէր զլխատորին նոցա յոլով անգամ յաւուրն, եւ ուտէր ի նուիրական սեղանոյն ի տան կռոցն, եւ առաւել մեծարէր քան զամենեսին զնոսա: Վասն որոյ զտաճար կռոց նոցա առաւել մեծարգի յարդարէր:

Իսկ աւագ կանանց նորա քրիստոնեայ էր, որում ա֊ նուն էր Տօղուս խաթուն. թէպէտ բազում անգամ յանդի֊ մանէր զնա, ոչ կարաց զերծուցանել զնա ի դիւթացն, այլ ինքն աստուածպաշտութեամբ կեցեալ՝ ձեռնտու եւ օգնա֊ կան էր քրիստոնէից:

In these days the great Hulegu commenced building an extensive and populous city in the Darhni plain. And he levied taxes on all his subjects to bring wood from all parts for building the homes and mansions of this city, which he constructed in a cool place as his summer residence.

Men and animals were oppressed by the severe and harsh overseers, who were harsher yet than Pharaoh over the sons of Israel. For they would yoke one hundred oxen on all sides of a log and still were unable to move it because of its size and thickness. Men and animals died from being mercilessly forced over long and difficult roads, over rivers and mountains.

He also built huge homes for the idols, assembling there all craftsmen of stone, wood, and pictures. For there is a people called *toyink'* who are sorcerers and witches who, by magical means, make horses, camels, the dead and felt pictures speak. They are all priests with shaven heads and beards and wear yellow cloaks on the breast. They worship everything, especially Shakmonia and Madri.

They deceived [Hulegu] and said that they would make him immortal; and he lived, moved, and mounted [his horse] according to their words and thoroughly gave himself over to their will. Many times, during the day he bowed to the ground to their leader, and ate from the dedicatory altar in the house of idols and esteemed it more than any of them. Therefore, he especially adorned their temple of idols.

Now [Hulegu's] senior wife, Doquz Khatun, was a Christian and although she frequently reproached him, she was unable to free him from the sorcerers. However, she herself lived piously, aiding and supporting the Christians.

Իսկ յՉԺԴ թուականին նշան մեծ երեւեցաւ յերկինս. աստղ մի երեւեցաւ՝ զալով ի կողմանց հիւսիսոյ յարեւելս եւ ի հարաւ։ Եւ երկայն ճառագայթք լուսոյ սիւնաձեւ երեւէին առաջի նորա, բայց աստղն նուազ երեւէր եւ երագ ընթանայր. եւ երեւէր իբրեւ աւուրբ ամսոյ միոյ եւ այլ ոչ եւս՝ իբրեւ զաստղն զիսաւոր, որ ընդ ժամանակս ժամանակս երեւի՝ ընթանալով յարեւմտից ի հիւսիս. այլ սա երկայնաձիգ շառաւիղող, եւ որ քան զոր աճէին շառաւիղքն՝ միՍչեւ կորեաւ։

Եւ ի սոյն ամի վախճանեցաւ Հուլաւուն եւ կինն իր Տօղուս խաթունն։ Եւ կալաւ զտեղի նորա որդի իր Աբաղա դանն յՉԺԴ թուականին, եւ առ կին զդուստր հոռոմոց թագաւորին, որում անուն էր Տեսպինա խաթուն, որ եկն երեւելի փառօք. եՙ պատրիարքն Անտիոքու, եւ այլ եպիսկոպոսք ընդ նմա. զոր եբեր տէր Սարգիս Եզնկային եպիսկոպոսն, եւ Բենէր վարդապետն. եւ մկրտեալ զԱբաղա դանն՝ եւտուն զաղջիկն նմա կին։

Եւ նորա զոր զումարեալ բազում յոյժ, գնաց ընդդէմ կալ պատերազմաւ զօրաց Բերքային, որք եԼին ընդ դուռն Տարբանդայ. եւ հարին զբանակս իւրեանց առ ափն Կուր գետոյ. եւ կալան սոքա աստի, եւ նորա՝ անտի, ամրացուցեալ զեզր գետոյն ցանկով եւ փոսիւք խորագունիւք։

In 714 A.E. [1265] a great sign appeared in the sky, a star moving from the north to the east and south. Long column-like rays of light appeared in front of it, but the star was dim and moved rapidly. It appeared for one full month, and then no more, like a comet which appears from time-to-time moving west to north. But this star had very long rays which grew daily until the star was lost.

In the same year Hulegu and his wife, Doquz Khatun, died. [Hulegu's] son Abaqa-Khan took his place in 714 A.E. [1265] and married the daughter of the Byzantine emperor [Michael Palaeologus]. Her name was Despoina Khatun, and she went [to Abaqa] in venerable magnificence; the patriarch of Antioch and other bishops traveled with her. The bishop of Erznka, lord Sargis, and vardapet Bener brought [the groups]. Having baptised Abaqa-Khan, they gave the girl to him as a wife.

[Abaqa] mustered an extremely large force and went to fight the army of Berke which had crossed through the Darband Gate and encamped by the shore of the Kur River. They were positioned on one bank and the others were on the other bank, fortifying the shore of the river with barricades and very deep ditches.[55]

---

55 Kirakos Gandzakets'i's *History of the Armenians* ends here. The reason for the abrupt termination is not known.

$\mathcal{I}$NDEX

SOPHENE